한 공기의 사랑,
아낌의 인문학

일러두기

— 이 책은 방송 프로그램 〈EBS 클래스ⓔ〉의 강연 '한 공기의 사랑, 아낌의 인문학'과 동시 기획되어
　출간된 책입니다.
— 본문에 인용한 김선우 시인의 시 「고쳐 쓰는 묘비」 외 7편은 『녹턴』(문학과지성사, 2016)에 수록되어
　있습니다.

EBS 클래스ⓔ 인문

한 공기의 사랑,
아낌의 인문학

강신주

EBS
BOOKS

강연은 강연만으로 끝나지 않는다. 특정 주제의 강연이 끝나자마자 진정한 강연이 시작된다. 바로 대화의 시간이다. 질의응답 시간, 책에 사인하는 시간, 또는 사진 촬영 시간이 내게 더 긴장감을 주는 것도 이런 이유에서다. 강연에 참석한 분들은 한 사람당 채 3분을 넘지 않는 이 아주 짧은 틈을 놓치지 않고 자신의 고뇌와 의문을 쏟아낸다. 삶, 사랑, 행복, 인간관계와 관련된 아주 구체적인 질문들, 어떤 식으로든 해결해보려 했으나 개운치 않았던 애절한 질문들이다. 철학, 정치, 혹은 역사 등 거대하고 추상적인 주제에 대해 이야기했던, 방금 마친 강연이 무색해지는 순간이다. '무언가 잘못되었다!' 그들의 애절한 마음은 이렇게 표현될 수 있다.

삶이 정상 궤도에서 이탈하고 있다는 느낌은 확실한데, 왜 그리고 어디서 그런 이탈이 일어났고 일어나고 있는지 애매하니 낭패다. 그들이 내 강연이 끝나기를 기다렸던 이유다. 철학자라면 거기서 잘못된 부분을 찾아주리라는 기대와 함께. 나는 강연에 기력을 소진한 상태지만, 마지막 힘을 쏟아 그들의 고뇌를 함께하려 했다. 불행히도 대화 시간은 항상 너무 촉박했다. KTX 열차를 막차로 바꾸어도 촉박하기는 마찬가지다. 흔히 '거리의 철학자'라 소개되는 나로서는 너무나 부끄러운 일이다. 아직도 대학 근처나 배회하는 철학자에 지나지 않는다는 자괴감이 들고, 서라벌 저잣거리에 녹아들었던 원효를 생각하면 부끄러움마저 감출 수 없다.

지금까지 내가 썼던 많은 철학 책들, 우리 이웃을 위해 썼다는 철학 책들은 표적을 맞추는 데 실패했던 것일까? '거리의 철학자'에 어울리는, 쉽게 읽히지만 깊이가 있는 책, 읽고 다시 읽어도 소진되지 않는 샘물처럼 삶을 건강하게 만드는 책이 필요하지 않을까? EBS의 강연과 출간 제안을 기다렸다는 듯 수용한 것도 이런 이유에서다. 바로 이 책『한 공기의 사랑, 아낌의 인문학』이 그 결과물이다. 우리 이웃들의 삶과 마음에 적중할 수 있는 책이 완성된 것일까? 모를 일이다. 그렇지만 이 책으로 내가 우리 이웃들의 삶과 마음을 겨냥했다는 것은 숨길 수 없는 사실이다. 이제 화살은 시위를 떠났다. 과연 표적에 제대로 적중할 수 있을까? 아니, 내 화살은 표적 근처에라도 닿을 수 있을까? 정말 모를 일이다.

2020년 7월 4일
뭉게구름 아래 광화문에서
강신주

차례

하나도 빠짐없이 다 알고 있다고 서로의 심리를 모르는 게 없다는 사실 하나만으로도 우리는 과거의 도취를 상실한 채 무미건조해지고 서로의 관계들은 그 생명력이 마비되며, 또한 관계의 지속 자체가 처음부터 무익했던 것으로 생각하게 된다.

— 게오르크 지멜, 『분별의 심리학』 중에서

그가 늦게 귀가했다. 나는 단출하지만 한 공기의 밥과 함께 식사를 차린다. 그의 배고픔을 가시기 위함이다. 사랑, 그거 별것 아니다. 배고픔이든 고독이든 뭐든 타인의 고통이 사무치는 것이 사랑이니까. 그러니 그 고통을 달래주지 않을 수 없다. 내가 배고프고 내가 외로운 것보다 그가 배고프고 외로운 것이 더 아프다. 그러니 그의 배고픔과 그의 외로움을 내 것으로, 나의 수고로 가지고 와야 한다. 다행히 한 공기의 밥으로 그는 편안해진다. 그렇지만 여기까지다. 최소한 배고픔과 관련해 그의 고통을 완화시켜줄 수 있는 지점은 바로 여기까지다. 한 공기의 밥으로 그가 행복을 느낀다고 해서 두 공기의 밥, 세 공기의 밥, 나아가 한 가마의 밥을 그에게 먹여서는 안 된다. 한 공기를 넘어서는 순간, 그는 배고픔에 비견할 만한 새로운 고통에 빠져들고 마니까. 사랑은 '한 공기의 밥'과 같은 것이다.

한 공기의 사랑이다. 그의 고통을 완화시켜주는 '한 공기'의 사랑을 할 수 있느냐가 문제다. 한 공기를 넘어서는 모든 사랑은 "정말 사랑했다!"라는 나의 정신 승리는 가능하게 하지만, 사랑이라는 이름으로 그에게 온갖 고통을 가하는 끔찍한 일이다. 심지어 나를 사랑하면 세 공기든 네 공기든 한 가마든 먹어야 한다고 그를 압박한다. 세 공기, 네 공기의 밥을 지은 자신의 수고를 내세우면서 말이다. "당신을 위한 나의 수고를 헛되게 하지 말아줘. 그러면 나는 정말 슬플 거야." 어느새 그의 배고픔과 포만감보다 나의 수고가 핵심이 되고 만다. 한 공기를 넘어서는 사랑은 이제 사랑의 궤도를 이탈해 공회전한다. 사랑하는 사람을 더 이상 애지중지(愛之重之)하지 않게 되니까. 애지중지하는 마음은 그를 아끼고 소중히 여기는 것, 한마디로 그를 내 뜻대로 부리지 않겠다는 마음이다.

'한 공기의 사랑' 혹은 아낌의 지혜를 우리는 온몸으로 다시 배워야 한다. 모든 것은 타자의 고통에 민감한 것에서부터 시작된다. 그의 고통을 느꼈다면, 두 공기, 세 공기부터는 그가 고통스러울 것임을 느꼈다면, 내가 초래한 사랑의 비극은 애초에 시작되지도 않았을 테니까. 그를 미워해서 두 공기, 세 공기를 먹게 하는 것은 아무런 문제가 없다. 철학자는 표리가 일치하는 행동은 문제 삼지 않는다. 그를 사랑하는 마음에도 불구하고 그의 고통을 가중시키는 비극이 일어날 때 문제가 된다. 사랑은 "최소한 나로 인해 당신의 고통이 가중되는 일은 없도록 하겠다"는 발원이 아니라면 무슨 의미가 있다는 말인가. 그러니 "차라리 사랑하지나 말 것을!" 사랑이 고사되어갈 때쯤 혹은 생의 마지막 대목에서 이런 탄식이 나와서야 되겠는가. 다시 반복될 수 없는 우리 인생에서 일어날 수 있는 최악의 파국을 막아야 하지 않을까.

'한 공기의 사랑'으로 압축되는 아낌의 지혜가 더욱더 요구되는 시대다. 너무나 많은 사람들이 낙담하고, 너무나 많은 사람들이 삶을 회의하고, 너무나 많은 사람들이 자살을 하고 있다. 심지어 너무나 많은 사람들이 사랑을 포기하고, 너무나 많은 사람들이 인간보다는 개나 고양이와 있기를 원한다. 인간이 인간에 대한 희망을, 그러니까 사랑과 연대의 희망을 포기하고 있다. 그들 옆에 그들을 사랑한다는 무수한 사람들이 있음에도 불구하고. 우리는 사랑하는 사람에게 두 공기, 세 공기, 나아가 한 가마의 밥이 되어버렸고, 그것이 사랑이라고 맹신하고 있기 때문은 아닐까? 그러니 우리의 아내, 우리의 남편, 우리의 아이, 우리의 어머니, 우리의 아버지, 그리고 우리의 친구들에게 사랑이나 아낌이 축복의 언어가 아니라 저

주의 언어가, 자유의 언어가 아니라 강요의 언어가 되고 만 것이다.

다시 한 번 사랑하는 사람의 고통에 사무쳤던 시절, '한 공기의 사랑'을 실천했던 처음으로 돌아가자. 다시 한 번 사랑하는 사람 대신 배고픔, 불편함, 그리고 수고를 행복하게 감내했던 '아낌'의 정신으로 돌아가자. 그저 사랑하는 사람을 위한 한 공기의 밥이 되도록 온몸을 다시 만드는 일이니, 그것은 감성과 지성, 혹은 심장과 머리를 통째로 바꾸는 일이다. 이 책에서 시인의 감수성, 부처의 마음, 그리고 철학자의 지성이 총동원된 것도 이런 이유에서다. '한 공기 사랑'의 애절함이 심장으로 파고 들어가야 '아낌의 인문 정신'으로 머리가 가득 찰 수 있다. 혹은 지성으로 '아낌의 인문학'을 받아들여야 우리의 감성을 '한 공기의 사랑'으로 애절하게 물들일 수 있다. 무소유와 보시의 정신과 연기의 지혜를 통해 자비의 감수성이 우리를 관통할 수 있다. 감성의 변화에만 머물러도 안 되고, 지성의 변화에만 머물러도 안 된다. 온몸, 즉 실천의 차원에서 '한 공기의 사랑'과 '아낌의 정신'이 충만해야 하니 말이다.

이 책은 8강, 즉 여덟 챕터로 이루어져 있다. 1강에서는 '고(苦)'를, 2강에서는 '무상(無常)'을, 3강에서는 '무아(無我)'를, 4강에서는 '정(靜)'을, 5강에서는 '인연(因緣)'을, 6강에서는 '주인(主人)'을, 7강에서는 '애(愛)'를, 그리고 마지막 8강에서는 '생(生)'을 키워드로 '한 공기의 사랑과 아낌의 정신'을 다룬다. 특히 7강과 8강은 앞에서 다룬 여섯 챕터의 지혜를 모아 본격적으로 '아낌의 인문학'을 모색하는 부분이다. 각 챕터는 세 부분으로 구성되었다. '가슴으로 애절하게'라는 표제를 가진 첫 부분은 우리의 감성을 뒤흔들 것이고, '머리로 냉정하게'라는 표제를 가진 두 번째 부분은 우리의 지성을 날카롭게 할 것이며, 마지막으로 '첫걸음을 당당하게'라는 표제를 가진 세 번째 부분은 새로운 감성과 지성을 실천하려면 어떻게 한 걸음을 내디뎌야 하는지 제안할 것이다.

'가슴으로 애절하게'에서 우리의 감수성을 흔들 수 있는 계기로 김선우 시인의 『녹턴』(문학과지성사, 2016)에 실린 시 여덟 편을 캐스팅했다. 불교의 핵심을 시로 녹여낸 시집이 한국시에 있어 반갑고 고마웠다. 『발원』(민음사, 2015)을 쓴 이후 발표한 시집이라 그런 듯하다. '머리로 냉정하게'에서는 싯다르타, 나가르주나, 임제, 그리고 백장 등 불교 사유와 함께 동서양 과거와 현재의 중요한 철학적 사유가 종으로 횡으로 펼쳐진다. '정(靜)'을 다루는 4강은 다소 어려울 수도 있으니 천천히 읽어보면 좋겠다. 마지막 '첫걸음을 당당하게'에는 '착수처(着手處)'가 있다. 착수처는 '손을 대는 곳'이라는 뜻이다. 머리로 이해하고 마음으로 받아들여도, 어디서부터 제대로 된 삶과 사랑을 시작해야 할지 막연할까 봐 염려되어 마련한 부분이다. 한 챕터가 끝날 때 앞에서 소개한 김선우 시인의 시를 다시 읽어보면 좋겠다. 시를 온몸으로 받아들이게 되는 놀라운 경험을 하게 될 테니. 이제 한 공기의 사랑을 실천하는 아낌의 사랑꾼이 되는 공부, 시인의 마음과 부처의 마음과 철학자의 마음에 접속하는 공부를 시작할 때다.

1강

—

고
苦

—

아픈 만큼
사랑이다

  사람들은 말한다. 우리는 행복하기 위해 태어났다고. 그래서일까, 조금만 외로워도, 조금만 아파도, 조금만 가난해도, 한마디로 말해 조금만 불행해도 우리는 못 견딜 정도로 힘들어한다. 모든 사람이 행복한데 자기만 불행한 것처럼 느껴지니 조그만 불행도 더 크게 느껴지는 탓이다. 그런데 우리가 행복하기 위해 태어났다는 주장은 맞는 말일까? 인간은 태어날 때부터 고통스러운 것은 아닐까?

  하루하루 밥을 먹지 않으면 힘들고, 추울 때 옷을 입지 않으면 힘들고, 한여름에는 무더위뿐만 아니라 모기나 해충의 공격으로 힘들다. 이런 생물학적 고통은 우리의 관념과 만나 기하급수적으로 증폭되기 일쑤다. 더 근사한 식사, 더 넓은 집, 더 멋진 옷에 대한 갈망, 자본주의가 증폭시킨 집착이 우리에게 더 큰 고통과 불만족을 안기기 때문이다.

의식주와 관련된 생물학적 고통뿐일까. 사회적 차원에서도 우리의 고통은 이어진다. 학교에서나 회사에서나 원하든 그렇지 않든 치열한 경쟁으로 지쳐가고 그만큼 우리 삶이 고통으로 범벅되고 있지 않은가. 심지어 우리는 대부분의 시간을 고독에 힘들어하면서 살아간다. 주변 사람들은 언젠가 내 곁을 떠나기 마련이다. 뜻하지 않게 이별이 찾아오기도 하고, 가족이나 지인의 죽음을 무방비 상태로 받아들여야 할 때도 있다. 원하는 것이 있더라도 그렇게 되는 경우는 별로 없으니 우리의 고통은 더욱 가중되기만 한다.

돌아보면 고통이 우리 삶에서 대부분의 시간을 차지하고, 행복은 손으로 꼽을 수 있을 정도로 아주 드물게 찾아온다. 결국 우리는 잘못 생각하고 있었던 셈이다. 행복하기 위해 태어났다기보다 불행하기 위해, 고통스럽기 위해 태어난 것처럼 보이니까. 그럼에도 불구하고 우리가 하루하루의 삶을 영위하는 이유는 무엇일까? 그것은 고통의 와중에도 바로 그 고통이 일순간 완화되는 상태, 바로 행복이 찾아오기 때문이다.

행복이 찾아올 수도 있다는 희망이 있는 한 고통, 불행, 불만족의 상태에 있어도 우리 삶은 계속된다. 삶에서 고통이 1차적이고, 행복이 2차적이라는 것을 잊지 말자. 김선우 시인이 「고쳐 쓰는 묘비」라는 시에서 간파한 것도 바로 이것이다.

태어날 때의 울음을 기억할 것

웃음은 울음 뒤에 배우는 것

축하한다 삶의 완성자여

장렬한 사랑의 노동자여

— 김선우, 「고쳐 쓰는 묘비」

김선우 시인은 이 시에서 "태어날 때의 울음을 기억할 것//웃음은 울음 뒤에 배우는 것"이라고 말한다. 울음은 고통의 표현이고 웃음은 행복의 표현이다. 중요한 것은 울음이 먼저이고 웃음은 그다음이라는 시인의 통찰이다. 웃으니까 우는 것 아니냐는 말장난이나 사유 실험은 하지 말라는 이야기다. 이제 탄생했던 순간으로 돌아가보자.

엄마와 둘이면서 하나인 듯 보냈던 자궁을 떠나 세상에 첫발을 내딛을 때, 아이는 운다. 허파로 처음으로 호흡하는 것도 낯설고 고통스럽지만, 엄마의 자궁에서 보호받지 못하고 주변 세계에 곧바로 노출되니 그 낯섦과 고통은 미루어 짐작할 만하다. 엄마의 배 속과는 다른 분만실의 강렬한 빛, 코를 자극하는 의료용 약품의 냄새, 양수의 따뜻함이 사라지자마자 느껴지는 외부의 한기 등등. 그래서 아이는 운다. 모든 아이가 태어나면서 처음으로 느끼는 감정이 낯섦, 불안, 고독, 한마디로 고통이기 때문이다. 바로 이 순간 탄생은 고통과 거의 동의어가 된다.

다행히도 아이의 고통은 곧 완화된다. 그 증거가 바로 아이의 웃음이다. 울음 뒤에는 웃음이 찾아온다. 아이가 갓 태어나 마구 울면 아이를 엄마 옆에 가만히 누인다. 엄마 옆에, 엄마의 가슴과 나란히 누이면 아이는 자궁 안에서 느꼈던 엄마의 심장박동 소리와 안온감과 따뜻함을 느끼며 안정을 되찾는다. 곧 웃음이, 그리고 미소가 아이의 얼굴에 번진다. 이렇게 웃음은 울음 뒤에 오는 것이다. 고통 뒤에 행복이 찾아오는 것처럼.

삶이 너무나 고단하고, 너무나 외롭고, 너무나 팍팍한 사람들이 있다. 고통을 마치 이질적인 질병이라도 되는 듯 멀리하려는 사람들도 있다. 그들에게 김선우 시인은 '태어날 때의 울음을 기억해야 하고, 웃음은 울음 뒤에 배운다'는 사실을 생각해보라고 권한다. 시인의 말처럼 우리는 "태어날 때의 울음을 기억할" 필요가 있다. 우리는 웃으면서 태어난 존재가 아니라 울면서 세상에 등장한 존재라는 사실을 잊지 말자는 권고다. 탄생에서부터 죽음까지 삶 자체가 고통이라는 냉정한 진단이다. 절망 속에서만 진정한 희망을 길어낼 수 있는 법!

이어서 시인은 희망을 이야기한다. "웃음은 울음 뒤에 배운다"고. 여기서 핵심은 아마도 "배운다"는 말에 있을 듯하다. 수영을 배우듯 혹은 말을 배우듯, 무언가를 배운다는 것은 자신의 본능으로 모두 해결되지 않는 것이 있음을 의미한다. 마치 갓 태어난 아이가 엄마의 품에서 웃음을 배우는 것처럼 말이다. 아이의 얼굴에 웃음과 미소를 안길 외부, 혹은 타자가 필요하다. 아이 혼자서 스스로의 힘으로 웃기는 힘들다. 기적처럼 혹은 선물처럼 무언가가 바깥에서 주어져야 한다. 낯설어하는 아이에게 엄마의 따뜻한 품이 있듯, 갈증으로 심한 고통을 겪는 사람에게 한 잔의 시원한 물이 있듯.

고통은 일차적으로 주어진 삶의 조건, 우리가 죽을 때까지 감당해야만 하는 삶의 원초적 진상이다. 어떤 종류든 고통을 완화하는 방법을 배워야 하는 것도 이런 이유에서다. 실제로 고통을 완화하는 데 성공한다면, 바로 이때 느끼는 감정이 행복이다. 웃음을 배우지 못한 평범한 이웃들이 오늘도 고통을 완화하는 방법을 찾는 것도 자신의 삶을 불완전한 채로 방치하지 않으려는 몸부림이다. 고통에 직면하고 그것을 완화시키는 방법을 배운 사람, 그런 사람이 「고쳐 쓰는 묘비」에서 김선우 시인이 말한 "삶의 완성자"가 아닐까.

지금 우리는 연인이 있어서 행복하고 밥을 먹어서 행복할 수 있다. 이때의 행복은 영원한 행복이 아니라 잠시의 행복이라는 점이 중요하다. 외로움과 배고픔이라는 고통은 외부의 무엇인가에 의해 잠시 완화된 것일 뿐이니까. 그러니 우리는 항상 되새겨야 한다. "태어날 때의 울음을 기억할 것//웃음은 울음 뒤에 배우는 것"이라는 사실을, 그리고 웃음과 행복은 자신으로부터가 아니라 외부로부터, 정확히 말해 나와 타자와의 관계로부터 가능하다는 사실을. 그렇기 때문에 자기 내면이나 방 안에 침잠하는 것은 웃음과 행복을 얻는 데 아무런 도움이 되지 않는다.

내면에서 벗어나 외면으로, 방 안에서 외부로 나가야 한다. 그래야 누군가를 만날 수 있고, 근사한 무지개를 볼 수도 있고, 맛있는 사과를 딸 수도 있으니까. "삶의 완성자"가 "사랑의 노동자"인 이유도 바로 여기에 있다. 사랑이란 나의 고통이든 타인의 고통이든, 고통을 완화시키려는 감정이자 의지이기 때문이다. 결국 사랑은 기본적으로 고통에 대한 직면을 전제로 한다는 사실이 중요하다. 배고픈 사람을 더 배고프게 하지 않기! 우는 사람을 더 울게 하지 않기! 외로운 사람을 더 외롭게 하지 않기! 피곤한 사람을 더 피곤하게 하지 않기! 그러니 밥을 먹이고, 웃게 해주고, 함께 있어주고, 쉬게 해준다. 이 모든 일이 노동이 아니면 무엇일까?

머리로 냉정하게

———— 살아 있다는 것, 고통을 느낀다는 것

불교의 가르침은 고(苦), 즉 고통의 자각 혹은 고통의 느낌에서 출발한다. '일체개고(一切皆苦)'는 '일체 모두가 고통이다'라는 싯다르타(Siddhārtha Gautama, BC 563?~BC 483?)의 근본적인 가르침이다. 모든 것이 고통이라니, 얼마나 당혹스러운 가르침인가? 보통 종교라면 희망과 낙관적인 미래를 이야기하기 마련인데, 불교는 애초부터 모든 것이 고통이라고 말한다. 불교 경전에는 '타타타(tathatā)'라는 산스크리트어가 자주 반복된다. '있는 그대로'라는 뜻의 타타타는 한자어로 진여(眞如), 여실(如實), 혹은 여여(如如)라고 번역된다. 마음속에 어떤 선입견도 갖지 않고 외부 사태를 '있는 그대로' 본다는 의미다. 그러므로 '일체개고'는 타타타한 진실, 여실한 진리, 혹은 여여한 진상이다.

25

여기서 불교의 최종적 이념이 바로 '자비(慈悲)'라는 것도 기억할 필요가 있다. 자비는 산스크리트어 '마이트리-카루나(maitri-karuna)'의 한자 번역어다. '마이트리'는 '우정'을 의미하고, '카루나'는 '타인의 고통을 아파한다'는 뜻이다. 즉, 자비는 동등한 관계에서 상대방의 불행이나 고통을 아프게 느끼는 감정이다. 나와 상대방이 모두 혹은 동등하게 불행하거나 고통스럽다는 통찰이 '자비'라는 말에 전제되어 있다. 고통을 느끼는 것, 그래서 그 고통을 어떻게든 완화시키려 하는 것, 그것이 자비다. 그러니 '일체개고'라는 가르침을 잘못 이해해서는 안 된다. 모든 것이 고통이라는 허무주의나 비관주의로 이해한다면, 싯다르타의 가르침을 제대로 이해하지 못한 것이다. 오히려 고통을 느꼈기에 그 고통을 덜어주려고 노력하는 것! 그것이 바로 자비다.

불교의 가르침을 좀 더 확장해볼 필요가 있다. 예를 들어, 어떤 사람이 옥상에서 뛰어내렸다고 해보자. 아주 높은 데서 뛰어내려 즉사하면 고통을 느끼지 못한다. 반면 2, 3층에서 뛰어내려 죽지 않고 다치면 심한 고통을 느낄 것이다. 잔인한 이야기지만, 죽은 듯 보이는 사람을 발로 차보라. 그 사람이 아픔을 느껴 움직이면 그는 살아 있는 것이고, 아무리 발로 차도 꿈쩍도 하지 않으면 그는 아마 죽은 상태일 것이다. 살아 있다는 것은 고통이나 아픔을 느낄 수 있다는 의미다. 부모님이나 친구가 갑자기 쓰러지면 제일 먼저 따귀를 때리거나 팔을 꼬집어볼 것이다. 이처럼 우리는 고통을 느껴야

고통 ──────◆ 아픈 만큼 사랑이다

살아 있는 상태라는 것을 본능적으로 알고 있다. 살아 있다면 고통을 느낀다는 것, 이것이 가장 중요하다. 살아 있다는 것은 배고픔을 느끼고, 외로움을 느끼고, 아픔을 느끼고, 추위도 느끼는 것이다.

한 가지 실험을 해보자. 지금 당장 자신의 넓적다리를 힘껏 때려보는 것이다. 다리를 때리고서 아픔을 느끼면 살아 있는 것이다. 아프지 않다면 자신의 다리는 어떤 식으로든 마비되어 있을 것이다. 아무 감각도 느낄 수 없다면 계속 때려도 상관없다. 마비된 다리는 고통을 느끼지 못할 테니 말이다. 하지만 고통과 아픔을 느낀다면, 어느 누가 다리를 계속 때릴까? 때리기를 중단하거나 최소한 아프지 않게 때리려고 할 것이다. 이처럼 자기 고통을 강화시키기보다는 약화시키는 것이 자기 사랑이 아니면 무엇일까.

타인에 대해서도 마찬가지다. 타인의 아픔이나 고통이 내 다리의 아픔이나 고통처럼 느껴진다면, 그 타인은 이미 내 몸이나 다름없다. 타인의 아픔과 고통을 느끼면 놀라운 일이 벌어진다. 우리는 그 사람을 더 이상 고통스럽게 할 수 없다. 누군가의 목을 조르려면 내 손에 그 사람의 고통이 느껴지지 않아야 한다. 동물을 죽이려면 그 동물의 고통이 느껴지지 않아야 한다. 꽃가지를 꺾으려면 그 나무의 고통이 느껴지지 않아야 한다. 그러니까 중요한 것은 타인의 고통을 느낄 수 있는 감수성, 즉 고통의 감수성이다. 바로 이것이 자비라는 거창한 용어까지 들먹이지 않더라도 평범한 우리들이 가지고 있는 사랑의 뿌리다.

과거 독재 시절, 시대에 걸맞게 학교에는 '사랑의 매'라는 것이 있었다. 학생들을 미워해서 때리는 것이 아니라 사랑해서 때린다는 체벌의 논리다. 그러나 생각해보자. 선생님이 학생들의 종아리에 매를 대는 순간 아이들의 고통이 느껴진다면, 과연 선생님은 계속 매를 댈 수 있을까. 한 대 두 대 때리면 때릴수록 아이들의 아픔이 느껴진다면, 어떻게 아이들을 계속 때릴 수 있을까? 아내에 대한 사랑, 남편에 대한 사랑, 아이에 대한 사랑, 후배에 대한 사랑 등 타인에 대한 사랑은 고통에 대한 감수성이 없다면 아무것도 아니다. 사랑은 타인의 고통을 완화시키려는, 다시 말해 타인의 행복을 증진시키려는 의지이자 감정이기 때문이다.

──── 사물과 공양의 깊은 의미

　　사찰에는 '사물(四物)'이라는 것이 있다. 법고(法鼓), 범종(梵鐘), 목어(木魚), 운판(雲板)을 가리킨다. 법고는 대개 가죽으로 만들어진 북이기에 들짐승과 관련된다. 즉, 법고는 들짐승을 깨우는 것이다. 이와 마찬가지로 범종은 인간을 깨우고, 목어는 물고기를 깨우고, 운판은 날짐승을 깨운다. 새벽이 오면 사찰에서는 법고를 제일 먼저 치고, 이어서 목어, 운판, 범종 순으로 친다. 들짐승을 먼저 깨우고 최상위 포식자 인간을 가장 마지막에 깨우는 감수성에 주목하자.

가장 약한 존재부터 깨우려는 불교의 감수성이 제도화된 것이다.

초식동물과 육식동물이 있으면 누구부터 깨워야 할까? 당연히 초식동물부터 먼저 깨워야 한다. 토끼가 한창 쿨쿨 자고 있을 때 독수리가 먼저 깨면 안 되니까. 독수리가 먼저 일어나면 자고 있는 토끼를 쉽게 잡아먹을 것이다. 이렇게 사물과 관련된 의례적 절차에는 '일체개고'나 '자비'와 관련된 싯다르타의 가르침과, 모든 존재에 대한 '발원(發願)'이 녹아 있다. 토끼를 깨우면서 스님은 무의식적으로 발원한다. "오늘은 싱싱한 풀을 많이 먹고 독수리를 조심하렴!" 배고픔도 고통이지만 포식자에게 죽임을 당하는 것도 고통이라는 감수성이다. 그다음에 운판을 두드려 독수리를 깨우며 스님은 발원한다. "오늘은 배곯지 말고, 인간에게 잡히지 않도록 주의하렴!" 독수리도 배고픔과 포획의 고통에 노출되어 있다는 것을 전제로 한 자비의 마음이다.

이 얼마나 모순적인 발원인가? 독수리가 배고픔의 고통을 면하려면 토끼를 잡아먹어야 하고, 토끼는 온몸이 찢기는 고통을 면하려면 독수리를 피해야 한다. 나아가 토끼도 배고픔의 고통을 면하려면 식물을 뜯어 먹어야 한다. 그러니 모든 생물에게 배고픔의 고통이 없기를 발원하는 것은 얼마나 모순인가? 모든 생명이 유한자로 태어나기에 모든 비극이 생긴다. 누구도 자기 힘으로, 자기 살을 파먹고 살 수는 없다. 크게 보면 강자도 없고 약자도 없다. 건강할 때에는 웬만해서는 다른 동물을 두려워하지 않는 호랑이도 병들거나 늙으면 땅에 쓰러져 식물의 거름이 되니 말이다.

'일체개고'의 가르침이 이보다 애절할 수 있을까. 식물에서부터 물고기, 토끼, 독수리, 늑대 등 동물, 나아가 인간까지 모두 배고픔의 고통을 겪는다. 그러니 지혜로운 사람이 취할 수 있는 방법은 하나다. 각각의 생명체를 대할 때 그 고통을 뼈저리게 함께 느끼는 것이다. 사슴과 늑대가 있다면 사슴을 깨우면서 이렇게 발원한다. "오늘은 늑대한테 잡히지 말고 풀 많이 뜯어 먹어." 늑대를 깨울 때는 이렇게 발원한다. "오늘은 굶지 말고 사슴 잡아먹어. 사람한테 잡히지 말고." 가장 마지막에 인간을 깨우면서 인간한테는 "오늘 냉이도 캐 먹고 사슴도 잡아먹어"라고 발원할 수밖에 없다. 어쩔 수 없다. 모두가 배고프고 힘들기 때문이다. 식물을 위해 사슴을 모두 잡아 죽일 수도 없고, 사슴을 위해 늑대를 모두 잡아 죽일 수도 없다. 새벽 산사에 울리는 사물의 소리에서 비장함과 애절함이 느껴지는 것은 이런 이유 때문이 아닐까?

사찰에서 식사하는 것을 공양(供養, pūjanā)이라고 하는데, 스님들은 공양을 할 때 음식을 남기지 않는다. 심지어 식사를 마치면 그릇에 물을 부어 마치 설거지하듯 그릇을 씻고 그 물을 모조리 마신다. 어째서 이런 관습과 제도가 만들어졌을까? 음식을 하나도 남기지 않고 모조리 먹는 이유는 무엇일까? 주어진 것을 남기지 않고 모두 먹어야 다른 것을 죽여서 먹지 않기 때문이다. 이미 죽은 것들, 아니 정확히 말해 죽인 것들로 배고픔의 고통을 최대한 완화시켜야 한다. 그러지 않으면 음식물을 버린 만큼 배고픔의 고통이 빨리 찾아올 것이고, 그만큼 다른 생명체를 새로이 죽여야 하기 때문이다.

사실 모든 생명체의 고통을 느끼고 그것들을 사랑한다면 아무것도 먹어서는 안 된다. 정확히 말하면 먹기가 힘들 것이다. 그러면 어떻게 될까? 자기 자신을 죽이게 된다. 아무것도 먹지 않으면 우리는 배고픔의 고통을 견디다 굶어 죽을 테니 말이다. 식물도, 토끼도, 사슴도, 독수리도, 늑대도, 그리고 인간도 생명체다. 식물을 살리려고 토끼를 죽여서도 안 된다. 토끼를 살리려고 늑대나 인간을 죽여서도 안 된다. 엄청난 딜레마가 아닐 수 없다. 사슴과 늑대가 동시에 배고픔의 고통을 토로한다면 싯다르타는 어떻게 해야 할까? 난감한 일이다. 어쩌면 이 딜레마, 이 난감함, 이 애절함, 그리고 이 간절함 속에서 산다는 것, 바로 이것이 '일체개고'의 진정한 의미, 혹은 '고통'의 기원이 아닐까.

──── 폭력을 피할 수 없는 숙명

"우리는 순진무구함과 폭력을 선택하는 것이 아니다. 폭력의 종류를 선택하는 것이다. 우리가 신체를 가지고 있는 한 폭력은 숙명이다." 프랑스 철학자 메를로-퐁티(Maurice Merleau-Ponty, 1908~1961)가 『휴머니즘과 폭력(Humanisme et Terreur)』(문학과지성사, 2004)이라는 책에 쓴 말은 우리 마음을 아리게 한다. 다른 생명체와 마찬가지로 인간은 타자에 대해 순진무구할 수 없다. 겉보기에는 어딘가 우월하고 선한 듯이 보이지만, 인간도 다른 생명체와 마찬가지로 무언가를 죽여야 생존할 수 있다. 개나 고양이 혹은 카나리아와 이웃처럼 살고 있지만, 그 이면에는 동물 공장에서 생산하는 닭이나 돼지, 소를 먹고 있지 않은가. 그렇기에 메를로-퐁티가 말한 것이다. 다른 생명체, 나아가 타인에 대해 순진무구할 수 있다는 착각에 빠지지 말라고.

메를로-퐁티는 여러모로 싯다르타의 통찰을 따르고 있다. 타타타! 보고 싶은 것을 보는 것이 아니라 있는 그대로 보자고. 결국 무언가를 파괴하면서 살아간다면, 우리에게 남은 선택지는 그의 말대로 '폭력의 종류' 혹은 '폭력의 정도'를 선택하는 것뿐이다. 달리 말하면, 인간은 선과 악 중 하나를 선택하는 것이 아니라 악 중에서 최소의 악을 선택해야 한다는 것이다. 비폭력과 폭력 중 하나를 선택하는 것이 아니다. 폭력 중 최소의 폭력을 선택해야 한다. 이것이 메를로-퐁티의 윤리다. 최대의 폭력과 최소의 폭력 중 후자를 선택하려 한다면, 우리는 충분히 윤리적일 수 있다.

이제야 새벽 산사에서 울려 퍼지는 법고 소리와 정갈한 공양 시간이 무엇을 의미하는지가 분명해진다. 싯다르타 이래 부처가 되고자 했던 모든 스님들은 최소 폭력을 선택해야 한다는 고뇌를 반복하고 있었던 것이다. 깊은 산중 나무 하나, 돌 하나, 그리고 계곡

물에 사무쳤던 법고 소리는 모든 생명체에게 최소한의 폭력을 행사하겠다는 약속이었고, 밥알 하나 남기지 않으려는 공양의 자리는 최소 폭력을 비장하게 실천하는 장소였던 셈이다.

채식과 육식을 놓고 볼 때, 최소 폭력을 선택하려는 사람이라면 채식을 선택할 것이다. 잎사귀나 과실을 따는 것은 식물을 완전히 죽이지 않고 일부분을 얻는 행위다. 고기를 먹으려고 소를 고통스럽게 죽이는 것과는 다르다. 채소나 곡물이 고통을 느낀다는 것은 아직 밝혀진 바 없으니, 돼지나 닭을 죽여 고기를 얻는 것보다는 채소나 곡물을 먹는 것이 생명체에 대한 최소 폭력임은 자명하다. 불가피하게 육식을 해야 하는 경우가 있지만, 동물을 죽일 때에도 최소 폭력을 실천할 수 있다. 가급적 덜 고통스럽게 죽이는 것이다. 이제 어떻게 동물을 죽이든 그것은 생명체를 파괴하는 폭력에 지나지 않는다고, 혹은 육식이든 채식이든 생명을 죽이는 것은 마찬가지 아니냐는 이야기는 하지 말자. 다시 말해 '비폭력'과 '순진무구'는 불가능하니 최소 폭력과 최대 폭력을 구별할 필요가 없다고 주장해서는 안 된다. 이런 주장이 자포자기를 넘어 최대 폭력을 정당화하는 논리로 변질되는 것은 한 걸음이면 족하기 때문이다.

스님들의 공양 속에는 최소 폭력의 윤리가 살아 있다. 타자의 고통을 최소화하고 동시에 자신의 고통도 최소화하려는 중도를 모색하기 때문이다. 물론 다른 생명체를 죽이고 그것을 취하여 삶을 영위한다고 할 때 지금 내가 먹는 음식이 정말 다른 생명체에 대한 최소한의 폭력일까 하는 의구심은 여전히 남기 마련이다. 이런 개운치 않음이 어쩌면 최소 폭력의 윤리성을 가능하게 하는 정서가 아닐까. 최소 폭력인지의 여부가 확실하지 않아야, 우리는 생명체들의 고통에 더 민감할 수 있기 때문이다.

최소 폭력의 감수성은 다른 생명체를 먹이로 삼는 경우에만 적용되지는 않는다. 그것은 같은 인간, 즉 타인에게도 그대로 적용된다. 여기서 중요한 것은 나라는 존재 자체가 타인에게 폭력을 혹은 폐를 끼치는 존재라는 자각이다. 복잡한 식당 안이나 매장 혹은 엘리베이터 안에서 나라는 존재는 그 자체로 누군가에게 폐를 끼친다. 다른 사람들이 누릴 수 있는 공간을 점유하고 있으니 말이다. 입학을 해도 취업을 해도 나는 누군가에게 폐를 끼친다. 다른 누군가는 나 때문에 인생의 좌절을 경험하고 있을 테니 말이다. 심지어 누군가의 아내나 남편이 되어도 사정이 나아지는 것은 아니다. 그 누군가는 나보다 근사한 여자나 남자를 배우자로 맞을 수도 있었다. 내가 누군가에게 도움이 되고, 누군가를 행복하게 해준다는 오만에 빠지지 말자. 살아간다는 것은 어떤 식으로든 다른 존재에 폐를 끼친다는 것을 잊지 말자.

내가 옆 사람에게 해줄 수 있는 최선은 최소한 그 사람이 나 때문에 더 힘들지 않게 하는 일이다. 존재한다는 이유로 누군가에게 고통을 가중시킬 수밖에 없지만 그럼에도 불구하고 그 고통을 최소화하려는 노력이 필요하다는 이야기다. 메를로-퐁티의 '최소 폭력'의

고품 ——————• 아픈 만큼 사랑이다

논리가 고통에 대한 감수성에 기초하는 것도 이런 이유에서가 아닐까. 세계가 모두 고통 속에 있기 때문에 우리는 고통을 완전히 제거할 수는 없지만, 고통을 완화시킬 수는 있다. 결국 죽을 때까지 우리는 걷기 힘든 길을 걸어가야만 한다. 나의 고통과 타자의 고통을 동시에 최소화할 수 있는 어떤 균형을 매번 찾아내야만 하는 길, 균형을 찾는다 해도 그것이 진정한 균형인지 여전히 의문이 남는 그런 개운치 않은 길 말이다.

───── 성숙한 사람이 먼저 연락을 취하지 않는 이유

아이들은 보통 자기 고통만 느끼고 부모 혹은 타자의 고통은 잘 못 느낀다. 어쩌면 자신의 고통만을 강하게 느끼기에 타인의 고통을 느끼기 힘들다고 하는 것이 옳은 표현일 듯하다. 자기 고통에 몰입할수록 그만큼 타인의 고통을 느끼기 어렵다. 그런데 아이가 어느 정도 성숙하면 상황은 다르게 전개된다. 초등학교에서 돌아온 아이는 배가 무척 고프다. 그런데 엄마가 몸살이 나서 방에 누워 있다. 아이는 엄마에게 배고프다고 칭얼대지 않고 엄마 곁에 걱정하며 앉아 있거나 스스로 냉장고를 뒤져 먹을 것을 찾는다. 이는 아이가 자신의 고통보다는 엄마의 고통을 느끼기 때문에 가능한 일이다. 아이는 배고프다고 투정하면 엄마의 고통이 가중되리라는 걸

안다. 허기진 채 귀가한 남편이 아내가 저녁을 차려놓지 않았다고 해서 몸이 아픈 아내에게 짜증을 부리는 경우가 있다. 엄마의 고통을 가중시키지 않으려고 냉장고를 뒤져 배고픔을 채우는 아이는 그런 남편보다 백배는 더 성숙하다고 할 수 있다.

결국 성숙의 잣대는 다른 데 있는 것이 아니다. 타인의 고통을 느끼느냐의 여부, 나아가 얼마나 많은 타인의 고통을 느끼느냐의 여부로 결정된다. 타인, 나아가 타자의 고통을 느끼는 순간 아이는 성숙해지고, 겉만 어른이던 사람도 진짜 어른이 된다. 성숙의 과정을 거치면서 인간은 자신이 커지는 것이 아니라 하염없이 작아지는 것을, 혹은 세상이 자기를 중심으로 돌아가는 게 아니라 자기 뜻대로 돌아가지 않는다는 것을 경험하게 된다. 자신의 고통을 중심으로 타인이 돌아간다는 감정적 천동설에서 벗어나 자기만큼이나 타인도 고통에 아파한다는 감정적 지동설로 이행하기 때문이다. 나만 고통스러운 것이 아니라 타인을 비롯해 모든 생명이 고통스럽다는 것을 아는 순간, 인간은 생물학적 나이와는 상관없이 성숙한 어른이 된다고 할 수 있다.

타인의 고통을 느낀다는 것! '일체개고'의 가르침을 온몸으로 안다면, 우리는 그 일체의 것들에게 잔인하게 굴 수 없다. 오히려 그것들의 고통을 경감시켜주려는 마음을 품을 뿐만 아니라 직접적으로 고통을 줄여주기 위해 노력하게 된다. 바로 이것이 사랑이다. 당연히 타인의 고통을 제대로 느끼는 사람, 같은 말이지만 타인을 사랑하는 사람은 자신의 말과 행동으로 타인의 고통을 가중시키는 것을 극도로 경계하게 된다. '혹시 내 말이 그녀를 아프게 하지 않을까?' '혹시 이런 행동이 그를 속상하게 만드는 건 아닐까?' 결국 누군가를 사랑하는 사람의 진정한 슬로건은 하나일 수밖에 없다. '최소한 나로 인해 당신의 고통이 가중되는 일은 없을 겁니다.'

이런 이유에서일까. 성숙한 인간은 자신이 빠져 있는 무미건조함이나 고독감에서 벗어나기 위해 타인에게 먼저 연락을 취하지 않는다. 나의 연락이 타인에게 짐이 될 수 있다는, 다시 말해 누군가를 고통스럽게 할 수도 있다는 자각 때문이다. 그렇다고 해서 타인과의 연락을 귀찮아한다고 오해해서는 안 된다. 타인이 먼저 연락을 취해오면 하염없이 기쁘지만, 먼저 연락을 취하지 않고 기다린다. 이것이 성숙이다. 물론 그렇게 할 수 있으려면 타인을 이용해 자신의 고통을 덜어내려는 유아론적 욕망을 억제할 수 있어야 한다.

교육 현장에서 왕따나 이지메, 심지어 학우들에 대한 폭력이 발생하는 경우가 있다. 이는 교육이 붕괴되었음을 의미한다. 정보 습득과 스펙 쌓기 등 자본주의적 경쟁을 바탕으로 사적 이익만을 추구하는 교육이 이루어지고 있는 탓이다. 자신의 고통과 행복에만 몰입하는 사람에게 어떻게 타인의 고통에 직면하는 성숙을 기대할 수 있겠는가? 성숙을 도모하지 않는다면, 다시 말해 자신의 고통에 대한 원초적 자각에서 벗어나 함께 살아가는 사람들의 고통을 느끼는 감수성을 키우지 않는다면, 교육이 무슨 필요가 있을까?

엄마의 고통을 느끼지 못하면 아픈 엄마에게 먹을 것을 달라고 강요하게 된다. 친구의 고통을 느끼지 못하면 그 아이를 웃음거리로 만들며 즐거워한다. 고양이의 고통을 느끼지 못하면 길고양이에게 돌을 던진다. 나무의 고통을 느끼지 못하면 진액이 흐르는 꺾인 나뭇가지를 들고 의기양양해할 수도 있다. 이런 아이가 교육이라는 성숙의 과정을 거치지 않고 법적인 어른이 되었다고 해보자. 아내나 남편이 생겨도 그는 배우자의 고통을 가중시킬 것이다. 배우자의 고통을 느끼지 못하는 사람이므로. 직장 생활을 해도 함께 일하는 사람들을 힘들게 할 것이다. 동료들의 고통을 느끼지 못하는 탓이다. 불행히도 이런 아이가 사회의 권력자가 되면, 그 영향 아래 있는 사람들은 엄청난 고초를 겪을 것이다. 대중의 고통을 느끼지 못하는 대표자를 뽑은 결과다.

고통에 대한 인문학적 감수성이 개개인의 삶뿐만 아니라 전체 공동체의 의미를 결정하는 시금석인 것도 이런 이유에서다. 구성원의 고통을 완화시키는 공동체인가, 아니면 고통을 가중시키는 공동체인가? 후자라면 우리는 그 공동체를 뿌리에서부터 바꿔야 한다. 혁명은 대단한 것이 아니다. 더불어 사는 사람들과 앞으로 태어날 사람들을 위해 공동체의 규칙을 바꾸는 것, 다시 말해 고통에 대한 감수성이 낮은 공동체를 고통에 대한 감수성을 고양하는 공동체로 바꾸는 것이 혁명이 아닐까.

겨울에 길을 가다 추위와 배고픔으로 옴짝달싹 못하는 길고양이와 마주칠 때가 있다. 그렇게 고통을 직면하면 고양이를 품에 안고 집으로 데려갈 수밖에 없다. 고양이의 고통을 느끼지 못하면 그냥 지나치겠지만 이미 느껴버렸다면 어떻게 하겠는가? 고양이가 느끼는 추위와 배고픔에 대한 고통을 완화시키려는 자발적 감정이자 의지, 혹은 노력은 이렇게 탄생한다. 고양이를 외면할 수도 있다. 고양이의 고통보다 고양이를 집에 데려옴으로 인해 생길 나의 고통이 더 크다고 판단하거나, 결국 고양이의 고통이 사무치게 전달되지 않은 탓이다. 내 넓적다리에 느끼는 고통만큼 고양이의 고통이 다가와야 고양이의 고통을 완화해주려는 감정과 행동이 나온다. 바로 이것이 '일체개고'라는 명제로 싯다르타가 절규했던 가르침의 핵심이 아닌가.

타인의 고통이 사무치면 우리 마음에 자비가 차오르게 된다. 자비, 혹은 그냥 사랑이라고 해도 좋다. 그러니 새겨두자. '사랑의 핵심은 고통을 느끼는 것이고, 그렇게 느낀 고통이 가짜가 아니라 진짜라면 우리는 그 고통을 완화하려는 즉각적이고 자발적인 행동을 시작한다.' 사랑이 연민과 다른 이유도 바로 여기에 있다. 연민은 행동을 낳지 않기 때문이다. 복잡하다면 이렇게 정리해도 좋다. 'A를 사랑한다는 것은 A의 고통을 사무치게 느낀다는 것', 아니면 '사랑한다는 것은 고통을 느낀다는 것'이라고. 고통이 느껴지는 강도가 사랑의 깊이를 결정하는 것도 이런 이유에서다.

불행히도 누군가를 사랑한다고 말하고 심지어 스스로도 그렇게 믿고 있지만, 사랑하는 사람의 고통을 제대로 느끼지 못하는 경우가 있다. 이것이 바로 '관념적 사랑', '말뿐인 사랑', 혹은 '가짜 사랑'이다. 핵심은 상대방의 고통에 대한 감수성 결여다. 물론 상대방이 고통을 표현하면 겉으로는 그 고통에 공감하는 척 연기할 수 있다. 하지만 상대방의 고통이 내 고통으로, 아니 그 이상으로 사무치지 않고 형식적으로 반응하거나 상대방의 고통에 의례적으로 대응할 뿐이라면, 당연히 그의 고통을 완화해주려는 즉각적이고 효과적인 행동이 나올 리 없다. 이것이 가짜 사랑이자 관념적 사랑이다.

가짜 사랑이 진짜 사랑 혹은 행동을 낳는 사랑과 같을 수 있을까? 타인의 고통을 온몸으로 느껴 어떻게든 그 고통을 완화시키려고 즉각적이고 자발적인 반응을 하지 않는다면 사랑이 무슨 의미가 있을까? 가짜 사랑 혹은 형식적인 사랑은 상대방을 낙담하게 만든다. 상대방의 고통을 사무치게 느끼지 못하기에, 상대방의 고통을 완화시키려는 모든 노력은 표적을 맞히지 못한다. 외로움을 느끼는 아내를 위해 남편이 아내에게 친구와 함께 여행을 가라고 비행기와 호텔을 예약해준다면, 아내는 어떻게 느낄까? 아마도 외로움을 더 크게 느낄 것이다. 어쩌면 남편이 자신의 외로움을 외면한다고, 자신을 보기 싫어한다고 느낄 수도 있다. 상대방의 고통을 사무치게 느끼지 못한다는 것은 이처럼 치명적이다.

고통에 대한 감수성에 기반한 실질적인 사랑은 항상 상대방에게 적중한다. 사랑하는 사람이 배가 고프면 그에게 밥을 해준다. 그가 배고프면 나도 배고프기 때문이다. 사랑하는 사람이 외로워하면 그와 이야기를 나눈다. 그가 외로우면 나도 외롭기 때문이다. 사랑하는 사람이 아프면 그를 업고 병원에 간다. 그가 아프면 나도 아프기 때문이다. 사랑하는 사람이 걷기 힘들면 그의 지팡이가 되어준다. 그가 거동이 힘들면 나도 힘들기 때문이다. 사랑하는 사람이 우울하면 그 앞에서 어린아이처럼 재롱을 떨어준다. 그가 우울하면 나도 우울하기 때문이다. 사랑하는 사람이 추우면 그에게 옷을 벗어준다. 그가 추우면 나도 춥기 때문이다.

진짜 사랑이 열정적인, 그리고 자발적인 노동을 낳는 것도 이런 이유에서다. 그렇기에 사랑하는 사람이 배부르면, 사랑하는 사람이 지인과 행복한 담소를 나누면, 사랑하는 사람이 건강하면, 사랑하는 사람이 힘차게 잘 걸으면, 사랑하는 사람이 명랑하면, 우리는 고맙기만 하다. 진짜 사랑할 때에는 질투라는 감정이 상대적으로 약한 이유도 바로 여기에 있다. 내가 아니더라도 다른 누군가가 내가 사랑하는 사람의 고통을 완화시켜주면 그것으로 충분하다. 중요한 것은 자신이 사랑하는 사람의 고통이 완화되었는지 여부뿐이기 때문이다. 잊지 말자. 질투심이 강해질수록 우리의 사랑은 진짜가 아니라 가짜가 되어간다는 사실을.

사랑하는 사람이 배가 고프면 그에게 밥을 해준다.
그가 배고프면 나도 배고프기 때문이다.
사랑하는 사람이 외로워하면 그와 이야기를 나눈다.
그가 외로우면 나도 외롭기 때문이다.

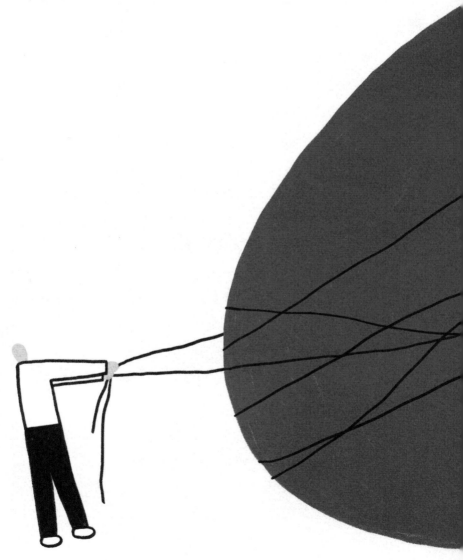

고통의 중도! 자신에 대해서나 타인에 대해서나 고통을 느꼈다면, 우리가 할 수 있는 최선은 그 고통을 잠시 완화해주는 일뿐이다. 살아 있는 한 고통은 완전히 근절될 수 없다. 고통은 오직 죽어서야 완전히 소멸된다. 죽은 사람은 외로움, 질병, 혹은 배고픔의 고통을 느끼지 않으니 말이다. 그래서 '고통을 잠시 완화한다'는 말이 중요하다. 이는 사랑의 본질이 어디에 있는지 보여주기 때문이다. 다시 배고픔을 예로 들어보자. 어머니가 밥을 한다. 아이가 학교 수업에 이어 학원 수업을 마치고 녹초가 되어 들어왔으니 배가 고플 것이기 때문이다. 식탁 위에 밥 한 공기를 놓아주니 아이는 배고픔의 고통을 달래기 시작한다. 밥그릇을 다 비우자 아이는 배고픔이 씻은 듯 사라진다. 하지만 배고픔의 고통은 잠시 완화된 것일 뿐, 몇 시간이 지나면 아이는 다시 배고픔을 느낄 것이다. 그것이 삶이니까.

살아 있다면 고통은 잠시 동안만 완화된다. 어머니가 한 공기의 밥으로 아이가 행복해하니, 두 공기를 먹으면 더 행복할 것이고 세 공기를 먹으면 그보다 더 행복할 것이라고 생각했다고 가정해보자. 극단적으로 말해 한 공기를 먹고 행복하다면 한 가마의 밥을 먹이면 배고픔의 고통이 영원히 사라질 것이라고 착각한 것이다. 그래서 아이를 행복하게 해주려고 두 공기, 세 공기를 억지로 먹인다면 어떻게 될까? 그러면 아이는 과도한 배부름의 고통을 느끼게 된다. 이 어머니는 몰랐던 것이다. 아이가 배고플 때에는 한 공기의 밥이면 족하다는 사실을, 한 공기가 넘어가면 배고픔의 고통이 아니라 배부름의 고통이 찾아온다는 사실을, 배고픔은 아이가 살아가는 동안 계속 반복되는 자연스러운 고통이라는 사실을, 그래서 아이를 사랑한다면 어머니는 아이가 배고파할 때마다 한 공기의 밥을 주어야 한다는 사실을. 어쩌면 복잡하게 생각할 필요도 없다. 아이가 표현하는 배부름의 고통을 조금이나마 느꼈다면, 어머니는 즉각 밥공기를 거두었을 테니.

배고픈 사람에게 밥을 먹여 배고픔의 고통을 완화하는 것은 사랑이자 동시에 선한 일이다. 그렇지만 배고픈 사람에게는 한 공기의 밥이면 충분하다는 사실이 더 중요하다. 고통에도, 그리고 고통의 감수성에도 중도가 필요한 이유다. 두 공기의 밥은 배고픔의 고통 대신 배부름의 고통을 선사할 수도 있으니 말이다. 고통은 잠시 완화시킬 수 있을 뿐 근본적으로 제거할 수 없다. 『보살계본지범요기(菩薩戒本持犯要記)』에서 원효(元曉, 617~686)가 강조하려 했던 것도 바로 이 점이다. "옛날 매우 지혜로웠던 사람이 자기 아들에게 훈계했다. '스스로 조심해서 선(善)을 행하지 않으려고 해야 한다.' 그러자 그 아들이 반문했다. '그러면 반드시 악(惡)을 행하라는 말입니까?' 아버지가 아들에게 말했다. '선마저도 행하지 말라고 했는데, 하물며 악을 행해서야 되겠느냐!'"

배고픈 아이의 고통을 완화시켜주는 어머니는 선한 사람이다. 하지만 한 공기를 넘어 두 공기, 세 공기의 밥을 먹이면 배고픔의 고통은 배부름의 고통으로 변하고 만다. 어머니의 입장에서 선한 행위이지만 그것이 지나치면 위험하기 그지없다. 아이의 고통이 완화되었는지 여부를 간과하기 쉽기 때문이다. 중요한 것은 상대방의 고통이고, 살아 있는 한 고통이 지속되고 그것은 잠시 완화시킬 수 있을 뿐이라는 사실이다. 차라리 아이에게 무엇이 선인지 악인지 모르겠다고 주저하는 어머니가 더 나을 수도 있다. 그런 어머니는 적어도 아이의 고통에 주파수를 맞출 수 있기 때문이다. 물론 그러기 위해 어머니는 아이에게 밥을 먹이는 것이 언제나 선한 행위라는 생각을 버려야만 한다. 그렇게 할 수 있다면, 배고픔의 고통이 완화되어 배부름의 고통으로 변하려는 순간, 즉 배고픔의 고통이 성공적으로 완화된 순간 아이가 그만 먹게 할 수 있을 것이다.

논의를 확장해보자. 자기 자신도 누군가에게 한 공기의 밥과 같은 존재라고 생각해보는 것이다. 남편은 아내에게, 아내는 남편에게, 엄마는 아이에게, 그리고 아빠는 아이에게 한 공기의 밥이다. 상대방이 외로울 때 우리는 그와 함께 이야기를 나누며 시간을 보낼 수 있다. 바로 이때 우리는 한 공기의 밥으로 아이의 배고픔이 완화되자 두 공기, 세 공기의 밥을 먹인 어머니의 오류를 범할 수도 있다. 한두 시간 함께 이야기를 나누다 보면 상대방이 느끼던 외로움의 고통이 완화된다. 상대방이 이제 자기만의 시간을 가지려고 할 때, 우리는 그와 함께하는 시간에서 자연스럽게 빠져나와야 한다. 인간에게는 배고픔의 고통과 배부름의 고통도 있듯, 외로움의 고통과 번잡함의 고통도 있다. 한 시간 동안 함께하니 상대방의 외로움이 가셨다고 해서, 열 시간 동안 함께 있으면 상대방의 외로움이 그만큼 더 많이 사라지는 것은 아니다. 오히려 번잡함의 고통이 외로움의 고통을 넘어설 가능성이 커진다.

오랜만에 친구를 만나 이야기를 나누다 정말로 즐거워 이렇게 말했다. "너랑 있으니 너무 좋다." 외로움의 고통이 충분히 완화되었다는 뜻이다. 그런데 이 말을 곧이곧대로 받아들인 친구가 "그럼 나 너희 집에서 일주일 동안 같이 지낼까?"라고 하면 어떤가. 그 순간 친구는 두 공기, 세 공기의 밥이 되고 있는 것이다. 타인의 고통에 대한 감수성이 있다면, 우리는 다른 존재에게 있어 한 공기의 밥만큼만 사랑해야 한다. 스스로 사랑이라고 믿지만 두 공기, 세 공기의 밥이 되는 순간, 우리는 타인의 고통을 가중시킬 수밖에 없기 때문이다. 아니 어쩌면 우리 존재 자체가 한 공기의 밥과 같은 존재인지도 모른다. 그러니 이 한 공기의 밥으로 누군가를 행복하게 만들었다면 고마워해야 할 일이다.

첫 걸음을 당당하게

　　　　　사랑하는 사람, 혹은 사랑한다고 믿고 있
는 사람과 대화를 나눌 때가 있다. 이야기를 나눈 뒤 나의 마음이
홀가분해졌다면 상대방의 마음은 무거워졌을 것이다. 반대로 대화
가 끝난 뒤 내 마음이 무거워졌다면 상대방의 마음은 그만큼 가벼
워졌을 것이 분명하다. 두 사람이 테이블을 드는 경우와 비슷하다.
테이블을 나르다 앞사람이 무거워지면 뒷사람은 가벼워진 것이고,
반대로 앞사람이 가벼워지면 뒷사람은 테이블의 무게를 더 많이
감당하고 있는 셈이다. 상대방의 고통을 느끼는 순간 그 고통을 잠
시 완화하려는 감정이나 의지, 혹은 실천이 바로 사랑이라고 했다.
상대방의 배고픔을 느끼면 밥을 하는 수고를 감당하는 것도 이런
이유에서다. 이것은 상대방의 고통을 내게로 옮겨오는 행위가 아
닌가.

　대화도 마찬가지다. 상대방을 무겁게 하는 대화는 진정한 대화

　　고뭄 ——— 아픈 만큼 사랑이다

일 수 없다. 대화가 사랑의 행위라면 대화를 통해 상대방의 무거움을 나에게로 고스란히 가지고 와야 한다. 그러니까 나는 아내와, 나는 남편과, 나는 딸과, 나는 아들과, 나는 후배와 규칙적으로 소통하고 있으니 돈독한 관계라고 자랑할 일이 아니다. 오히려 스스로 되물어야 한다. 대화를 나눈 뒤 상대방의 무거움을 자신이 충분히 감당해서 무거워졌는지. 만약 충분히 무거워졌다면, 당신이 사랑하는 사람은 그만큼 홀가분해졌을 것이다. 당신은 마침내 제대로 사랑을 한 것이다. 상대방의 고통을 잠시나마 완화시켜주는 데 성공한 셈이니.

착수처

●

가족과 이웃의 고통을 통과의례라도 되는 듯 당연시하지 말고,
어떤 위로의 말도 하지 않고 있는 그대로 받아들이자.

"우리 딸, 요즘 공부하느라 힘들지. 아빠도 그랬어. 금방 지나갈 테니, 우리 딸 파이팅!" "자기야, 여자라면 누구나 겪는 일이잖아.

한 달에 한 번이니 참아. 우리 아내 파이팅!" "아이들 학교 때문에 당신이 출퇴근하기가 너무나 힘들겠네. 어쩔 수 없잖아. 우리 남편 파이팅!" 상대방에게 격려나 위로의 말을 건넬 때 잘 생각해보자. 이런 말은 당신의 고통은 스스로 견뎌야 할 뿐 아무도 도울 수 없다는 관조적 선언이자, 당신의 짐은 스스로 감당해야 하는 것이지 누구도 대신 들어줄 수 없다는 냉담한 선언이기 쉽다. "파이팅!"이라는 말은 상대방의 고통을 잠시 완화시켜주려는 의지도 아니고, 그렇다고 해서 자신이 상대방의 무거움을 대신 짊어지겠다는 생각도 아니다.

사랑한다면, 우리는 상대방의 고통을 사무치게 느껴야 한다. 그래야 고통을 잠시나마 완화하려는 사랑과 실천이 탄생할 수 있으니. 불행히도 잠시나마 고통을 완화시키려 해도 그렇게 하기 힘든 경우가 많다. 딸 대신 학원을 갈 수도 없고, 딸 대신 시험을 봐줄 수도 없다. 생리통으로 힘들어하는 아내를 대신해 남편이 아플 수도 없다. 새벽에 밥을 먹는 둥 마는 둥 먹고 나가는 남편 대신 아내가 회사에 출근해 일할 수도 없다. 딸의 고통을 사무치게 느끼고, 아내의 아픔을 사무치게 느끼고, 남편의 피곤함을 사무치게 느낀다고 해서 딸의, 아내의, 그리고 남편의 고통을 잠시라도 완화시켜줄 수는 없다. 상대방의 고통을 느꼈지만 완화시켜줄 수 없다면 노심초사하게 될 뿐이고, 그래서 그 고통을 침묵으로 더 아프게 받아들이게 된다.

"파이팅!"이라고 상대방에게 외치는 사람은 마음이 홀가분할 것이다. 그런데 그 순간 상대방의 고통과 무거움은 더 가중될 것이다. "파이팅!"이라는 말조차 할 수 없을 만큼 상대방의 고통과 무거움을 느끼는 사람은 어쩌면 당사자보다 더 고통스럽고 더 무거울 것이다. 바로 여기서 사랑의 놀라운 기적이 탄생한다. 아빠가 딸보다더 속상해하면 그런 아빠 덕분에 딸은 가벼움을 얻는다. 아내보다더 아파하는 남편 덕분에 아내는 편안함을 얻는다. 남편보다 더 힘들어하는 아내가 있기에 남편은 활기를 얻는다.

생각해보라. 상대방의 고통을 뼈저리게 느껴 우리가 무거워지면, 내가 무거워지는 모습에 상대방의 마음이 편해지지 않는가. '어? 저 사람이 내가 감당해야 할 짐과 고통을 느끼면서 무거워하고 아파하네?' 바로 여기서 예상하지 못한 반전이 이루어진다. "아빠, 괜찮아요. 걱정하지 마세요. 저, 힘낼게요." "자기야, 나 괜찮아. 내일이면 좋아질 거야. 힘낼게." "난 힘들지 않아. 군대 때보다 더 여유로운데, 뭐." 무거움과 고통에 사로잡힌 사람이 오히려 이렇게 말하게 되어야 한다.

아빠가 테이블을 더 무겁게 드니 딸이 가벼워진 것이고, 남편이 테이블을 더 무겁게 드니 아내가 가벼워진 것이고, 아내가 테이블을 더 무겁게 드니 남편이 가벼워진 것이다. 이것은 묘한 피드백을 형성한다. 딸은 아빠의 고통이 보이고, 아내는 남편의 고통이 보이고, 남편은 아내의 고통이 보인다. 바로 아빠의, 남편의, 아내의 고통을 잠시라도 완화하기 위해 딸이, 아내가, 그리고 남편이 외치는 것이다. "내가 더 힘낼게."

싯다르타의 '일체개고'의 가르침을 제대로 이해했다면, 일체를 사랑할 수밖에 없게 된다. 그 일체가 나로 인해 고통이 가중되지 않도록 노력하게 된다. 불교의 모든 가르침이 끝내 자비로 수렴되고, 자비로 검증되는 것도 이런 이유에서다. 그렇지만 세상 모든 만물을 사랑한다는 것은 사실 거의 불가능한 일이다. 중요한 것은 최소한 하나의 대상, 나의 외부에 있는 하나의 타자를 싯다르타의 가르침대로 제대로 사랑하는 일이다. 제대로 사랑하다 세상을 떠나는 일이다. 그 한 존재의 고통을 나의 고통처럼 사무치게 느끼면, 그 고통을 잠시라도 완화할 의지가 샘솟는다.

사랑하는 사람의 고통을 완화시킬 방법이 없는 경우도 많다. 사랑하는 사람의 고통 앞에서 속수무책이라면, 이보다 더 난감한 경우도 없을 것이다. 어쩌면 바로 이것이 '자비'나 '사랑'의 극한인지도 모른다. 사랑하는 상대방의 고통을 완화할 수 없음에도 불구하고 그 고통에서 고개 돌리지 않고, 말로 희석하지 않고, 온몸으로 받아내는 것은 여간 힘든 일이 아니다. 하지만 확신을 갖고 버티자. 내가 휘청거릴 정도로 힘들다면, 상대방이 나에게 편히 기대고 있다고 믿자. 내가 엄청나게 힘들면, 상대방의 고통은 그만큼 완화되고 상대방의 무거움은 그만큼 가벼워진다고.

무상

無常

무상을 보는 순간,
사랑에 사무친다

　　'인생무상(人生無常)'이라는 말을 종종 듣게 된다. 포스트모던을 넘어 인공지능과 4차 산업혁명의 구호가 떠들썩한 스마트한 세상에서 이런 말이 여전히 유효하다는 것은 정말 아이러니한 일이다. 10년이나 20년, 혹은 인생의 절반을 보낸 직장에서 조기퇴직이나 정리해고를 당했을 때, 애지중지 키운 딸을 시집보내고 허전함을 느낄 때, 또는 예기치 않게 좌절과 실패를 겪으며 '지금까지 내가 뭘 했지?' 그런 생각이 들 때가 있다. 바로 이럴 때 사람들은 공허한 하늘을 보며 '인생무상'이라는 외마디의 말을 툭 던지곤 한다. 이럴 때 '인생무상'은 '인생사(人生事), 일장춘몽(一場春夢)!'이라는 말과 거의 동의어다. 사람의 삶이 한바탕 봄꿈처럼 허무하다는 뜻이다.

홍미롭게도 불교에서는 '무상(無常, anitya)'이라는 가르침을 중시한다. 영원한 것, 혹은 절대적인 것은 없다는 가르침이다. 영원과 절대를 뜻하는 '니트야(nitya)'에 부정어 '아(a)'가 결합된 산스크리트어 '아니트야(anitya)'를 한자로 옮긴 말이 바로 '무상'이다. 그렇다 하더라도 불교가 덧없음과 허무함을 사람들에게 유포하려고 '무상'을 강조하는 것은 아니다. '일체개고'의 가르침과 마찬가지로 무상의 가르침도 자비라는 애틋한 사랑의 감정을 낳도록 의도된 것이기 때문이다. 즉, 자신이나 세상이 무상하다고 제대로 아는 순간 우리는 자신이나 세상을 더 많이 사랑하게 된다는 것이다.

무상에 대한 감각이 '덧없음'과 '허무함'의 감정을 낳을 수도 있다. 하지만 동시에 무상은 우리에게 삶의 '소중함'과 세상의 '충만함'을 가르쳐줄 수 있다. 「가까운 아침」에서 김선우 시인이 "오늘의 태양"과 "하루라는 짐승"을 껴안으며 찬란할 정도로 행복했던 것도 이런 이유에서가 아닐까.

너는 날개 없이 내게로 뛰어든다

너의 비상의 방식으로
나는 너를 받는다 온몸으로

날아왔다고 할 수밖에 없는
가고 싶은 거리
뛰어들었다고 할 수밖에 없는
알몸의 무게

오늘의
태양

하루라는
짐승

— 김선우, 「가까운 아침」

시인은 아마도 산책을 나왔나 보다. 아직 차가운 바람이 봄을 시
샘하는 초봄일 수도 있고, 아니면 겨울을 품고 있는 바람이 옷깃을
여미게 하는 늦가을일 수도 있다. 따뜻함과 포근함이 그리워지는
산책길이었을 것이다. 바로 그 순간 따뜻한 태양빛이 시인의 온몸
을 포옹하듯 달려든다. 마치 추위에 몸이 오그라든 아이를 어머니
가 와락 안아주는 것처럼 말이다. "너는 날개 없이 내게로 뛰어든
다//너의 비상의 방식으로/나는 너를 받는다 온몸으로."

여기서 "날개 없이"라는 말이 중요하다. 아이가 2미터 높이에서 엄마에게 뛰어내리는 장면을 상상해보자. 아이는 엄마가 자신을 받아줄 것이라고 절대적인 신뢰와 확신을 품고 있다. 아이는 자신이 땅바닥에 추락하리라고는 조금도 생각하지 않는다. 그렇기에 날개도 없는 아이가 허공을 가로지르며 엄마 품으로 뛰어드는 것이다. 이제 엄마의 차례다. 무슨 수를 쓰더라도 아이를 받아야만 한다. 아이의 완전한 신뢰를 배신해서는 안 되기에. 그래서 김선우 시인은 말했던 것이다. "너의 비상의 방식으로/나는 너를 받는다 온몸으로." 완전한 신뢰는 완전한 신뢰로만 화답할 수 있고, 날개가 없는 비상은 날개가 없는 비상으로만 대응할 수 있고, 온몸을 던지는 찬란함은 온몸을 던지는 찬란함으로만 맞이할 수 있는 법이니까.

「가까운 아침」의 마지막 부분을 보면 '날개 없이 뛰어든 너', 시인이 '온몸으로 받은 너'의 정체가 드러난다. "오늘의 태양"과 "하루라는 짐승"이다. 어제의 태양도, 그제의 태양도 아니고, 내일의 태양도, 모레의 태양도 아니다. 바로 오늘, 다시는 돌아오지 않을 '단독적(singular)'인 오늘의 태양이 시인의 온몸을 휘감은 것이다. 이렇게 어제도 아니고 그제도 아니고 내일도 아니고 모레도 아닌 날, 바로 오늘 하루가 짐승처럼 시인에게 뛰어들었고, 시인은 기꺼이 그 짐승을 받으면서 하루에 참여한다. "날아왔다고 할 수밖에 없는/가고 싶은 거리"라고 말하는 것을 보면, 사실 시인은 날개 없이 비상하는 오늘의 태양, 바로 오늘 하루라는 짐승을 받아 안기를 간절히 원했던 것 같다.

세상사에 아픔을 느끼느라 시인은 잠을 설쳤는지도 모른다. 어찌할 수 없는 상념을 떨쳐내려고 산책길에 나선 것일 수도 있다. 우리도 때로는 좌절, 실패, 회한, 무력감을 떨치려고 집 밖으로 나서기도 한다. 바로 그 순간 따뜻한 태양이 시인을 감싸 안는다. 햇빛에 봄눈이 녹듯 시인을 사로잡고 있던 상념들도 자연스레 사라졌을 것이다. 과거에 대한 회한도 미래에 대한 염려도 모두 사라진다. 날개 없이 뛰어든 태양과 그것을 온몸으로 받는 시인만이 존재한다. 아니 그 둘 사이의 포옹과 그 둘 사이의 사랑만이 존재한다고 하는 것이 정확할 듯하다. 어제의 태양도 아니고 그제의 태양도 아니고 내일의 태양도 아니고 모레의 태양도 아니니, '무상'의 태양이다. 어제도 그제도, 내일도 모레도 아닌 바로 오늘 '하루'다.

피터 위어(Peter Weir)가 감독하고 로빈 윌리엄스(Robin Williams)가 키팅(John Keating) 선생을 연기했던 1989년 영화 〈죽은 시인의 사회(Dead Poets Society)〉에서, 키팅 선생은 성공에 목매며 경쟁에 찌든 아이들에게 이야기한다. "카르페 디엠(Carpe Diem)!" '카르페'는 '잡는다'는 뜻이고, '디엠'은 '오늘 하루'라는 뜻이다. 즉, 카르페 디엠은 다시는 오지 않을, 바로 오늘 하루를 잡으라는 말이고, 오늘 하루를 완전히 향유하라는 말이며, 무상에 몸을 던지라는 말이다. 영화에서 학생들은 하루를 잡으려 고군분투하다 좌절하지만 지치지 않고 다시 일어난다.

이들에 비하면 김선우 시인은 얼마나 행복한가? 오늘 하루를 잡을 필요도 없다. 하루가 태양의 인도로 시인의 품으로 선물처럼 "날아왔고" 짐승처럼 "뛰어들었기" 때문이다. 그렇게 오늘 하루에 "가고 싶은 거리"였는데 말이다. 태양은 신의 전령을 우리에게 전하는 헤르메스(Hermes)와 같다. 바로 오늘 하루, 그 무상한 하루를 우리에게 선사하니 말이다. 그러니 태양을 향해 얼굴을 부비며 그 따뜻한 빛을 양팔을 벌려 맞이할 일이다. "가고 싶은 거리"였는데, 그 태양이 "날아"오기까지 했으니.

태양이 아니어도 좋다. 근사한 바람이어도 좋고, 탁 트인 바다여도 좋고, 향긋한 꽃 냄새여도 좋고, 재잘거리는 아이들이어도 좋고, 해맑게 웃는 연인이어도 좋고, 피곤해 보이는 아내여도 좋고, 졸고 있는 남편이어도 좋고, 흰머리가 점점 늘어가는 부모님이어도 좋다. 편안한 바위에 앉아 바람의 애무를 즐길 일이다. 바닷물에 발 담그고 그 상쾌하고 장난스런 감촉을 즐길 일이다. 코를 들이밀고 꿀벌처럼 꽃과 사랑을 나눌 일이다. 아이들에게 한껏 미소를 보내줄 일이다. 애인과 짙은 키스를 나눌 일이다. 아내를 꼭 껴안아 따뜻함을 전해줄 일이다. 남편의 머리카락을 쓰다듬어줄 일이다. 부모님과 근사한 사진관에서 지기 직전의 벚꽃과도 같은 아름다움을 남겨둘 일이다.

오늘을 살면서도 오늘을 향유하지 못하는 것이 보통 우리의 삶이다. 오늘에 뛰어든다는 것은 아주 힘든 일이다. 가만히 있으면 어제 생각, 그제 생각, 내일 생각, 모레 생각이 떠오른다. 그렇지만 바로 이 순간, 오늘이라는 짐승은 자신을 잡으라고 다양한 헤르메스를 우리에게 보낸다. 그것은 태양일 수도, 바람일 수도, 꽃일 수도, 계곡일 수도, 애인일 수도, 가족일 수도, 친구일 수도 있다. "뛰어들었다고 할 수밖에 없는 알몸의 무게"를 감당한다면, 우리는 다른 어느 날도 아닌 바로 오늘을 향유할 수 있다. '카르페 디엠' 혹은 '무상을 잡는 일'은 이렇게 완성된다. 김선우 시인의 시 제목처럼 근사한 아침은 '아주 가까이' 있었던 것이다.

머
리
로

냉
정
하
게

──────── 수단과 목적이 일치하는 삶

　프랑스 철학자 리오타르(Jean-François Lyotard, 1924~1998)는 『영화: 이
론, 강연(cinéma: théorie, lectures)』에서 "카르페 디엠!"이 어떤 명령인지
보여주는 흥미로운 이야기를 했다. "켜진 성냥은 소비된다. 일하러
가기 전에 커피 물을 데우고자 당신이 성냥으로 불을 켠다면, 이 소
비는 비생산적이지 않다. (…) 반면 아이가 보기 위해 쓸데없이 성
냥을 켤 때는 아이는 단지 움직임을 좋아하는 것이다. 차례차례 바
뀌어가는 색채를, 켤 때 정점에 오르는 빛을, 작은 성냥개비의 소멸
을, 쉬익 하는 소리를 좋아하는 것이다." 성냥을 켤 때 어른과 아이
의 속내가 다르다는 이야기다. 어른은 자본주의적이고 아이는 아
직 자본주의적으로 훈육되지 않았으니까.
　먼저 어른의 경우를 보자. 어떤 사람이 가스 불을 켠다면 그 행동에는 목적이 있다. 음식을 만들거나 커피를 마시려고 불을 켜는 것이다. 커피를 마시는 건 잠을 깨기 위해서이거나 아침 일과를 시작하기 위해서다. 그런데 아이는 쓸데없이 성냥을 켠다. 불을 가지고 놀거나 장난치기 위해서다. 불놀이나 불장난으로 불을 켜는 것에 다른 목적은 있을 수 없다. 불을 켜는 행위 자체가 수단이면서 동시에 목적이기 때문이다. 중요한 것은, 어른의 성냥 켜기에서는 수단과 목적이 분리된다면 아이의 성냥 켜기에서는 수단과 목적이 일치한다는 사실이다. 요한 하위징아(Johan Huizinga, 1872~1945)가 『호모 루덴스(Homo Ludens)』(연암서가, 2010)에서 노동과 놀이를 구분한 것도 이런 이유에서다. 수단과 목적이 일치하지 않으면 '노동'이고, 반대로 수단과 목적이 일치되면 '놀이'라는 것이다.

휴가철이면 해변에서 흥미로운 장면을 쉽게 볼 수 있다. 아이들은 플라스틱 삽이나 바가지를 들고, 누가 시키지 않았는데 해변에 다양한 모래성을 진지하게 만들며 즐거워한다. 바로 이것이 '놀이'다. 다른 목적이 있는 것이 아니라 모래성을 만드는 것이 즐거워서 모래성을 만들 뿐이다. 아이가 '놀이'로 즐기던 모래성 만들기를 '노동'으로 만들려면 어떻게 하면 될까? 엄마가 아이에게 "모래성 다섯 개를 만들면 밥을 줄게"라고 명령하면 아이의 '놀이'는 그 즉시 '노동'으로 바뀐다. '모래성 만들기'는 이제 '수단'이 되고, '밥 먹기'가 목적이 되었으니 말이다. '모래성 만들기'는 더 이상 아이에게 즐거움을 줄 수 없고, 아이가 마음대로 그만할 수 없는 '노동'이 되고 만다. '놀이'는 재미없으면 언제든지 그만둘 수 있지만, '노동'은 재미없다고 해서 그만둘 수 없기 때문이다.

다른 예도 많다. 선생님이 학생들에게 북한산 꼭대기에서 출석을 부른다고 하면 학생들은 출석 체크를 위해 힘들게 산을 오를 것이다. 이들에게 '산행'은 '출석 체크'를 위한 수단에 불과하므로 곤혹스런 노동이다. 반면 이 학생들과 나란히 산행을 하는 사람들이 있다. 그들은 즐거워서 산행을 시작한 것이기에 힘이 들면 언제든 그만둘 수 있는 '놀이'로서 산행을 즐기는 것이다. '놀이—자유—명랑'이 하나의 계열을 이루고, '노동—의무—우울'은 또 다른 계열을 이룬다. 우리는 이제 결정해야 한다. 수단과 목적이 일치되는 삶을 지향할 것인가 아니면 수단과 목적이 분리되는 삶을 지향할 것인가? 혹은 놀이로서의 삶을 영위할 것인가 아니면 노동으로서의 삶을 영위할 것인가? 전자를 선택한다면 키팅 선생의 가르침대로 '오늘을 잡은' 것이고, 후자를 선택한다면 우리는 '오늘을 잡는' 데 실패한 것이다. 결국 "카르페 디엠!"의 가르침은 오늘 하루가 수단이면서 동시에 목적이어야 한다는 명령인 셈이다.

놀이의 삶에는 근사한 표어가 주어진다. '우리에게 내일은 없다'라는 표어다. 반면 노동의 삶에도 그에 어울리는 표어가 있다. '우리에게 내일은 있다'라는 표어다. 이는 연애 시절과 결혼 생활을 구분하는 기준이 될 수 있다. 연애 시절에 우리는 마치 내일이 없는 것처럼 상대방에게 몰입한다. 가장 좋은 음식을 사주고 값비싼 선물도 아끼지 않는다. 오늘 그 사람을 기쁘게 해주지 않으면 내일은 다시 만날 수 없을지 모른다는 조바심 때문이다. 그런데 결혼을 하면 오늘의 행복을 내일로 하염없이 미루기 쉽다. 대출을 갚아야 하고 아이들 양육비도 생각해야 하니, 맛있는 스파게티나 여행 등 오늘의 행복은 속절없이 미루게 된다. 오늘이 수단이 되고 내일이 목적이 되는 순간, 오늘은 수단이기 때문에 중요하지 않다고 여기는 것이다.

'우리에게 내일은 있다'라는 표어의 함정은 분명하다. '우리에게 내일은 있다'라고 말하면서, 내일의 행복을 위해 오늘의 행복을 희생하는 것이다. 문제는, 내일은 언젠가 오늘이 된다는 것이다. 그러면 또다시 행복을 미루게 된다. 예를 들면, 고등학생은 대학 입학이라는 내일의 행복을 위해 하루하루를 희생한다. 문제는 대학에 입학한 다음에는 또다시 취직이라는 내일의 행복을 위해 오늘을 희생하게 된다는 점이다. 결국 대학 입학이 확정된 날과 취직이 결정된 날을 제외하고는 모두 불행한 나날일 수밖에 없다. 반면 '우리에게 내일은 없다'라는 표어를 걸고 삶을 영위하는 사람을 보라. 그는 오늘의 행복을 내일에 양보하지 않는 삶을 살아간다. 여기서 핵심은, 내일이 찾아와 새로운 오늘이 된다는 사실이다. 새롭게 시작한 오늘도 '우리에게 내일은 없다'는 주장을 관철하므로, 이 사람은 항상 행복한 삶을 영위할 수 있다.

놀라운 결과가 아닌가. '우리에게 내일은 없다'면서 오늘의 행복을 집요하게 추구하는 사람은 인생 전체를 행복하게 살 가능성이 커지고, 반대로 '우리에게 내일은 있다'면서 내일의 행복을 목적으로 삼아 오늘을 수단으로 희생하는 사람의 전체 인생은 불행과 우울로 점철되니 말이다. 오늘 즐겁고 행복하고 유쾌한 사람은 내일도 그렇게 살아갈 가능성이 높고, 반면 오늘 슬프고 불행하고 우울한 사람은 내일도 그렇게 살아갈 가능성이 매우 높다. 그러니 지금 자신이 오늘을 어떻게 살고 있는지, 어떤 삶을 영위하고 있는지 진지하게 돌아볼 일이다.

─────── 『열반경』의 마지막 가르침

리오타르의 이야기에서 우리가 좀 더 주목해야 할 것이 있다. "아이가 보기 위해 쓸데없이 성냥을 켤 때는 아이는 단지 움직임을 좋아하는 것이다. 차례차례 바뀌어가는 색채를, 켤 때 정점에 오르는 빛을, 작은 성냥개비의 소멸을, 쉬익 하는 소리를 좋아하는 것이다." 성냥개비에 불을 붙여 불꽃을 보는 아이를 그려보자. 성냥불이나 장작불, 혹은 아궁이의 불을 보았던 유년 시절의 기억을 회상해도 좋다. 꽃 중에 가장 근사한 것이 불꽃이 아닌가? 천변만변(千變萬變)이라는 말이 있다. 천 가지 변화와 만 가지 변화라는 뜻이다. 이 말이 딱 어울릴 만큼 불꽃은 미세한 바람의 변화에 따라 순간순간 완전히 다른 모습과 색채를 보여준다. 그러니 아이들은 불꽃을 보면 눈을 떼지 못한다.

아이들은 움직임을 좋아한다고 했지만, 리오타르의 말대로 아이들이 진정으로 좋아하는 것은 단순한 불꽃의 움직임 그 이상이다. '차례차례 바뀌어가는 색채, 켤 때 정점에 오르는 빛, 작은 성냥개비의 소멸, 쉬익 하는 소리'가 더 중요하다. 아이들은 불꽃의 흥망성쇠, 즉 불꽃의 '무상'을 좋아하는 것이다. 영원하지 않으니 불꽃은 이내 꺼질 것이다. 그러니 더 소중하고 더 집중해야 한다. 아이는 주변의 바람을 막아 불꽃이 자기 수명을 다하도록 지켜준다. 심지어 숨마저 조심스레 내쉬어야 한다. 작은 성냥개비가 다 탈 때까지 불꽃이 아름답게 살아가도록 하기 위해.

무상에서 '덧없음'과 '허무함'을 느낀다 하지만 그렇지 않다. 아이가 느끼는 것은 불꽃과 마주하고 있는 바로 그 순간의 '소중함'과 불꽃이 어둠을 몰아내며 모든 것을 밝혀주는 '풍성함'이다. 놀랍게도 이런 불꽃놀이의 경험은 싯다르타의 마지막 가르침을 이해하는 데 많은 도움을 준다. 아이들도 싯다르타도 모두 수단과 목적이 일치된 삶을 영위하는 존재이니 어쩌면 당연한 일일 것이다. 싯다르타가 젊었을 때 남긴 가르침이 아무리 매력적이어도 죽음을 앞두고 토해낸 마지막 가르침의 무게감이나 진솔함에는 미칠 수 없을 것이다.

싯다르타의 죽음과 그의 마지막 가르침은 『마하파리니파나

(Mahāparinibbāna)』, 즉 한문으로는 『대반열반경(大般涅槃經)』이라는 경전으로 전해진다. 싯다르타는 대장장이의 아들이 대접한 음식을 먹고 배탈이 나서 죽음에 이르게 된다. 덥고 습한 인도의 기후와 당시 위생 상태로 미루어보면 대장장이의 아들이 올린 돼지고기가 노쇠하고 병든 싯다르타에게는 치명적이었을 것이다. 싯다르타는 음식을 대접한 대장장이의 아들과 마을 사람들이 자책할까 봐, 아픈 몸을 이끌고 제자들과 함께 서둘러 그 마을을 떠난다. 쿠시나라(Kusinārā)라는 곳에서 싯다르타는 더 이상 몸을 움직이지 못할 지경에 이른다. 그곳에서 자신의 운명을 직감한 싯다르타는 제자들에게 마지막 가르침을 내린다.

"형성된 모든 것들은 소멸하는 법이다. 여기에 정신을 바로 잡도록 노력해야 한다(Vayadhammā saṅkhārā, appamādena sampādethāti)." 바로 이것이 제행무상(諸行無常), 줄여서 '무상'이라는 싯다르타의 핵심 가르침이다. 여기서 주목해야 할 것은 '아파마데나(appamādena)'라는 단어다. 이 글자는 '부정'을 나타내는 '아(a)'와 '만취한 것처럼 혼미한 정신 상태'를 뜻하는 '파마다(pamāda)'로 이루어져 있다. 그렇다면 싯다르타의 마지막 가르침은 무상을 흐릿하게 보지 않도록 노력해야 한다는 의미가 된다. 실제로 싯다르타의 마지막 가르침을 담은 또 다른 경전 『유행경(遊行經)』을 보면 '마음을 산만하게 하지 않는다'는 뜻의 '불방일(不放逸)'이라는 단어와 '올바른 자각'이나 '올바른 지각'을 뜻하는 '정각(正覺)'이라는 단어가 등장하기도 한다.

죽음처럼 무상한 것이 있을까? 바로 이 무상, 죽음을 정각하라고 싯다르타는 이야기한다. '정(正)'이라는 글자를 분해해보면, '하나'를 뜻하는 '일(一)'과 '그친다'는 뜻의 '지(止)'로 구성되어 있다. 그러니까 '정각'은 어떤 것을 정면으로, 고개를 돌리지 않고 응시한다는 의미다. 그 대상의 위도 아니고, 그 대상의 아래도 아니고, 그 대상의 오른쪽도 아니고, 그 대상의 왼쪽도 아니다. 그 대상에서 고개를 돌리거나 시선을 흐리지 않고 그 대상을 직면하는 것이 바로 정각이다. 죽음과의 직면! 혹은 무상과의 직면! 싯다르타는 무엇 때문에 한편으로는 허무하고 한편으로는 잔인해 보이는 마지막 가르침을 남겼을까? 『마하파리니파나』에 그 해답이 이미 들어 있다.

대장장이의 아들이 올린 돼지고기를 먹기 직전에도, 아니 그보다 훨씬 더 오래전부터 싯다르타는 자신의 죽음을, 그리고 자기 삶의 무상함을 직면하고 있었다. 싯다르타가 과거에 했던 자신의 말을 제자에게 환기시키는 대목을 보자. "라자가하는 아름답구나. 독수리산은 아름답구나. 나그로다 숲은 아름답구나. 도둑의 낭떠러지는 아름답구나. 웨바라 산비탈의 침엽굴은 아름답구나. 이시길리 산비탈의 검은 바위는 아름답구나. 차가운 숲에 있는 뱀못의 비탈은 아름답구나. 따뽀다 원림은 아름답구나. 웰루와나 다람쥐 보호구역은 아름답구나. 지와까의 망고 숲은 아름답구나. 맛다꿋치의 녹야원은 아름답구나."

깨달음을 얻은 후 싯다르타의 시선은 이러했다. 그저 만나는 모든 것, 도착한 모든 곳이 아름답게 보였다. 심지어 병마와 싸우면서 강행한 마지막 여행, 깨달음의 등불을 전하려는 이 마지막 여행에서도 싯다르타의 눈에는 보는 것, 들리는 것, 만지는 것 모두가 과거보다 더 절절하고 더 찬란하고 아름다워 보였다. "웨살리는 아름답구나. 우데나 탑묘도 아름답고, 고따마카 탑묘도 아름답다." 웨살리나 탑묘만이겠는가. 강도 아름답고, 갑자기 내리는 스콜도 아름답고, 심지어 후덥지근한 공기마저 아름답고, 잠시 걸터앉아 쉬어가는 바위나 나무 등걸도 아름답다. 그리고 자신을 스승으로 의지하고 따르는 제자들은 또 얼마나 아름다운가. 자신의 무상에 직면하니, 모든 존재들의 무상도 바라볼 수 있었다. 곧 볼 수도 없고 들을 수도 없고 만질 수도 없게 되는 수많은 것들이 불꽃처럼 싯다르타 앞에서 작열하고 있었던 것이다. 바로 이것이다. 무상을 직면한다는 것! 그것이 무엇이든 간에, 그 아름다움에 감탄하는 것이다. 마치 불꽃의 무상함에 하염없는 아름다움을 느끼는 아이처럼.

───── 부모님 얼굴에서 무상을 보아버린 날

과거 오랫동안 봄의 전령사는 복숭아꽃, 즉 '도화(桃花)'였다. 그런데 어느 사이엔가 복숭아꽃은 보기 힘들고 벚꽃이 봄의 전령사가 되었다. 복숭아꽃이나 벚꽃은 새해가 마침내 시작되고 새 생명이 태어나는 때를 상징한다. 햇빛은 따뜻하고 바람도 상큼하지만 간혹 그사이에 한두 자락 차가운 겨울바람이 불어오는 때, 벚꽃은 기적처럼 피어난다. 바로 이때 사람들은 무엇엔가 홀린 듯 벚꽃을 보러 간다. 봄을 상징하는 개나리와 진달래가 시샘할 정도다.

어째서 사람들은 벚꽃에 매료될까? 초봄의 서늘한 바람이나 갑작스런 돌풍으로 만개한 벚꽃들이 날아올라 하늘을 가득 채우는 장엄한 장관이 그 핵심일 것이다. 벚꽃은 겨우내 칙칙했던 들판과 강변, 그리고 거리를 흰 꽃잎으로 화사하게 가득 채운다. 얼마 지나지 않아 수많은 벚꽃들은 갑작스레 엄청난 양의 팝콘을 하늘에 흩뿌린 듯 떨어진다. 처음 피어날 때의 새로움도 농염하게 만개할 때의 화려함도 일순간 질 때의 이 찬란함에 범접하기 힘들다. 꽃이 피고부터 지기까지 간격도 너무나 짧으니, 벚꽃의 흥망성쇠는 더더욱 극적인 인상을 남기기 마련이다. 한마디로 복숭아꽃도 그렇지만 벚꽃은 '무상'의 꽃인 것이다.

벚꽃을 본다는 것, 그것은 벚꽃이 품고 있는 무상을 본다는 것이다. 여기서 한 가지 주목해야 할 것은, 나이에 따라 무상을 보는 강도가 다르다는 사실이다. 20~30대 젊은 여성이 보는 벚꽃의 무상과 70~80대 할머니가 보는 벚꽃의 무상이 어떻게 같을 수 있을까? 20대에게 벚꽃은 자신의 젊은 시절이 곧 지나간다는 느낌, 다시 말해 청춘의 무상을 상징한다. 반면 80대 할머니에게 벚꽃은 죽음이 곧 다가온다는 느낌, 다시 말해 인생 전체의 무상을 상징한다. 젊은 여성은 내년에도 벚꽃의 무상과 청춘의 무상이 공명하는 시간을 가질 가능성이 있다. 하지만 할머니는 자신이 내년에 피는 벚꽃을 볼 수 없을지도 모른다는 것을 안다. 그래서 할머니는 더 절절하게 바로 올해, 바로 오늘 피어 있는 벚꽃을 보아야 한다고 느끼고, 그렇게 힘든 몸을 이끌고 꽃을 보러 가려 하는 것이다.

벚꽃이 예기치 않게 활짝 피고 심지어 바람에 헛헛하게 날리는 광경을 볼 때면 우리는 걸음을 멈추고 이 순간이 영원이라도 되는 듯 벚꽃의 찬란한 무상함에 젖어들곤 한다. 명절이나 특정한 날에 부모님을 찾아뵐 때도 비슷한 경험을 할 수 있다. 부모님 얼굴에서 무상을 보는 날이다. 시간이 지남에 따라, 아니 자신이 나이를 먹어감에 따라 부모님도 늙어간다는 사실을 누구나 머릿속으로는 알고 있다. 누구나 초봄이면 벚꽃이 핀다는 것을 아는 것처럼. 하지만 무상을 본다는 것은 머리가 아니라 가슴으로, 이해가 아니라 감성으로 무상을 사무치게 받아들이는 것이다.

벚꽃의 무상함을 보았을 때 저절로 걸음을 멈추게 되듯, 부모님에게서 무상함을, 변화를, 그리고 '영원할 수 없음'을 보는 순간이 있다. 그러면 낭패가 아닐 수 없다. 인사를 드리고 부모님 집을 나서야 하는데, 그게 영 쉽지 않다. 어서 집에 돌아가 내일 출근을 위해 쉬고 싶다는 생각마저 잦아들고 만다. 나이 든 부모님의 얼굴에서 무상을 정면으로 본 적이 있는가? 한 달 전과는 달리 부쩍 노쇠해진 부모님의 미소, 죽음의 그림자가 얼핏 아른거리는 얼굴, 불행히도 우리는 무상을 보고 만 것이다.

'사람은 다 늙는 거지' 하며 살짝 비껴서 보면 힘들지 않겠지만, 무상을 정면으로 직면하고 마는 순간이 있다. 불교를 모르더라도 '제행무상'의 가르침이 사무치는 순간이다. 불교의 어떤 가르침이든 모두 '자비'와 '사랑'의 감정을 유발한다는 것을 기억하자. 무상의 가르침도 마찬가지다. 늙어가는 부모님의 얼굴이 지기 직전의 벚꽃처럼 아름답고 사랑스럽게 보인다. 무상을 뿜어내는 그 얼굴은 고개를 돌려 제대로 보지 않으려 했던 무서운 것이나 가려야 하는 추한 것이 아니다. 떨어지기 직전에 가장 찬란한 벚꽃, 위태롭게 매달려 있는 벚꽃을 보는 순간, 우리는 부모님에게 말해야 한다. "엄마! 너무 이쁘다. 그러니 조심하세요. 잘못하면 그 꽃잎이 빨리 져요." "아빠! 너무 멋있다. 조금 천천히. 그 꽃잎이 위태롭게 흔들려요."

벚꽃은 빨리도 피고 빨리도 진다. 봄의 전령사라기보다는 무상의 전령사, 혹은 '지금 여기'가 중요하다고 가르쳐주는 전령사다. 간혹 벚꽃을 봐도 심드렁한 사람들도 있다. 그들은 오늘 벚꽃을 보지 않아도 내년에 보면 된다고, 혹은 작년에 보지 않았느냐고 말하곤 한다. 그렇지만 중요한 것은, 내년의 벚꽃은 올해의 벚꽃이 아니며 올해의 벚꽃은 작년의 벚꽃이 아니라는 점이다. 결국 무상에 직면한다는 것은 어제도 아니고 그제도 아니고 내일도 아니고 모레도 아닌 '바로 이 순간', '오늘 하루'의 완전하고 충만한 아름다움에 몸을 던진다는 것을 의미한다.

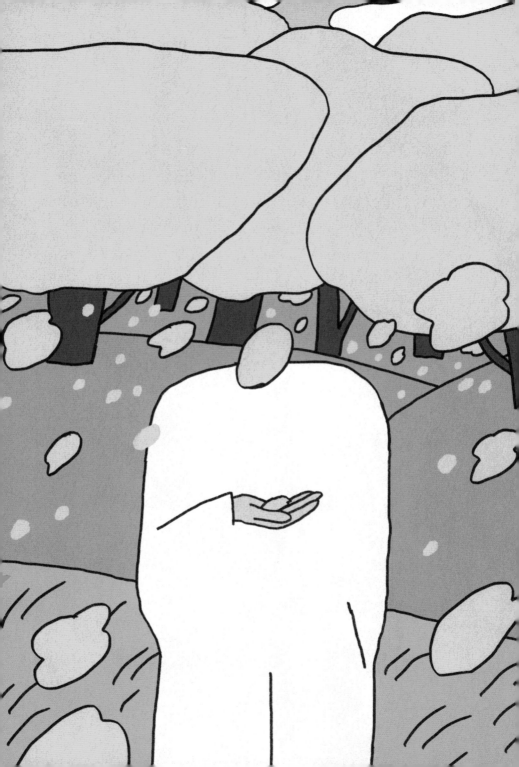

무상에 직면한다는 것은
어제도 아니고 그제도 아니고 내일도 아니고 모레도 아닌
'바로 이 순간', '오늘 하루'의 완전하고 충만한 아름다움에
몸을 던진다는 것을 의미한다.

벚꽃만이 그런 것이 아니다. 부모님의 얼굴을 포함한 모든 것이 그렇다. 도처에 모든 것이 무상을 분출하고 있지 않은가? 갓난아이 티를 벗은 아이, 흰머리가 살짝 늘어난 남편, 눈가에 주름살이 얼핏 스치는 아내, 나이가 드니 창가에 누워 있기를 좋아하는 고양이, 산책 도중 양지바른 곳에 몸을 누이는 반려견, 푸른 하늘에 허허롭게 흘러가는 뭉게구름 등등. 그러니 고개 돌리지 않고 무상을 응시하고, 아무런 두려움 없이 오늘 하루를 잡아야 한다. '허무함'과 '덧없음'이 아니라 '충만함'과 '찬란함'으로 오늘 하루를 영위하려면 말이다. 무상을 느끼지 않고 우리 마음에서 어떻게 사랑이 싹틀 수 있을까. 바로 이것이 싯다르타의 마지막 가르침 '제행무상'이 가진 힘이다.

벚꽃의 무상을 본 사람은 자신의 무상도 동시에 본다는 사실을 잊지 말자. 벚꽃을 응시하는 사람과 사람을 응시하는 벚꽃! 두 무상함이 만나 함께 공명하고 떨리는 장면이다. 세계의 무상을 보는 사람이 자신이 무상을 보기 쉽고, 자신의 무상에 직면하는 사람이 세계의 무상에 직면하기 쉬운 이유도 바로 여기에 있다. 부모님과 남편 또는 아내만이, 고양이나 강아지만이, 흘러가는 뭉게구름만이 벚꽃 같은 무상한 아름다움을 표현하는 것이 아니라, 자기 자신도 그에 못지않게 근사한 한 송이 꽃인 셈이다. 이제 나의 삶, 나의 오늘, 나의 하루도 너무 소중하고 아름답고 기적 같은 것으로 다가오지 않는가.

무상에 대해, 변화에 대해 누구나 이야기한다. 그렇지만 얼핏 보는 것과 직면하는 것, 흐릿하게 보는 것과 뚜렷이 보는 것은 확연히 다르다. 어쩌면 벚꽃에서 무상을 볼 때 또는 부모님의 무상을 볼 때, 대부분의 경우 우리는 그 무상을 얼핏 보거나 흐릿하게 보는 게 아닐까. 그래서 불교에는 '백골관(白骨觀)'이라는 수행법이 있다. 무상을 제대로 직면하려는 노력인 셈이다. 사람이 죽으면 얼마 지나지 않아 모든 구멍, 즉 코, 귀, 입, 그리고 항문이 모두 열리고 몸 안에 남은 이물질이 조금씩 쏟아져 나온다. 가만히 두면 악취가 진동하고 시신은 점점 부패하기 시작한다. 이 모든 과정을 마음으로 생생하게 그려보는 수행법이 백골관이다. 백골관에 제대로 몰입한 수행자는 헛구역질을 할 정도라고 하니, '제행무상'을 간접적으로나마 수행하려는 이 수행법은 무언가 처절하고 안타까운 데가 있다.

무상을 고개 돌리지 말고 직면하라는 싯다르타의 마지막 가르침을 온몸으로 받아들이기는 여간 어려운 일이 아니다. 무상은 본질적으로 늙음이나 죽음과 직접적으로 관계하기 때문이다. 그래서 우리는 무상을 두려워하고 가급적 무상을 피하려고 한다. 무상을 얼핏 보고서 고개를 돌리는 이유도 바로 여기에 있다. 이때 영원에 대한 해묵은 집착이나 헛된 갈망이 발생한다. 꽃이 지지 않고 영원히 피기를, 젊음이 무너지지 않고 영원히 푸르기를, 애정이 식지 않고 영원히 뜨겁기를, 뭉게구름이 흩어지지 않고 보석처럼 영원히 하늘에 박혀 있기를, 부모님이 노쇠해지지 않고 영원히 건강하기를, 심지어 부모님이 죽음을 영원히 미루고 살 수 있기를. 영원이라는 것이 있기를 바라면서, 영원한 것이 없다면 반드시 만들고 싶었나 보다.

역사상 인간은 온갖 영원한 것들을 만들었고 거기에 집착했다. 무상을 관념적으로나마 부정해보려는 나약한 인간의 의지였다. 플라톤(Plato, BC 428?~BC 347?)이 만든 영혼과 이데아, 아리스토텔레스(Aristoteles, BC 384~BC 322)의 본질, 기독교의 영혼과 천국, 헤겔(Georg Wilhelm Friedrich Hegel, 1770~1831)의 절대정신 등등. 동양도 예외가 아니었다. 노자(老子, ?~?)의 도(道)나 주희(朱熹, 1130~1200)의 태극(太極)이 있었으며, 오랫동안 동양인들은 장례나 제사를 통해 영혼을 꿈꾸었고 심지어 무상을 설파했던 불교마저도 극락이니 정토를 이야기했으니 말이다. 이렇게 인간은 관념적으로 영원의 세계를 날조하고, 그것에 모든 정신을 집중하면서 자신의 삶에 몰려드는 무상과 변화를 피하려 했다.

영원의 형이상학을 만드는 것 외에도 무상의 세계를 회피하는 또 다른 근사한 방법이 있다. 그것은 자식과 돈과 관련된 현실적인 집착이다. 자신이 죽더라도 자식과 후손을 통해 자신의 핏줄이 영원히 이어질 것이라는 피의 형이상학이 일단 기본이 된다. 여기에 돈의 형이상학이 결합되면 피의 형이상학이 완전해진다. 돈을 보

라. 상품보다 훨씬 더 오래가는 것이 아닌가. 돼지고기나 과일 같은 것은 금방 썩어버리지만 돈은 그렇지 않다. 결국 상품은 무상의 세계에 속하고 돈은 영원의 세계에 속한다고 할 수 있다. 그래서일까, 금이나 은 혹은 청동 등의 금속이 돈의 재료로 각광받았고, 심지어 다이아몬드처럼 내구성이 뛰어난 것들은 돈 이상의 가치를 지니기도 한다. 물론 고기나 과일보다 오래가기는 해도 동전이나 지폐 역시 마모되고 훼손된다. 그렇지만 21세기인 오늘날 돈은 그야말로 현실적으로도 완전한 영원성을 구가하고 있지 않은가? 신용카드 같은 형태로 돈은 이제 완전히 디지털화되었으니 말이다. 이렇게 자신이 소유한 영원한 돈을 자기 피를 물려받은 자식한테 물려주면서 현실 세계에서도 영원성을 꿈꾼다.

영원의 형이상학, 피의 형이상학, 혹은 돈의 형이상학, 어느 것이어도 상관없다. 이로부터 무상한 현실 세계는 열등하고 무가치한 세계이고, 반면 이데아나 천국, 혹은 극락이나 정토의 세계만이 유일하게 가치가 있는 세계라는 생각은 한 걸음이면 족하다. 여기서 무상의 세계가 현재라는 시제를 갖는다면 영원의 세계는 미래라는 시제와 관련된다는 것도 잊어서는 안 된다. 영원을 꿈꾸는 순간 시간에 대한 우리의 가치평가는 완전히 달라지고 만다는 뜻이다. '현재는 수단이면서 목적'이라는 놀이의 시간관이 아니라 '현재는 수단, 미래는 목적'이라는 노동의 시간관에 지배받기 때문이다.

종교의 경우만 봐도 명확하지 않은가. 현재 무상한 삶보다는 사후의 영원한 삶이 절대적으로 중요하다. 어떻게 해서든지 순간에 불과한 현재를 수단으로 삼아 사후의 삶에서 영원한 행복을 달성해야 한다. 이런 종교적 도식은 피의 형이상학이나 돈의 형이상학에서도 그대로 관철되고 있다. "지금 나의 삶이 뭐가 중요해. 내 아들, 내 손자가 잘살게 해줘야지." "지금의 행복이 뭐가 중요해. 10년 뒤, 아니 늙어서는 모아놓은 돈이 있어야지." 모든 생각과 감각이 내일에 쏠려 있는 사람이 현재에 벌어지는 다양한 마주침과 그로부터 유발되는 풍성한 감각과 사유에 집중할 여지가 있을까?

미래를 위해 현재를 희생해야 한다고 믿는 사람들이나 무상의 세계보다 영원의 세계가 더 중요하다고 생각하는 사람들도 무상을 완전히 무시하지는 못한다. 그들도 벚꽃, 부모님의 얼굴, 남편의 흰 머리, 아내의 주름, 고양이의 노쇠함, 갓난아이의 미소 등에서 무상을 본다. 벚꽃 핀 것을 보았는지 물으면 그들은 자신도 보았다고 답한다. 문제는, 이들이 벚꽃의 무상함을 얼핏 볼 뿐 그것을 직면하지는 않는다는 것이다. 무상을 얼핏 본 뒤 바로 미래의 세계와 영원의 세계로 고개를 돌리니, 아름답고 찬란하고 풍성한 무상이 눈이나 마음에 사무칠 일이 없을 뿐이다.

플라톤의 이데아 세계나 기독교의 천국이 상징하듯, 서양은 특히 동양보다 영원의 세계를 강조한다. 이는 현재보다는 미래를 강조하는 사유 전통으로, 현재는 희생되고 소비되어야 하는 수단이고 미래는 반드시 구원되어야 할 목적이라는 생각이 강하게 배어 있다. 이 대목에서 우리는 서양에서 유독 자본주의가 발달한 이유를 짐작할 수 있다. 투자, 대출, 그리고 보험의 논리로 작동하는 자본주의는, 현재가 아니라 미래에 방점을 찍고 있는 경제체제이기 때문이다. 미래의 행복을 생각하지 않는다면, 누가 투자를 하겠으며 누가 대출을 받겠으며 누가 보험에 가입하겠는가. 그러므로 이데아 세계나 기독교의 천국을 투자가 결실을 맺는 세계, 대출을 모두 갚은 세계, 혹은 보험의 완전한 혜택을 받는 세계로 비유하면 이해하기 쉽다. 베버(Max Weber, 1864~1920)가 자신의 주저 『프로테스탄티즘의 윤리와 자본주의 정신(Die Protestantische Ethik und der Geist des Kapitalismus)』(길, 2010)에서 서구에서 자본주의가 번성한 원인을 현실에 대한 개신교의 금욕적인 태도와 정신에서 찾았던 것도 다 이유가 있었던 셈이다.

이렇게 현재의 삶을 수단으로 만들고 내일의 삶을 목적으로 만들면, 오늘의 행복은 계속 내일로 미루어지고 만다. 이런 식으로 반복하다 삶의 끝자락에 이르게 되면 지금까지 한 번도 제대로 행복한 적이 없다는 후회가 밀려올 것이다. 물론 이런 후회는 금방 사라질 수도 있다. 죽음 이후의 피안이나 이데아 세계, 혹은 기독교의 천국이 바로 눈앞에 있다고 마지막 기대를 걸 수도 있으니 말이다. 이처럼 미래의 행복을 위해 지금은 행복하지 않아도 된다는 잘못된 생각, "오늘보다 내일이 더 중요하다"는 기만적인 생각은 충만하고 아름다운 현재의 삶을 좀먹는 독약과도 같다. 니체(Friedrich Nietzsche, 1844~1900)가 "신은 죽었다"고 말한 이유도 바로 여기에 있다. 신은 영원을 꿈꾸면서 무상을 직면하지 못하게 만드는 헛된 사유의 상징이기 때문이다.

신은 죽어야 한다. 아니 죽지 않으면 죽여야 한다. 그래야 이데아의 세계나 천국도 무너져 내리고, 그러한 영원의 세계와 함께 있다고 믿어오던 영혼이니 본질 같은 것도 함께 부서지고 만다. 니체는 알았던 것이다. 영원의 세계와 무상의 세계는 양립할 수 없다는 사실을. 니체의 통찰은 정확하다. 무상의 세계를 보는 만큼 영원의 세계는 시야에서 사라지고, 반대로 영원의 세계를 보는 만큼 무상의 세계는 우리 삶에서 증발하기 때문이다. 죽으면 천국에 가고 영원의 세계가 있다고 믿는다면, 나이 든 어머니의 얼굴에서 무상을 보거나 꽃에서 무상을 본들 무슨 소용이 있을까. 싯다르타가 니체를 보았다면 웃음을 지으며 머리를 쓰다듬어주었을 것이다. 니체는 놀이의 철학자, 무상의 철학자, 현재의 철학자였으니.

싯다르타처럼 니체도 무상한 삶을 영위하는 모든 사람들이 행동의 수단과 목적이 일치하는 삶, 무상에 직면해 그 아름다움과 풍성함을 향유하는 삶, '우리에게 내일은 없다'는 슬로건에 어울리는 삶을 향유하기를 원했다. 그러한 고민 끝에 니체는 우리에게 '영원 회귀(Ewige Wiederkunft, Eternal Return)'라는 실천적 강령을 하나 제안한다. 『즐거운 학문(Die fröhliche Wissenschaft)』에서 니체는 말한다. "모든 일 하나하나에 대해 던져지는 '너는 이것이 다시 한 번 그리고 수없이 계속 반복되기를 원하는가?'라는 물음은 너의 행위에 최대의 무게로 놓일 것이다!"

무슨 뜻일까? 영원 회귀란 사실 어려운 학설은 아니다. 모든 것이 영원히 반복된다는 이야기다. 예를 들어, 1만 년 주기로 지금 우리가 하는 행위가 똑같이 반복된다고 해보자. 오늘 나는 직장 상사에게 치욕스럽게 굽신거렸다. 대개 이런 행동을 할 때 우리는 '오늘뿐이다, 오늘이면 끝난다'고 가볍게 생각하곤 한다. 그런데 '영원 회귀'의 가르침에 따르면 이렇게 굽신거리는 행동은 결코 순간적인 것이 아니다. 그것은 1만 년 주기로 영원히 반복되는 행동이기 때문이다. 직장 상사에게 굽신거리는 행위를 하는 순간 자기 자신이 1만 년 전에도 굽신거렸고 2만 년 전에도 굽신거렸으며 1만 년 뒤에도 굽신거릴 것이고 2만 년 뒤에도 굽신거릴 것임을 입증한 셈이다.

영원 회귀의 가르침은 순간적이라고 믿는 우리의 선택이나 행동이 사실 '영원한' 선택과 행동이라고 이야기한다. 그래서 니체는 물었던 것이다. "너는 이것이 다시 한 번 그리고 수없이 계속 반복되기를 원하는가?" 당신은 지금 영원히 반복되어도 좋은 행동을 하고 있는가? 니체의 영원 회귀 가르침에서 무상의 세계, 현재의 세계, 차안의 세계는 구원을 받는다. 영원이 따로 있는 것이 아니라, 바로 이 순간순간이 모두 영원이기 때문이다. '영원한 현재'나 '영원한 순간'이라는 말이 가능한 것도 이런 이유 때문이 아닐까?

올해 핀 벚꽃은 작년에 핀 벚꽃도 내년에 필 벚꽃도 아니다. 그러니 우리는 무언가에 홀린 듯 벚꽃 아래로 걸음을 옮기고 꽃을 마음에, 그리고 카메라에 담으려고 한다. 지금 뵙고 있는 부모님은 작년에 뵈었던 부모님도, 내년에 뵐 부모님도 아니다. 부모님의 얼굴에서 무상을 직면하면 걸음을 떼지 못하고 우리는 부모님에게 말할 것이다. "엄마! 아빠! 지금 나가서 근사한 가족사진 한 장 찍어요!" 바로 이것이 무상의 힘이다. 사랑할 수 있는 힘, 쓰다듬을 수 있는 힘, 함께 시간을 보낼 수 있는 힘을 준다. 그것이 무엇이든지 간에 어떤 것이 아름다움과 애틋함, 혹은 무상함을 분출할 때 우리는 습관적으로 스마트폰이나 카메라를 꺼내 그 모습을 사진에 담으려한다.

찬란하게 흩날리는 벚꽃, 하늘로 휘돌아 올라가는 진눈깨비, 계곡물까지도 자기 빛으로 물들이는 단풍, 아이의 위태로웠던 첫걸음, 심장을 고동치게 했던 첫 키스 등 무엇이라도 좋다. 바로 지금 이 순간의 무상함이면 충분하다. 우리가 사진을 찍는 이유는 자명하다. 그것은 다시 반복되지 않을 무상의 순간이자 찬란한 아름다움의 순간, 혹은 살아가는 현재의 순간이기 때문이다. 사실 사진으로 남기지 않아도 상관없다. 그 무상의 순간은 절대적이고 영원한 현실로 우리 가슴에 새겨질 테니. 시간이 한참 흐른 뒤에 이런 무상의 순간들이 의도치 않게 기억날 때가 있다. 이미 세상을 떠나 더 이상 볼 수 없는 부모님의 얼굴이, 아파트를 새로 지으면서 나무가 잘려나가 지금은 더 이상 볼 수 없는 벚꽃의 군무가. 그 순간 우리의 얼굴에는 미소가 절로 번질 것이다. 무상한 순간들은 허무하게 망각되는, 지나가버린 순간이 아니라 '영원한 순간'이자 '절대적인 순간'으로 우리와 함께한다.

첫걸음을 당당하게

기회가 있을 때마다 아이를 데리고 장례식에 가는 것만큼 좋은 교육 방법도 없다. 죽음을 많이 직면한 아이는 어느 날 엄마에게 물어볼 것이다. "엄마도 죽어?" 엄마에게서 무상을 보지 못했다면 불가능한 물음이다. "그럼!"이라고 말해도 좋고 미소만 던져도 좋다. 그 순간 아이는 울면서 엄마 품에 안길 것이다. 지금 보지 않으면 안 되는 벚꽃처럼 엄마는 지금 안지 않으면 안 되는 존재이므로. 영원히 내 곁에 있는 엄마가 아니라 시간이 지나면 사라질 무상한 엄마다. 그러니 꼭 안아줘야 한다. 엄마에게서 무상을 본 날, 아이는 엄마에게 강한 애정을 품게 된다. 싯다르타의 마지막 가르침처럼 무언가로부터 무상을 보는 순간 우리 마음 깊은 곳에서는 그것에 대한 애틋한 사랑이 자라는 법이다.

햄스터를 처음 키워보는 어린아이가 있다고 하자. 아이는 햄스터에게 장난을 치기도 하고 간혹 괴롭히기도 한다. 물론 아이가 햄스터를 미워하는 것은 아니다. 단지 아이는 햄스터를 무상한 존재가 아니라 동물 인형처럼 느끼는 것이다. 그런데 햄스터는 인형이 아니라 길어야 1~2년가량 사는 무상한 존재다. 아이는 얼마 후 햄스터의 죽음을 마주할 것이다. 손가락으로 쿡 찔러보아도 햄스터는 아무런 반응이 없다. 햄스터를 쓰다듬어도 햄스터의 축 늘어진 몸은 묘한 이질감만을 줄 뿐이다. 바로 이 순간 아이는 햄스터를 통해 죽음을, 혹은 무상을 느끼게 된다. 아이와 함께 햄스터를 잘 묻어준 뒤, 엄마는 아이에게 물어본다. "햄스터를 다시 키울래?" 십중팔구 아이는 고개를 강하게 가로저을 것이다. 햄스터의 죽음을 통해 느낀 무상함이 소름끼치게 무섭기 때문이다. 햄스터를 다정하게 어루만져주지 못한 것도 후회가 되는데, 어떻게 다시 햄스터를 키울 수 있을까?

절망에 희망이라는 새순이 싹트는 순간이 온다. 시간이 좀 흐른 뒤에 아이는 엄마에게 말할 수 있다. "엄마! 햄스터 키우고 싶어요." 무상을 피하기보다는 무상에 직면하기로 결정한 것이다. 이제 아이는 햄스터와 함께하는 순간순간을 소중하게 여길 것이다. 더 이상 햄스터를 괴롭히거나 심하게 장난을 치지도 않을 것이다. 아이에게 이제 햄스터는 영원한 존재가 아니라 벚꽃처럼 무상한 존재이니 말이다. 어차피 질 벚꽃이지만 나 때문에 빨리 떨어져서는 안 되고, 어차피 세상을 떠날 햄스터이지만 나 때문에 힘들어서는 안 되는 존재다. 바로 이런 마음이 사랑, 혹은 자비가 아니면 무엇일까.

착수처

●

변하는 것을 매일 세 가지 찾아내자.

오늘도 어제처럼 출근하고 어제처럼 퇴근한다. 오늘도 어제처럼 아이들을 돌보고 어제처럼 밥을 준비한다. 내일도, 그리고 모레도 출근하고 퇴근할 것이고, 아이들을 돌보고 식사를 준비할 것이다. 사실 이런 무미건조함이 내일의 행복을 위해 오늘을 희생하는 삶보다 더 무서운 법이다. 어제나 그제와는 다른 오늘, 내일이나 모레와는 다른 오늘은 증발하기 쉽기 때문이다. 도시 생활과 자본주의적 삶은 이런 매너리즘을 낳는 주범이다. 거대한 건물과 화려한 조명은 시골에서라면 누구나 느낄 수 있는 일출과 일몰의 드라마틱한 변화에 무감각하게 만들고, 사무실에 갇힌 일상적 삶은 뭉게구름이나 꽃과 바람을 느끼기 힘들게 만든다. 퇴근해서도 마찬가지다. 몸이 지치고 정신이 피로에 절어 있으면 아이들의 성장과 변화를 느낄 여지가 없다. 그제나 어제와 비교해보아도 별로 변한 것이 없어 보인다. 완전히 매너리즘에 빠지면 그렇게 된다.

그래서일까, 직장인들에게 퇴근하고 어디로 가느냐고 물으면 대부분 집에 들어간다고 대답한다. 그들에게 다시 묻는다. "왜 집에 가는데요?" 대부분 사람들은 바로 대답을 하지 못한다. 아침에 집에서 나왔기 때문에 다시 집으로 돌아갈 뿐이니까. 사랑하는 사람과 함께하려고, 아이와 놀아주려고 집에 돌아가는 것이 아니다. 아무리 술에 취해도 습관적으로 귀가한다. 이미 '출근 기계'나 '귀가 기계'가 되어버린 것이다. '기계'가 부수어지고 '인간'이 다시 등장하려면, 변화하는 것, 무상한 것, 아름다운 것이 출근 기계나 귀가 기계의 발걸음을 멈추게 해야 한다. "어? 벚꽃이 피었네." "벌써 첫눈이 내리네." "근사한데!" "아름답구나!"

"아름답다!" 하고 감탄하는 순간이 사랑이 싹트는 순간이라는 사실도 중요하다. 벚꽃이 아름답다고 느끼면, 벚꽃이 지는 순간 어떻게 애절한 마음이 생기지 않을 수 있을까. 고개 돌리지 않고 무상에 직면해야 자비의 마음이 싹트는 법이다. 그러니 매너리즘에서 탈출하는 첫걸음은 세상의 무상에 마음을 여는 것이다. 그런데 먼저 해야 할 일이 있다. 일상생활에서 변하는 것에 주목하는 것이다. 매일 최소한 세 가지씩 변한 것을 찾아내자. 기온이나 바람이어도 좋고, 흘러가는 뭉게구름이어도 좋고, 화려하게 꽃이 핀 나무여도 좋고, 길에서 만난 고양이여도 좋고, 녹음이 짙어진 가로수여도 좋다. 아니면 아내의 얼굴빛이어도 좋고, 아이가 밥 먹는 모습이어도 좋고, 전화기에서 들려오는 어머니의 목소리여도 좋고, 직장 후배의 멍한 표정이어도 좋다. 어제와 달라진 것을 억지로라도 찾아보려고 노력하자.

처음에는 찾기 어려울 수 있다. 그렇지만 변한 것을 찾으려고 노력하면서, 현재 우리 주변을 둘러싸고 있는 사람이나 동물, 혹은 사물이나 환경에 주목하게 되는 것이 중요하다. 오늘은 변한 것을 못 찾을 수 있지만, 내일은 어렵지 않게 찾을 수 있을 것이다. 근사한 자태와 향기를 자아내는 꽃나무를 오늘 제대로 응시했다고 하자. "오른쪽 나뭇가지에 꽃이 더 많이 피었네." 이렇게 꽃나무와 대화를 나눈 사람은 내일 출근길에 꽃나무의 변화를 다른 누구보다 민감하게 알아챌 수 있다. "밤사이에 비바람이 심하게 불었나? 꽃잎들이 많이 떨어졌네."

변하는 것을 찾아내는 데 성공했다면, 그것들은 우리로 하여금 바로 오늘 하루에 집중하게 만들고, 동시에 무상에 대한 감각을 민감하게 다듬어줄 것이다. '세상과 자신에 대한 애틋한 사랑'이나 '다시 오지 않을 바로 이 순간을 향유하려는 의지'가 기적처럼 생기는 것도 바로 이 대목에서다. 물론 그렇다고 해서 우리가 무상한 것들에게 해줄 수 있는 것은 그리 많지 않다. 노쇠한 어머니가 아이스크림을 먹고 싶어 하시면 아이스크림을 사드리는 것 정도이고, 함께 산책을 하자 하시면 길동무가 되어드리는 것 정도다. 화려한 벚꽃이 지려 할 때 우리가 무엇을 할 수 있겠는가? 아무리 벚꽃의 무상함에 마음이 아려도, 얼마 지나지 않아 바람이 불고 비가 내리면 꽃은 우리 바람과는 달리 허무하게 떨어질 것이다. 내가 지킨다고 해서 벚꽃이 지지 않는 것은 아니다.

어느 꼬마가 나무를 흔들어 꽃을 강제로 떨구려 할 때 그 아이에게 해줄 수 있는 말은 하나뿐이다. "어차피 곧 떨어질 텐데, 왜 그렇게 꽃을 재촉하니? 그냥 조용히 지는 것을 지켜보자." 무상에 직면하는 것이 임종 절차와 유사한 이유도 바로 여기에 있다. 임종(臨終)! 꽃잎이 떨어지는 순간을 지키는 것이고, 부모님이 잠드시는 순간을 지키는 것이고, 노을이 보랏빛에서 검은빛으로 변하는 순간을 지키는 것이다. 무상을 본다는 것은 이런 것이다. 무상한 존재가 찬란하고 자유롭게 우리 곁을 떠난 뒤 그 아픔, 그 안타까움, 그 애잔함, 그 슬픔을 고스란히 혼자서 감내하는 것이므로.

3강

—

무아
無我

—

영원에도 순간에도
치우치지 않아야
비로소 보이는 세상

가슴으로 애절하게

세계란 항상 '보는 자'의 세계일 수밖에 없다. '보는 자'와 무관한, 완전히 객관적이고 절대적인 세계란 존재할 수 없다. 이런 절대적인 세계는 그저 생각 속에서만 가능할 뿐이다. 박쥐가 보는 세계는 뱀이 보는 세계와 다르고, 뱀이 보는 세계는 잠자리가 보는 세계와 다르고, 잠자리가 보는 세계와 물고기가 보는 세계는 다르다. 그래도 동물끼리는 무언가 유사성이 있을 듯하지만, 까마귀가 느끼는 세계와 해바라기가 느끼는 세계는 어떤 차이가 있을지 미루어 헤아리기도 어려울 정도다. 그렇지만 모든 생물체들이 자신의 삶에 도움이 되는 최적의 '봄'을 찾는 데 성공했다는 것은 확실하다. 박쥐가 초음파로 세상을 보는 방식으로 스스로 진화하지 않았다면, 지금처럼 동굴에서 살 수는 없었을 것이다.

박쥐가 뱀처럼 세계를 보았다면 동굴 여기저기에 부딪혀 바닥에 피 흘리며 나뒹굴게 되었을 것이다.

문제는 인간이다. 인간이 만들고 동시에 인간을 만든 역사는 생물학적 진화 속도를 넘어서기 때문이다. 극단적인 예로 인간은 안경을 만든다. 안경으로 본 세상과 안경을 벗고 본 세상 중 어느 것이 자신의 세상인가? 안경만이 아니다. 역사를 구성하는 매 시기는 우리의 생각이나 사유에 영향을 주어 우리의 '봄'을 결정한다. 조선시대 여성이 본 세계와 21세기를 사는 여성이 보는 세계는 확연히 다르지 않은가. 거대한 역사가 아니더라도, 인간의 개별 인생사도 마찬가지다. 젊었을 때 본 세계와 나이 들어 본 세계가 다르다는 건 누구나 알게 된다. 어쨌든 보여진 세계에 이미 보는 자의 흔적이 짙게 드리워 있다는 것은 분명하다. 마치 선글라스를 통해 본 세상은 선글라스 렌즈의 색깔을 품고 있듯이.

문제는 불이 났을 때 붉은 선글라스를 끼고 있다면 치명적인 결과를 낳을 수도 있다는 사실이다. 생물학적 차원을 넘어 우리가 인문학적 반성과 성찰을 거듭해야 할 이유는 자명하다. '보는 자'의 생각이나 관념이 그의 봄에 영향을 주어 그의 삶을 건강하고 행복하게 만들 수도 있고, 아니면 그의 삶을 병들게 하고 불행하게 만들 수도 있기 때문이다. 「참나라니, 참나!」라는 시에서 김선우 시인은 이야기한다. '태어날 때부터 죽을 때까지 변하지 않는 나', '죽어서도 영원히 존재하는 영혼'이라는 생각은 우리 삶을 불행하게 만드는 나쁜 선글라스와 같다고. 물론 그렇다고 해서 시인은 우리 삶이 순간적이어서 아무 의미 없는, 허무한 것이라고 말하지는 않는다. 우리 삶은 영원한 것도 아니고 순간적인 것도 아닌, 다시 말해 영원과 찰나 그 중간 어디에 있다고 이야기한다.

그렇게 말한다면 이슬의 역설이라 하옵지요.
비루를 덜기 위해 저잣거리를 떠났던 자이오나
참나의 환영에 속았음을 알게 됐습죠, 참나라니, 나참,
속았으니 냉큼 돌아올밖에.
마음 깊이건 영혼 끝이건
나를 초월한 어딘가에 있을 나를 찾아 영영 헤매라뇨, 참나,
먹지도 자지도 훼손되지도 않는 영롱한 참나의 이데아라뇨, 나참,
비루할지라도 당신,
당신들과의 접촉면에서 이슬이 맺히죠.
이슬은 있기도 하고 없기도 하죠.
나 아닌 존재와 연결되어야만 내가 되는 영롱함,
나의 밤을 깊이 두드리면 내가 없다는 걸 알게 되는 아침이
드물지만 오기도 합니다.
당신이 기쁠 때 왜 내가 반짝이는지 알게 되는

이슬의 시간,

닿았다 오면 슬픔이 명랑해지는

말갛게 애틋한 그런 하루가 좋습니다.

— 김선우, 「참나라니, 참나!」

　김선우 시인의 시는 "비루를 덜기 위해 저잣거리를 떠났던" 어느 구도자의 이야기를 빌려 시작된다. 이 구도자는 저잣거리를 떠난다. 자신을 비루하게 만든 것이 바로 이 저잣거리라도 되는 듯이. 그는 저잣거리를 떠나 어디로 갔을까? 인적이 끊긴 산속이나 바닷가, 혹은 바다 멀리 외롭게 떠 있는 섬으로 갔을 수도 있다. 숲속에서, 바닷가에서, 아니면 섬에서, 그가 가장 먼저 해야 할 일은 배고픔과 잠자리를 해결하는 것이었다. 저잣거리를 떠나자마자 그는 먹을거리를 찾아 자연 속을 헤맸고, 모기 등 엄청난 해충의 공격과 추위나 더위를 피할 수 있는 잠자리를 확보해야 했다. 먹고사는 문제가 어느 정도 해결되자 구도자는 "마음 깊이건 영혼 끝이건/나를 초월한 어딘가에 있을 나", "먹지도 자지도 훼손되지도 않는 영롱한 참나"를 찾기 시작했다.

　이렇게 그는 저잣거리가 자신에게 남긴 때를 말끔히 씻으려고 노력했다. 맑고 차가운 계곡 물이나 푸른 바닷물에 몸을 담그는 수행도 빼놓지 않았으리라. 마치 다이아몬드를 감싸고 굳어버린 딱딱한 진흙을 물로 녹여 떼어내려 하는 것처럼. 비루한 나를 닦으면 '참나', 즉 '진짜 나'가 다이아몬드처럼 빛을 발하리라 확신했던 것이다. 찾다 찾다 구도자는 마침내 깨달았다. 그런 것은 없다는 사실을. 참나와 같은 것은 단지 자신의 잘못된 생각이 만든 환상과도 같은 것이라는 사실을. 구도자의 마지막 깨달음을 김선우 시인은 유머러스하게 표현한다. "참나의 환영에 속았음을 알게 됐습죠, 참나라니, 나참." 참나라는 유령에 속아 그걸 찾으려 했으니, '참나'에 대해 '나참'이라는 탄식이 저절로 나오는 것이다.

먹기도 하고 잠도 자야 참나를 찾는 수행도 할 수 있다. 먹지도 못하고 제대로 자지 못하면 수행을 할 수 없고, 따라서 참나도 아무런 의미가 없다. 어쩌면 구도자가 찾았던 참나는 먹지도 자지도 훼손되지도 않는 삶에 대한 꿈을 반영한 것이리라. 그 출발은, 먹어야 하고 자야 하고 매번 훼손되는 삶이다. 그러니 꿈꾼다. 먹지도 않아도 배고프지 않고, 자지 않아도 졸리지 않고, 아무렇게나 움직여도 병들지 않는 삶을. 불행히도 그는 산속에서, 바닷가에서, 혹은 섬에서 여전히 먹어야 했고, 자야 했고, 질병과 아픔을 치유해야만 했다. 간혹 '참나'를 찾은 것처럼 느껴질 때도 있었다. "먹지도 자지도 훼손되지도 않는 영롱한 참나!"

하지만 돌아보면 배고픔, 졸림, 그리고 병듦이 완화되거나 사라

질 때에만 잠시 동안 유지되는 배부름, 맑음, 그리고 건강함! 바로
이 마음 상태를 추상화하고 실체화해서 만든 환영이 '참나'가 아닌
가. 그러나 배고픔과 졸림과 병듦은 어김없이 그를 다시 찾아왔다.
만약 '먹어야 하고 자야 하고 훼손될 수밖에 없는' 것이 비루함이라
면, 우리는 이 비루함을 벗어날 수 없다. "먹지도 자지도 훼손되지
도 않는" 상태는 죽어야만 가능하기 때문이다. 결국 구도자는 처음
부터 잘못된 생각에 사로잡혀 있었던 것이다. 죽어야 도달할 수 있
는 상태를 살아 있으면서 찾으려 했으니 말이다. 더 심각한 것은 참
나를 "마음 깊이건 영혼 끝"에서 찾았다는 사실이다.

안으로 들어가지 말고 바깥으로 나가야 한다. 아무리 바깥에서,
저잣거리에서 비루해졌다 할지라도, 바로 그곳에서 우리는 아름다
워질 수 있기 때문이다. 우리는 넘어진 곳에서 일어나야 하는 존재
다. 사실 자기 마음에 계속 침잠하거나 죽어서도 불변하는 영혼을
꿈꾸거나, 참나를 찾는 과정은 자신에 집중하는 과정일 수밖에 없
다. 내면에 집중하는 사람이 외면에 집중하기는 매우 어려운 법이
다. 벚꽃의 아름다움, 고양이의 배고픔, 이웃의 고독, 억압받는 자
들의 고통 등등이 참나의 구도자에게 관조의 대상에 지나지 않거
나 그의 마음에서는 아예 증발하기 쉬운 것도 이런 이유에서다.

다행스럽게도 참나의 구도자는 참나의 환영, 혹은 참나라는 선
글라스를 벗어던지고 세상을 '있는 그대로' 보게 되고, 세상과 사랑
에 빠지게 된다. 김선우 시인이 말한 것처럼 그는 "이슬의 역설"을

말할 수 있을 정도가 되었으니까. 살아가면서 인간은 비루함을 벗어던질 수는 없지만, 그 비루함에서 삶의 희망을 찾을 수 있다는 것이다. 배가 고프기에 먹을 것을 찾고 졸리기에 잠을 청하고 아프기에 치유를 한다. 비루함은 비루함이지만 잠시 동안이나마 그 비루함은 가라앉을 수 있다.

나만 그런가? 동류 인간들이나 다른 생명체들도 마찬가지가 아닌가. 그들에게 먹을 것을 주고, 편히 잠들도록 하고, 그들의 아픔을 치유할 수 있다. 그래서 김선우 시인은 우리에게 속삭인다. "비루할지라도 당신,/당신들과의 접촉면에서 이슬이 맺히죠./이슬은 있기도 하고 없기도 하죠." 바깥세계와 접촉하는 잎에는 이슬이 맺힌다. 반대로 바깥세계와 차단되어 있다면, 예를 들어 실내에서 키우는 식물의 잎에는 이슬이 맺히기 힘들다. 결국 사랑받는 순간이거나, 아니면 사랑하는 순간에 우리에게는 '이슬'이 맺힌다. 반대로 타자에 대해 무관심하다면, 우리들 사이에는 '이슬'이 맺힐 수 없다. 나만의 고독에서 벗어나 외부의 타자와 긴밀히 접촉해야 사랑이 가능하다. '이슬'은 사랑이다. 불교식으로 말하자면 '자비'다.

김선우 시인이 "나 아닌 존재와 연결되어야만 내가 되는 영롱함"을 이야기할 때, 시인은 사랑과 자비를 이야기한 것이다. 여기서 "나 아닌 존재와 연결되어야만 내가 되는 영롱함"이라는 발상은 쉽게 간과해서는 안 된다. 우리 인간은 불변하는 나로 머물러 있는 것이 아니라 타자와 연결되면서 거듭 새로운 나로 탄생한다는 이야기이니까. 우리는 세상과 무관한 다이아몬드가 아니라 타자와의 접촉을 통해 매번 새롭게 맺히는 이슬과도 같다. 어떤 사람을 사랑하면, 어떤 고양이를 사랑하면, 어떤 바람을 사랑하면, 우리는 새로운 내가 된다. 열정적인 사랑이나 목숨을 건 사랑이 한 인간을 송두리째 바꾼다는 것은 누구나 아는 일이 아닌가. 다이아몬드처럼 견고하고 무감각한 내가 아니라, 이슬처럼 탄생하고 전율하는 나다.

축축한 공기, 적당한 기후, 그리고 이슬을 받을 만한 잎이 갖추어져야 이슬 한 방울이 만들어진다. 마침내, 그리고 기필코 한 방울의 이슬이 맺힌다. 마침내, 그리고 기필코 '영롱한 내'가 탄생한다. 그래서 김선우 시인은 "나의 밤을 깊이 두드리면 내가 없다는 걸 알게 되는 아침"에 대해 이야기한다. 해가 뜨거워지기 전 이른 아침에 만들어져 미세한 바람에도 떨고 있는 이슬이 영롱히 살아 있는 나라면, 그 이전에 어떻게 내가 있을 수 있다는 말인가? 타자와의 "접촉"이고 "연결"이다. 그러니까 사랑이고 자비다. "당신이 기쁠 때 왜 내가 반짝이는지 알게 되는/이슬의 시간"이다.

그런데 정말 조심해야 한다. 이슬은 잘못 건드리면 또르르 흘러내리기 쉬우니까. 그렇지만 뭐 어떤가? 어떤 것과도 접촉하지 않는 것보다 접촉하는 것이 낫다면, 또르르 흘러내리는 이슬이 세계에 무관심한 다이아몬드보다 더 근사할 테니까. 김선우 시인도 말한다. "닿았다 오면 슬픔이 명랑해지는/말갛게 애틋한 그런 하루가 좋습디다"라고. 슬픔이 명랑해지지만 동시에 말갛게 애틋한 것, 바로 그것이 우리의 삶이고 우리의 운명 아닌가. 그렇지만 걱정할 것 없다. 완전히 다른 이슬이지만 이슬은 다시 맺히는 법이니까.

─────── **무아를 알면 자유가 보인다**

'제법무아(諸法無我)'는 불교의 핵심 가르침이다. 글자 그대로 풀면 '모든 법에는 자아가 존재하지 않는다'는 의미다. 여기서 '법(法)'은 산스크리트어 '다르마(dharma)'를 번역한 한자어인데, 불교에서 다르마는 쉽게 말해 '우리가 구별해서 지각하거나 생각할 수 있는 모든 것'을 가리킨다. 결국 '제법(諸法)'은 지각되는 외부 대상이나 생각되는 관념까지 포함한 '모든 존재'를 가리킨다. 문제는 '자아가 존재하지 않는다'는 뜻의 '무아(無我)'라는 단어다. 무아는 산스크리트어 '아나트만(anātman)'을 번역한 한자어다. '아나트만'이라는 개념은 부정을 뜻하는 '아(a)'와 영원불멸한 본질이나 실체를 가리키는 '아트만(ātman)'이 합쳐져 만들어진 글자다. 그래서 '무아'라는 말을 단순히 '자아가 없다'라고 번역하면 그 뜻이 매우 협소해진다. 사람의 경우만 해도 '무아'는 단순히 자아가 없다는 말이 아니라, '사람이 죽어도 영원히 존재하는 영혼'과도 같은 불변하는 실체가 없다는 의미다.

그래서 '무아'라는 말보다는 차라리 낯설겠지만 '무자성(無自性, asvabhāvatva)'이라는 불교 개념을 사용하는 것이 더 좋을 듯하다. '자성(自性, svabhāva)'이라는 말은 자기동일성, 본성, 본질, 혹은 실체를 의미하는 말이다. 그래서 '제법무아'라는 가르침을 접할 때마다 '제법무자성'의 의미를 떠올려야 오해의 여지가 없다. 그래야 불교가 제법 자체를 부정하는 것이 아니라 제법 안에 존재한다고 상정되는 영원불멸한 실체나 본성, 혹은 본질을 부정한다는 것이 명확해지기 때문이다. 더 정확히 말하면, 영원불멸한 실체나 본성, 혹은 본질의 감옥에 갇힌 제법을 긍정하고 해방하려는 것이 불교의 근본 입장이라고 할 수 있다. 참고로 불교 하면 떠오르는 개념인 '공(空, Śūnyatā)'은 모든 존재에게 '자성'은 '비어 있다', 즉 '없다'는 의미다. 결국 하나의 공식처럼 외워두면 편하다. '무아=무자성=공'이라고 말이다.

'무아'의 가르침은 영원한 것, 불변하는 것, 본질적인 것에 대한 해묵은 맹신과 집착으로부터 우리를 자유롭게 한다. 『경덕전등록(景德傳燈錄)』에 등장하는 '단하소불(丹霞燒佛)' 일화는 '무아=무자성=공'의 가르침이 어떻게 우리를 자유롭게 하는지 보여주는 근사한 사례다. 단하소불 일화는 혜림사(惠林寺)에 잠시 묵게 된 단하(丹霞,

739~824) 스님이 목불(木佛)을 불태운 엽기적인 이야기다. 단하 스님이 추운 겨울에 떠돌아다니다 혜림사에 가서 머물기를 청했고, 이 절을 혼자 관리하던 스님은 단하 스님을 재워주는 것이 내키지 않았지만 동료 승려를 재워주는 것이 사찰의 불문율이기에 그를 받아들이는 것으로 이야기가 시작된다.

혜림사 스님은 단하 스님을 여간 푸대접한 것이 아니었다. 추위를 몰아내려고 군불을 지핀 자기 승방에 단하 스님을 묵게 한 것이 아니라, 불을 때지 않아 추운 대웅전에 머물게 할 정도였다. 단하 스님이 대웅전에 들어간 지 얼마 안 되어 혜림사 스님은 작은 목불을 모신 대웅전에서 이상한 불빛이 흘러나오는 낌새에 잠에서 깨어, 불이라도 났을까 놀라 서둘러 대웅전으로 달려갔다. 대웅전에 들어가보니 단하 스님이 목불을 도끼로 쪼개 목불 조각을 땔나무로 삼아 불을 쬐고 있는 게 아닌가. 그 모습을 보고 혜림사 스님은 크게 화를 냈다.

"중이 어떻게 부처를 태울 수가 있는가? 당신, 미친 게 아닌가?" 그러자 단하 스님이 대답했다. "이 부처에 사리가 있는지 없는지 알려고 태웠습니다." 혜림사 스님은 단하 스님의 말에 황당해하며 말했다. "나무에 무슨 사리가 있는가?" 이 말을 내뱉으면서 동시에 혜림사 스님은 깨달음을 얻는다. 지금까지 자신은 목불을 부처라고 생각하면서 매일 먼지를 털어내며 소중히 모셨는데, 방금 그 목불이 부처가 아니라 나무에 불과하다고 스스로 토로하고 말았으

무아 無我 ──── 영원에도 순간에도 치우치지 않아야 비로소 보이는 세상

니. 목불에는 '자성'이 없다는 것, 즉 목불이 공(空)하다는 걸 깨닫게 했으니, 단하 스님은 혜림사 스님에게 제대로 가르침을 준 셈이다. 사실 '제법무아'이니, '목불무아(木佛無我)'일 수밖에 없지 않은가. 목불에는 절대불변의 본질이란 존재하지 않는다!

연료가 떨어져 방 안에서 덜덜 떨고 있던 사람이 나무 책상이 앞에 있는데도 그대로 얼어 죽는다면, 그는 책상이 땔나무가 될 수 있다는 생각을 하지 못한 것이다. 책상은 공부를 하는 용도로 써야 한다는 생각, 즉 모든 것에 주어진 본질이 있다는 생각에서 벗어나지 못한 것이다. 생각해보라. 아이들이 책상 위에 올라가 놀면 어른들은 내려오라고 한다. 책상은 공부를 하는 자리이지 노는 곳이 아니라고 생각하기 때문이다. 그래서 누군가 책상 위에 올라가면 사람들은 그가 책상의 본질을 모른다고, 혹은 아이들처럼 못 배웠다고 인상을 쓰기 마련이다. '제법유아'나 '제법유자성'이라는 발상이다. 책상 등 모든 존재에는 아트만이 있고, 자성이 있다는 생각인 셈이다.

바로 이 대목에서 '제법무아'의 가르침이 얼마나 혁명적인지가 분명하게 드러난다. 모든 존재에는 아트만, 혹은 자성이 없다는 것을 알아야 한다. 지금 표현으로 말하자면, 사물에는 미리 주어진 본질이 존재하지 않는다는 것이다. 그래야 우리는 책상을 두고 얼어 죽지 않을 수 있다. 그것은 책상일 수 있고 땔나무일 수 있다. 바로 여기에 세상의 모든 존재와 새로운 관계를 맺을 수 있는 자유가 자리

잡게 된다. 바로 이것이 혁명이자 자유의 의미가 아닌가? 세상과, 타자와, 그리고 자기 자신과 새로운 관계를 만드는 것이 혁명이니까.

책상에는 '앉아서 책을 보는 본질'이 존재하고, 목불에는 '경배를 드려야 하는 본질'이 존재한다고 생각하는 순간, 우리는 보수주의자가 되고 만다. 책상은 우리에게 앉으라고 명령하고, 목불은 자신을 경배하라고 명령하는 형국이다. 사물의 명령을 듣고 있는 이런 상황에서 무슨 자유가 있을까? 자유를 원하는가? 그렇다면 가슴에 네 글자만 새기면 된다. '제법무아!' 모든 존재에는 우리가 반드시 따라야만 하는 본질 같은 것은 존재하지 않는다. 액체를 담는 것을 컵의 절대적인 본질이라고 생각하지 않아야, 우리는 컵에 꽃을 꽃아둘 수도 있고 예쁜 구슬을 담을 수도 있다.

제법무아는 외부 대상에게만 적용되는 가르침이 아니다. 인간에게도 제법무아를 그대로 관철할 수 있다. 남자에게는 남성성이, 여성에게는 여성성이, 아버지에게는 부성이, 어머니에게는 모성이, 딸에게는 딸의 본성이, 아들에게는 아들의 본성이 존재하는 것은 아니다. 그렇다고 해서 수많은 남자들, 수많은 여자들, 수많은 아버지들, 수많은 어머니들, 수많은 아들들, 수많은 딸들의 삶이 부정되는 것은 아니다. 오히려 '남자는 이래야 한다', '여자는 이래야 한다', '엄마는 이래야 한다', '아이는 이래야 한다' 등등의 억압적 담론으로부터 해방되므로, 그들은 타인과 새로운 관계를 자유롭게 맺을 수 있다. 자발성과 자유가 없다면, 사랑이 무슨 의미가 있겠는가.

무아 無我 ——— 영원에도 순간에도 치우치지 않아야 비로소 보이는 세상

단하소불 일화만큼 '무아＝무자성＝공'의 가르침을 흥미진진하고 유쾌하게 알려주는 이야기도 없다. 본질에 대한 집착에서 벗어나야 자유를 누릴 수 있다니, 얼마나 통쾌한가. 그런데 불행히도 이 일화에는 무언가 빠진 것, 무언가 희석되어버린 것이 있다는 생각이 든다. 불교의 가르침을 이해했느냐의 최종 시금석은 사랑이나 자비다. 정확히 말하면, 불교의 모든 학설은 자비라는 이념으로 귀속되어야 한다. 그렇다면 '일체개고'나 '제행무상'과 마찬가지로 '제법무아'도 우리에게 사랑의 힘을 불러일으켜야 하는데, 바로 이 점에서 단하소불 일화는 무언가 아쉬움을 남긴다. 우리에게서 애틋하고 애잔한 사랑을 직접적으로 끌어내기보다는 호방하고 유쾌한 자유에 대한 희망만을 남기기 때문이다.

싯다르타가 "제법에는 자성이 있다"는 주장을 비판한 이유는 분명하다. 이 주장이 제법에 대한 사랑을 불러일으키지 않고 사랑의 힘을 약화시키기 때문이다. 그러니까 '아트만', '자성', '본질'에 대한 집착은 자비와 사랑의 적이라는 사실이 중요하다. 어머니에게서 불멸하는 영혼을 보는 자식은 조금씩 노쇠해가는 어머니의 모습이 눈에 들어오기 어려운 법이다. 어머니가 돌아가셔도 어머니의 영혼은 천국이나 극락에서 가장 젊었을 때의 모습으로 영원한 삶을 영위하게 될 것이라는 '잘못된 견해'를 가지고 있기 때문이다.

이런 사람에게 어떻게 '무상'의 감각을 기대할 수 있겠는가?

"오늘 밤 어머니와 얼굴을 마주하고 함께 자지 않으면, 평생 후회하게 될 거야." 함께할 시간이 얼마 남지 않았다는 뼈저린 자각은 어머니의 거친 손을 쉽게 놓지 못하게 한다. 반면 어머니의 영혼이 가장 젊고 아름답던 모습으로 천국이나 극락에서 영원히 산다고 믿는 사람이 어머니의 거친 손을 애틋하게 쓰다듬거나 어머니의 주름 잡힌 얼굴을 애잔하게 들여다보겠는가? '제법에는 아트만이 있다'고 믿는 것이 무서운 이유는 다른 데 있는 것이 아니다. 바로 지금 눈앞에서 시시각각 변하고 있는 '제법'보다는 영원하다고 믿는 '아트만'에 시선을 두기 때문이다. 아련하게 지려 하는 벚꽃이나 애틋할 만큼 노쇠한 어머니가 그런 사람의 안중에 들어올 리 만무하다.

핵심은 '제법'이다. 나와 대상을 포함한 모든 존재가 사랑의 대상이 되느냐, 아니면 관조의 대상이 되느냐가 문제다. 가장 근사했던 어머니의 모습을 '아트만'이나 '자성'이라고 고정시키고 집착하는 순간, 우리는 지금 자기 앞에 있는 존재로서 어머니, 거친 손과 주름 잡힌 얼굴로 마지막 삶의 향기를 풍기는 어머니를 긍정하기 힘들다. 현재 어머니의 모습을 직면하지 않고서 어떻게 어머니를 사랑할 수 있을까? 그래서 싯다르타는 말한 것이다. '제법무아'라고. 영원불멸한 아트만, 자성, 그리고 본질을 부정하면, 사람들이 제법에 직면하리라 믿었던 것이다.

불행히도 상황은 그렇게 단순하지 않다. 아트만, 자성, 그리고 본질 등 영원성을 상징하는 것을 부정하자마자, 제법은 어떤 연속성도 없이 매 순간 과거와는 완전히 다르게 변한다는 입장도 나왔으니까. "어차피 사람은 늙고 병들고 언젠가 죽어. 어차피 꽃들도 피고 매 순간 시들어가다 마침내 떨어지는 거야. 당연히 영혼 같은 것은 없지. 벚꽃 한 송이 한 송이에 영혼이 없는 것처럼 사람에게도 영혼이 없기는 마찬가지야. 싯다르타가 그래서 '제법무아'라고 했던 거지. 모든 존재는 영원불멸한 자성이 없다는 이야기이고 이것은 모든 존재가 현기증 나는 변화의 소용돌이 속에 있다는 가르침이지." 이렇게 생각하는 사람이 곧 지고 말 벚꽃의 애잔한 아름다움에 참여할 수 있을까? 이렇게 생각하는 사람이 마지막 애틋한 삶의 여정을 걷는 부모와 하룻밤을 함께 보낼 수 있을까? 무척 힘든 일이다. 완전히 영원을 믿는 것도 문제지만 철저히 순간을 믿는 것도 문제다. 어느 경우든 제법, 즉 존재하는 것을 부정하기 쉽기 때문이다.

영원과 불멸에 집착하는 사람은 근사했던 시절 어머니의 모습을 찍은 사진에 집착하는 사람에 비유할 수 있다. 그 사진에 집착하기에 그는 노쇠해진 어머니의 모습을 직면할 수 없고, 당연히 삶의 마지막을 보내는 어머니를 아낄 수도 없다. 반면 순간과 찰나에 집착하는 사람은 어머니의 모든 삶의 과정을 찍은 필름을 엄청나게 빠르게 돌려 보는 사람과 같다. 식물의 성장 과정을 촬영하고 그 필름을 아주 빨리 돌리는 자연 다큐멘터리 영상과 같다. 노쇠한 어머니의 현재 모습도, 심지어 죽음의 순간도 그렇게 빨리 지나갈 테니, 어머니의 삶에 우리가 개입할 여지가 없고 그렇기에 어머니의 삶에 애틋하거나 애잔한 마음을 먹을 일도 아니다.

어떤 연속성도 없이 모든 존재는 시시각각 변하고 있다는 생각은, 모든 존재는 변화 속에서 변하지 않는 자성을 가지고 있다는 생각만큼이나 위험하다. 10여 일간 화려한 장관을 이루다 찬란하게 삶을 마무리하는 벚꽃을 생각해보라. 지금 당장 내 눈앞에 보이는 이 단독적인 벚꽃은, 영원히 피는 것도 아니지만 그렇다고 해서 순간적으로 떨어지는 것도 아니다. 벚꽃만이 그런가. 사람은 영원히 사는 것도 아니지만 그렇다고 내일 바로 죽는 것도 아니다. 푸른 하늘에 맺힌 뭉게구름도 영원히 그곳에 있는 것은 아니지만 순간적으로 사라지지도 않는다. 이슬도 영원히 꽃잎에 매달려 있지 않지만 그렇다고 갑자기 증발하는 것도 아니다.

모든 존재는 영원하거나 불멸하지도 않고 동시에 순간적이거나 찰나적인 것도 아니다. 바로 이것이 '제법'의 있는 그대로의 모습, 즉 '실상(實相, tattvasya laksanam)'이다. 결국 나 자신을 포함한 모든 존재는 '영원과 불멸이라는 한 극단'과 '순간과 찰나라는 또 다른 극단' 사이 어딘가에 존재한다. 바로 이것이 싯다르타가 말한 중도(中道, madhyamā-pratipad)의 의미다. 『가전연경(迦旃延經, Kaccyanagotta Sutta)』에서 싯다르타는 산스크리트어로는 카차야나(Mahākātyāyana), 한문으로는

무아無我 ─────── 영원에도 순간에도 치우치지 않아야 비로소 보이는 세상

가전연(迦旃延)이라는 이름의 제자에게 말한다.

　"'모든 것은 존재한다.' 카차야나야! 이것은 하나의 극단이다. '모든 것은 존재하지 않는다.' 카차야나야! 이것도 또한 하나의 극단이다. 카차야나야! 두 극단에 치우치지 않고 여래는 중도로써 하나의 가르침을 설한다!" '모든 것은 존재한다'는 극단은 모든 존재에는 변화에도 불구하고 변하지 않는 영원한 자성이 있다는 입장이다. 불교에서는 이런 입장을 '상견(常見, śāśvasta-dṛṣṭi)'이라고 부른다. '모든 것은 존재하지 않는다'는 또 다른 극단은 모든 존재가 어떤 연속성도 없이 끝없이 변화한다는 입장이다. '단견(斷見, ucchesadarṣana)'이라고 불리는 입장이다.

　늙거나 병들거나 죽더라도 영원불멸한 것은 존재하니 지금 변화하는 것들에 사랑을 기울일 필요가 없다는 입장이 상견이라면, 어차피 모든 것은 변하므로 사랑도 덧없다는 입장이 단견이라고 할 수 있다. 결국 서로 대립적인 것처럼 보이지만 단견과 상견은 자비와 사랑을 불러일으키지 않는다는 점에서 마찬가지다. 싯다르타가 중도를 이야기한 것도 이런 이유에서다. 한편의 극단인 영원성이나 불변성에 빠지지 말고, 그렇다고 해서 다른 한편의 극단인 순간성과 가멸성에도 빠지지 말자는 가르침이다. 벚꽃은 영원히 피는 것도 아니지만 그렇다고 순간적으로 지는 것도 아니고, 어머니는 영원히 살아 계시는 것도 아니지만 그렇다고 순간적으로 사라지시는 것도 아니다. 그렇기에 우리는 찬란하게 흩뿌려지는 벚꽃과 함

께하며 예뻐할 수 있고, 삶을 마무리하는 나이에 접어든 어머니의
손을 꼭 잡고 산책을 할 수 있다.

─────── 영원도 아니고 순간도 아닌 존재의 비밀

중도에 서는 것, 다시 말해 자비와 사랑의 길에 서는 것은 너무나
힘든 일이다. 인간의 언어와 사유는 눈앞의 존재들이나 자기 자신
을 '있는 그대로', '여실(如實)하게' 보지 못하도록 만들기 쉽기 때문
이다. "눈이 내린다"는 문장을 예로 들어 살펴보자. 영어든 산스크
리트어든 중국어든 일본어든 우리말이든 인간이 사용하는 언어는
주어와 술어로 이루어진다. 주어는 보통 인간이나 사물 등 대상을
가리키는 명사이고, 술어는 상태나 동작을 의미하는 형용사나 동
사다. "눈이 내린다"는 문장을 부정해보자. 그러면 "눈이 내리지 않
는다"가 된다. 여기서 거대한 언어적 착각이 벌어진다. 명사 '눈'이
가리키는 것이 내리건 내리지 않건 간에 존재한다, 마치 저 푸른 하
늘 어딘가에 '내리지 않은' 눈이 있다는 착각을 하게 만든다.

내리지 않은 눈을 눈이라고 할 수 있을까? 맑은 하늘이건 흐린
하늘이건 눈이 내리지 않는다면, 눈은 존재하지 않는 것이다. 사실
"눈이 내린다"고 했을 때도 문제다. 눈이라는 것이 있고, 그것이 내
리는 것이 아니다. 바깥에 있다가 집에 급하게 들어온 친구가 "눈!"

이라고 해도 아무런 상관이 없다. '눈'이라는 말에 이미 '내린다'는 의미가 포함되어 있다. "눈이 내린다"는 말은 주어와 술어로 나누어지기 이전에 하나의 사태를 표현하는 문장일 뿐이다. 달리 말해 '눈'과 '내린다'가 결합되어서 '눈이 내리는' 것이 아니라, 그냥 눈이 내린다는 하나의 사태를 묘사한다는 이야기다.

'눈'처럼 언어적 습관 때문에 명사를 실체화하는 일이 비일비재하다. "강신주는 죽었다"라는 문장을 들으면 '강신주'가 마치 하늘나라 어딘가로 돌아가 머물고 있다는 착각도 가능하니 말이다. 바로 이것이 '상견'이다. 상견을 거부하느라 '눈'이니 '강신주'이니 하는 것은 아예 존재하지 않는다고 믿을 수도 있다. 일정 시간 동안 내리는 '눈'이나 일정 시간 동안 살아가는 '강신주'를 아예 부정하는 일이다. 하긴 1년이라는 시간적 변화를 기준으로 삼으면 한두 시간 내린 눈은 그야말로 찰나적인 사건일 뿐이고, 1억 년이 아니더라도 천 년이라는 시간을 놓고 보면 '강신주'도 찰나적이고 덧없는 존재일 뿐이다. 바로 이것이 '단견'이다.

상견이든 단견이든 중요한 것은, 어느 한쪽 견해에 빠지면 우리 눈앞에 모습을 드러낸 존재들, 영원하지도 순간적이지도 않은 바로 그 존재들과 제대로 관계할 수 없다는 것이다. 이런 경우 사랑이니 자비를 생각하는 것은 어불성설이 아닌가? 그래서 불교에서는 사랑과 자비를 가로막는 이런 견해나 생각을 '희론(戲論, prapañca)'이라고 부른다. 우리의 삶을, 우리의 사랑을, 그리고 우리의 자비를

어느 한쪽 견해에 빠지면 우리 눈앞에 모습을 드러낸 존재들,
영원하지도 순간적이지도 않은
바로 그 존재들과 제대로 관계할 수 없다.

희롱하는 논의라는 것이다.

싯다르타가 말한 중도, 즉 자비와 사랑이 샘솟는 삶의 길을 양쪽에 낭떠러지가 있는 능선이라고 한다면, 인간은 자꾸 한쪽으로 굴러 떨어져 상견에 매몰되거나 아니면 다른 한쪽으로 굴러 떨어져 단견에 매몰되기 일쑤다. 싯다르타가 아무리 중도와 자비의 길을 이야기해도 상황은 나아지지 않았다. 제법의 있는 그대로의 모습을 보는 것보다 영원이라는 선글라스나 순간이라는 선글라스를 끼고 사는 것이 편하기 때문이다. 사랑과 자비는 엄청나게 힘든 일이기에 상견이라는 선글라스나 단견이라는 선글라스를 쓴 채 정신승리를 구가하는 편이 여러모로 편하다.

싯다르타가 죽은 뒤 불교 외부에서뿐만 아니라 내부에서도 희론이 다시 팽배한 것도 이런 이유에서다. 제2의 싯다르타이자 동시에 대승불교 여덟 종파의 시조라고 칭송받는 나가르주나(Nāgārjuna, 150?~250?)가 바로 이때 등장한다. '나가(naga)'는 '용(龍)'이라는 뜻이고 '아르주나(arjuna)'는 '나무[樹]'라는 뜻을 지니고 있기에, 동아시아에서는 '용수(龍樹)'라고 불리는, 불교 역사상 가장 탁월한 이론가다. 싯다르타의 뒤를 이어 나가르주나는 상견과 단견이라는 희론을 발본색원하고 중도의 길을 넓히고자 한다. 싯다르타의 중도를 다시 반석에 올려놓겠다는 나가르주나의 의지는 그의 주저 『중론(中論, Madhyamaka-śāstra)』에 반영되어 있다. 제목 그대로 나가르주나는 싯다르타가 강조한 중도의 의미를 해명하는 이론서를 쓴 것이다.

야스퍼스(Karl Jaspers, 1883~1969)마저 인류 최고의 이론서라고 극찬했던 『중론』의 핵심은 무엇일까? 「관사제품(觀四諦品)」에 등장하는 다음 이야기가 나가르주나의 속내와 전략을 가장 잘 보여준다. "여러 인연(因緣)이 낳은 존재를 나는 '공'하다고, 혹은 '관습적 이름'일 뿐이라고, 혹은 '중도'의 의미라고 말한다." 한문 경전에서 '여러 인연'이라는 말은 '중인연(衆因緣)'이라는 한자어로 표현되어 있다. 많은 인연들이라는 뜻이다. 불교에서 '인(因, hetu)'은 직접 원인을, 그리고 '연(緣, pratītya)'은 간접 원인을 가리킨다. 그래서 아예 영어권 학자들은 '인'을 '코즈(cause)'라고 번역하고, '연'을 '컨디션(condition)'이라고 번역한다. 그러니까 간단히 말해 인은 '원인'이고 연은 '조건'이라는 말이다.

일교차가 심해 밤사이 대기가 차가워지면 나뭇잎이나 풀잎, 또는 꽃잎에 크고 작은 '이슬'이 맺힐 수 있다. 대기 중의 수증기만으로는 이슬이 맺힐 수 없다. 일교차만으로 이슬이 맺힐 수도 없다. 이슬을 모으기에 적합한 나뭇잎, 풀잎, 혹은 꽃잎의 모양만으로 이슬이 맺힐 수도 없다. 수증기가 충분하지 않아도, 일교차가 충분하지 않아도, 이슬을 담을 수 있는 잎사귀들이 없어도, 이른 아침 산책길에 우리가 발견하는 '바로 이' 이슬은 맺힐 수가 없다. 이슬이 물이라는 사실에 주목하면, 이 경우 수증기가 '인'이 되고 '일교차' 혹은 '잎사귀의 모양' 등은 '연'이 된다고 할 수 있다. 사실 풍향이나 풍속, 그리고 풍량도, 나아가 지형이나 고도도 뺄 수 없이 중요한

'연'이다.

당연히 이 '이슬'을 두고 이슬의 본질이나 이슬의 자성은 생각할 수도 없다. 그래서 나가르주나는 이 이슬이 공(空)하다고 말했던 것이다. 이슬의 본질이나 자성이 실현되어 이슬이 된 것이 아니라, 이슬과는 확연히 다른 인연들의 앙상블이 바로 이슬을 만들었으니까. 이렇게 만들어진 이슬에 우리는 '이슬'이라는 '관습적 이름'을 붙인다. 절대적이고 불변하는 이름이 아니기에 동아시아에서는 '관습적 이름'이나 '관습적 관념'을 뜻하는 '프라즈냡티(prajñaptih)'를 '가명(假名)'이라고 번역한다. 여기서 중요한 것은 이슬은 영원히 존재하는 것도 아니고 그렇다고 해서 순간적으로 사라지는 것도 아니라는 점이다. 나가르주나는 영원과 순간 사이에 있는 바로 이 이슬의 상태가 '중도'의 의미를 상징한다고 말한 것이다. 바로 여기서 '공', '가명', 그리고 '중도'는 이슬의 실상을 설명하는 세 개념으로 자리 잡게 된다.

───── 자성이니 본질은 단지 표면 효과일 뿐!

모든 개체나 사건은 여러 인연의 마주침으로 인해 발생한다는 주장은 사실 싯다르타가 이미 암시한 적이 있다. 싯다르타가 설법할 때 반복적으로 언급했던 '연기(緣起, pratītyasamutpāda)'라는 개념이

무아無我 ─── 영원에도 순간에도 치우치지 않아야 비로소 보이는 세상

바로 그것이다. 연기는 글자 그대로 모든 것이 자기 본질이나 본성, 즉 자성으로 인해 발생하는 것이 아니라 다른 것들에 '의존하여(緣) 일어난다(起)'는 의미다. 싯다르타의 연기 개념과 나아가 불교 전통에서 강조하는 인연 개념을 통해 나가르주나는 '공', '가명', 그리고 '중도'를 일관적으로 체계화한 것이다. '공' 개념으로 '상론'을 붕괴시키고 '가명' 개념으로 '단론'을 붕괴시키려는 전략은 나가르주나의 영민함을 드러내는 결정적 대목일 것이다. 이슬에는 자성이 없으니 '공'하지만, 동시에 이슬은 감각하고 확인할 수 있는 만큼 충분히 존재하니 '이슬'이라는 '가명'을 붙일 수 있다. 이슬은 공하지만 동시에 가명을 붙일 만큼 지속적이다. 바로 이것이 중도가 아니면 무엇인가?

여기서 한 가지 궁금한 것이 있다. 영원하지도 않고 순간적이지도 않은 모든 존재의 비밀은 무엇일까? 그것은 바로 '많은 인연들'이다. 수증기, 일교차, 잎사귀 모양, 풍향, 풍속, 풍량, 지형, 고도 등을 생각해보라. 내가 산책길에 기적처럼 발견한 바로 이 '이슬'은 풍향이나 풍속이 갑자기 바뀌었다 해서, 기온이 올라갔다 해서 곧바로 사라지지 않는다. 마치 오케스트라 단원 중 바이올린 주자 한 명이 빠져도, 베토벤의 〈교향곡 제7번〉은 청중들에게 별 무리 없이 들리는 것처럼 말이다. 하지만 단원들이 계속 빠져나가면, 어느 순간 〈교향곡 제7번〉은 더 이상 베토벤의 것이 아니라는 느낌이 들 것이다. 물론 이슬도 언젠가는 사라진다. 자신을 만들어낸 많은 인연들이 하나둘 빠져나가면, 어느 순간 이슬은 잎사귀에서 떨어지거나 아니면 증발하여 수증기로 사라질 테니. 이렇게 많은 인연들이라는 발상은 매우 중요하다. 바로 이것이 '많은 인연들이 만든 존재', 즉 한문본『중론』에 등장하는 "중인연생법(衆因緣生法)"이 영원하지도 않고 순간적이지도 않은 이유, 영원과 순간 사이에서 일정 정도 지속하는 비밀을 설명해주기 때문이다.

산책길에 마주친 '바로 이' 이슬에 자기동일성, 자기본성, 혹은 자성이 있다는 생각은 얼마나 황당한가? 수증기, 일교차, 잎사귀 모양, 풍향, 풍속, 풍량, 지형, 고도 등에서 이슬의 자성을 찾아보라. 수증기에 영롱한 이슬의 자성이 존재하는가? 태양의 지고 뜸에 이슬의 자성이 존재하는가? 잎사귀에 이슬의 자성이 존재하는가? 바람에 이슬의 자성이 존재하는가? 그렇지 않다. 이슬은 이 모든 인연들이 함께해야 존재하는 것일 뿐이다. 다양한 악기들이 함께 연주해야 간신히 존재하는 베토벤의 〈교향곡 제7번〉처럼 말이다. 바이올린의 연주를, 비올라의 연주를, 클라리넷의 연주를 아무리 뒤져도 〈교향곡 제7번〉은 발견되지 않는다. 결국 아트만이니 자성이니 본질이니 하는 것은 다양한 인연들이 만든 거대한 표면 효과에 지나지 않았던 셈이다.

한 가지 사족을 붙이자면, 이슬을 만든 수많은 인연들도 각각 다양한 인연들로 인해 만들어졌다는 사실을 잊지 말자. 잎사귀나 수증기 등도 '많은 인연들이 만든 존재'일 뿐이다.『화엄경(華嚴經)』이

무아無我 ——— 영원에도 순간에도 치우치지 않아야 비로소 보이는 세상

라는 경전에서 "중중무진(重重無盡)"이라는 말을 쓴 것도 이 때문이다. 모든 존재를 층층이 겹겹이 구성하는 1차적 인연들은 다시 2차적 인연들이 만든 것이고, 2차적 인연들은 다시 3차적 인연들에 의해 만들어진 것일 뿐이다. 어쨌든 이슬 자체가 존재하고, 〈교향곡 제7번〉 자체가 존재하고, 목불 자체가 존재하고, 책상 자체가 존재하고, 어머니 자체가 존재하고, 나 자체가 존재하는 것처럼 보이지만 그것은 '많은 인연들'의 앙상블에 지나지 않았던 셈이다.

여기서 『신인간오성론(Nouveau essais sur l'entendement humain)』에서 라이프니츠(Gottfried Wilhelm Leibniz, 1646~1716)가 피력한 '미세 지각(petites perceptions)'에 대한 논의가 좋은 사유 이미지가 될 듯하다. 바닷가에서 우리는 파도 소리를 듣는다. 마치 거대한 대양이 자신의 고유한 목소리를 내는 듯한 착각이 든다. 그렇지만 라이프니츠는 잘 생각해보라고 말한다. 사실 우리는 거의 무한에 가까운 작은 물방울들이 서로 부딪히는 소리들과 그 물방울들이 해변의 모래와 충돌해서 생기는 소리들을 듣는 것일 뿐이다. 이 작은 물방울들의 소리 각각을 미세하게 지각하고 있기에, 우리는 하나의 거대한 파도 소리로 종합할 수 있었던 것이다. 미적분학을 발명했던 라이프니츠다운 발상 아닌가? 거대한 파도 소리를 미분하면 무한히 많은, 작은 물방울들의 소리가 나오고, 작은 물방울들의 소리를 적분하면 거대한 파도 소리가 나오니 말이다.

흥미롭게도 본질과 영혼의 철학을 구가하던 서양철학이 본격적으로 나가르주나와 유사한 통찰에 이르게 된 것은 20세기에 들어서다. 20세기 영미권 최고의 형이상학자 화이트헤드(Alfred North Whitehead, 1861~1947)는 자신의 주저 『과정과 실재(Process and Reality)』(민음사, 2003)에서 '합생(合生, concrescence)'이라는 개념을 이야기한다. 여기서 '콘(con)'은 '함께'라는 뜻이고, '크레센스(crescence)'는 '발생한다'는 뜻이다. 결국 '함께해야 발생한다'는 뜻의 '콘크레센스'는, 다양한 것들이 합쳐져야 하나의 존재를 발생시킬 수 있다는 화이트헤드의 입장을 요약하는 개념이다. 우리나라 학자들이 콘크레센스라는 화이트헤드의 신조어를 '합생'이라고 번역했던 것도 이런 이유에서다.

화이트헤드와 쌍벽을 이룬 20세기 유럽 최고의 형이상학자 들뢰즈(Gilles Deleuze, 1925~1995)도 『천 개의 고원(Mille Plateaux)』(새물결, 2001)에서 '생성(Le devenir)'을 이야기한다. 생성과 창조는 다르다. 기독교 사유에서 강조하는 창조는 무에서 유가 태어나는 것을 가리키지만, 생성은 유에서 유가 태어나는 것을 말한다. 생성은 이미 있는 것들을 새롭게 재배치해 과거에 없던 것을 만드는 것이다. 예를 들어 돌들을 주워 돌탑을 만들거나 여러 잡동사니들을 모아 하나의 조형예술품을 만드는 것이 바로 생성이다.

그렇다고 해서 화이트헤드의 합생이나 들뢰즈의 생성이 싯다르타의 연기와 중도, 혹은 나가르주나의 공이나 가명과 같은 것이라고 오해해서는 안 된다. 아쉽게도 화이트헤드나 들뢰즈는 세계를

무아無我 ───── 영원에도 순간에도 치우치지 않아야 비로소 보이는 세상

체계적으로 설명하려는 형이상학에 만족하기 때문이다. 합생과 생성 개념이 자비라는 실천적 감성과 거리를 두게 되는 것도 이런 이유에서다. 다시 한 번 강조하지만 불교의 모든 가르침은 자신이나 대상에 대한, 다시 말해 제법에 대한 아련하고 애잔한 사랑의 감정을 낳기 때문이다. 자비가 아니라면 불교가 무슨 소용이 있겠는가.

첫걸음을 당당하게

어느 겨울 아침, 아버지와 아이가 잠에서 깬다. 바깥이 환해져 나가봤더니, 밤새 눈이 내려 골목을 가득 채웠다. 아이의 성화에 아버지는 아이와 함께 근사한 눈사람을 만들었다. '제법무아'라고 할 때 눈사람은 '법(法)', 즉 존재다. 이제 싯다르타와 나가르주나를 통해 수많은 인연들을 더듬을 수 있게 되었다. '인'은 아이인가, 아버지인가, 눈인가, 아니면 기후인가? 잊지 말아야 할 것은 '인'과 '연'은 그때그때 다르게 배속된다는 사실이다. '아이'를 '인'으로 생각한다면 눈을 포함한 나머지 모든 것들은 '연'이 되고, '눈'을 '인'이라고 생각한다면 '아이'를 포함한 나머지 모든 것들이 '연'이 되기 때문이다. 어쨌든 모든 존재는 '중인연생법'인 것은 어김없는 진실이다.

근사한 눈사람이 탄생한 날 기후와 습도는 눈사람이 녹지 않을 만큼 적당했다. 하지만 아버지는 불안해진다. 밤사이 기온이 오른

무아無我 ——— 영원에도 순간에도 치우치지 않아야 비로소 보이는 세상

다는 일기예보를 들었기 때문이다. 일기예보가 맞다면 밤사이 눈사람은 허무하게 녹아버리고 말 것이다. 그러면 눈사람에 자신의 장갑과 모자를 씌워주고, 심지어 장난감까지 안겨준 아이는 얼마나 실망할까? 불길한 예감은 대개 적중하고 만다. 아침이 되자 눈사람은 녹아 사라지고, 그 자리에 아이가 눈사람에 붙여준 소나무 가지, 장갑, 모자, 장난감만이 축축하게 젖어 바닥에 나뒹굴고 있었다. 그것도 모른 채 눈사람을 본다고 환호성을 지르며 뛰어나간 아이는 충격에 사로잡혀 아무 말도 하지 못한다. 당신이 아이의 부모라면 아이에게 무슨 말을 해줄 것인가?

"애야! 어제 만든 눈사람은 지금 천국에 가서 영원한 생명을 누리고 있단다"라고 말하지는 말자. "인연이 모여서 눈사람이 되었고, 인연이 다해 눈사람이 사라진 거야. 다시 인연이 모일 때까지 기다리자!" 그렇게 이야기해주면 아마 아이는 많은 것을 깨달을 것이다. 무지개도, 벚꽃도, 강아지도, 고양이도, 아버지도, 어머니도 인연이 다하면 사라진다는 것을. 심지어 자기 자신도 그렇다는 사실을. 그리고 아이는 한 가지 더 기억할 것이다. 눈사람은 순간적으로 사라지지 않고 서서히 사라진다는 사실을. 봄이 되었다고 해서 겨우내 쌓였던 눈이 한 번에 녹지 않고, 바람이 멈추었다고 해서 파도가 곧바로 잔잔해지지 않는 것처럼. 영원도 아니고 순간도 아닌 그 중도를 보는 것은 어려운 일이 아니다. 눈사람이 순식간에 녹지 않고 모든 꽃이 순식간에 떨어지지 않는다는 것으로 충분하니까.

착수처

●

영원할 듯한 것에서 작은 변화를 찾고,

순간적인 듯 보이는 것에서 순간적이지 않은 것을 찾자.

먼저 영원할 듯한 것에서 작은 변화를 찾으려고 노력해야 한다. 영원하다는 생각이 드는 순간, 별로 달라진 것이 없다는 생각이 드는 순간, 그 대상이 무엇이든 우리가 그 대상에 관심과 애정을 기울일 가능성은 줄어드니 말이다. 아내와의 관계나 남편과의 관계, 혹은 친구와의 관계가 예전 같다고 생각하지 말고, 그 미세한 변화를 포착하려고 노력하라. 돈독하던 관계에서도 조금씩 균열이 생기는 것이 보일 수도 있다. 어제와 다름없어 보이는 부모님, 아내, 남편, 아이의 얼굴에서 변화를 읽으려고 노력하라. 작은 주름 하나, 깊은 한숨 하나, 작은 새치 하나, 작은 어둠 하나를 찾아낼 수도 있으니 말이다.

인간관계에 집중하는 것이 힘들다면, 자연물에서 변화를 찾으려고 노력해봐도 좋다. 사실 자연의 변화는 극적이어서 근교 야외에만 나가도 쉽게 느낄 수 있다. 혹여 그럴 여유마저 없다면, 변화가 거의 없는 듯한 화초에서 변화하는 부분을 읽으려고 노력해도 좋다. 아마 새로운 가지가 아주 미미하게 생겼다는 사실을 알게 될 수도 있다. 아니면 자주 올라가 앉아 있는 바위에서 미세한 마모를 확인하는 것도 좋다. 영원하다고 생각하는 대상, 늘 똑같다고 생각한 대상에서 변화를 볼 때, 우리는 그 대상이 뿜어내는 무상에 사무치게 될 것이고 그 대상에 대한 사랑이 내부에서 조용히 차오를 것이다.

그 반대도 마찬가지다. 덧없이 변했다고 생각하는 것에서 지속적인 것과 연속적인 것을 찾아라. 벚꽃이나 복숭아꽃도 덧없이 피었다 순식간에 지지는 않는 법이다. 우리는 최소 10여 일 정도는 벚꽃과 복숭아꽃이 마련한 근사한 축제에 참여할 수 있다. 문제는 덧없고 순간적이라고만 생각하면 그 축제에 참여할 생각조차 할 수 없다는 점이다. 그러니 덧없는 것에도 지속적인 측면이 있다는 것을 발견해야 한다. 아이가 내 품을 떠나 이제 다 컸어도 아이의 변하지 않은 눈매와 잠버릇을 조용히 찾아보라. 아내가 늙었어도 그녀의 변하지 않는 미소나 목소리에 주목하라. 남편이 노쇠해졌어도 그가 여전히 탄산음료와 과자를 좋아한다는 사실을 발견하라. 거동이 불편해졌지만 어머니가 예전처럼 구수한 청국장찌개를 끓인다는 사실에 주목하라.

아니면 일출이나 일몰을 직접 보러 가자. 일출도 영상에서 편집된 것처럼 순간적인 사건이 아니라 상당히 지속적인 자연현상, 바다와 하늘을 아주 천천히 붉게 물들이는 현상이라는 것을 확인할 수 있고, 일몰도 수평선 밑으로 해가 들어가는 것으로 끝나는 것이 아니라 해가 수평선 밑으로 사라지고도 바다 전체를 짙은 와인빛으로 물들일 때까지 지속된다는 것을 알 수 있을 것이다. 소나기라도 내리면 우산을 들고 빗소리를 즐겨보라. 소나기가 갑자기 쏟아졌다가 갑자기 그치는 것이 아니라는 것을 알게 될 것이다.

많은 인연으로 만들어진 존재들은 영원하지도 않고 순간적이지도 않다. 그러니 우리가 영원과 순간, 어느 한쪽에 쏠리지 않아야, 한마디로 말해 상견과 단견 같은 희론에 사로잡히지 않아야 존재들의 실상이 보이는 법이다. 그러므로 중도의 길, 사랑의 길, 자비의 길에 들어서려면 균형 잡기가 필수다. 자전거를 탈 때처럼 영원 쪽으로 넘어지려 할 때는 순간 쪽으로 핸들을 틀고, 순간 쪽으로 기울어지려 할 때는 영원 쪽으로 핸들을 트는 연습을 많이 해야 한다. 변하지 않을 듯한 것에서 그렇지 않은 부분을 찾고, 변할 것 같은 것에서 그렇지 않은 부분을 찾자. 영원하지도 않고 순간적이지도 않은 존재의 실상을 파악하지 못한다면, 우리는 중도의 길, 사랑의 길, 그리고 자비의 길을 걸을 수 없기 때문이다.

영원히 존재하는 것은 없다. 지금 당장 지려는 벚꽃을, 기력이 떨어져가는 어머니를, 외로움에 방치된 친구를, 노안이 찾아온 선생님을 뵈러 갈 일이다. 그리고 그들이 뿜어내는 무상에 사무쳐보도록 하자. 덧없고 순간적으로 사라지는 것은 없다. 그러니 벚나무 아래 누워 그 향과 자태에 취할 수 있고, 어머니와 함께 산책을 나설 수도 있고, 친구와 함께 설악산 종주를 떠날 수도 있고, 선생님과 대화를 나눌 수도 있다. 바로 이것이 중도의 삶이자 사랑의 삶이자 자비의 삶이 아닌가.

4강

———

정

靜

———

맑고 잔잔한 물이어야
쉽게 파문이 생긴다는 이치

가슴으로 애절하게

'명경지수(明鏡止水)'라는 말이 있다. 맑은 거
울과 고요한 물이라는 뜻이다. '명경'은 '맑은 거울'로 해석된다. 과
거 동아시아에서는 유리가 아니라 청동으로 거울을 만들었다. 그
래서 경(鏡)이라는 글자에 쇠를 뜻하는 금(金)이 부수로 들어 있는
것이다. 문제는 청동거울은 쉽게 녹이 슬기 때문에 계속 닦아야 한
다는 것이다. 불행히도 '명경'은 아무나 사용할 수 있는 것이 아니
었다. 양반이나 귀족 등 소수의 여성들이나 사용했던 일종의 사치
품이었다. 대다수 여인들은 고요하고 맑은 물에 자신을 비춰 보며
머리와 얼굴을 정갈히 다듬었다. 그릇에 담긴 물이었을 수도 있고,
아니면 빨래터 근처 개울의 잔잔한 물이었을 수도 있다. 바로 이것
이 '고요한 물'로 번역할 수 있는 '지수'다.

들뢰즈는 자신의 주저 『차이와 반복(Différence et Répétition)』(민음사, 2004)에서 "사유의 이미지(l'image de la pensée)"에 대해 이야기한다. 사유의 이미지는, 논리적이고 체계적인 모든 철학의 바닥에는 상징적이고 문학적인 이미지가 전제되어 있다는 것이다. 사유의 이미지라는 차원에서 명경의 이미지와 지수의 이미지는 미묘하게 다르다. 청동거울을 닦으려면 천 조각으로 힘을 들여 거울 표면을 싹싹 문질러야 하지만, 물은 그렇게 할 수 없다. 찰랑대는 물의 표면이 동요한다고 해서 거기에 손을 댈 수는 없는 법이다. 물은 손을 대면 오히려 고요해지지 않는다. 바람을 막고 표면이 고요해질 때까지 조용히 기다려야 한다. 바로 이 부분에서 물의 비유는 거울의 비유를 넘어서게 된다.

명경을 생각해보라. 바람이 분다고 해서, 나뭇잎이나 물방울이 떨어진다고 해서, 청동거울의 표면이 요동치지는 않는다. 표면의 견고한 안정감이 문제가 될 때도 있다. 바람, 나뭇잎, 혹은 물방울이라면 상관없지만, 돌이라도 떨어진다면 청동거울의 표면은 어김없이 구겨질 테니 말이다. 반면 겉으로는 청동거울처럼 기능하는 듯 보이지만 지수는 작은 바람, 조그만 잎사귀, 작은 빗방울에도 금세 표면이 요동치고 만다. 고요한 물에 갑자기 얼굴을 들이밀면, 얼굴이 일으키는 미세한 바람에 물의 표면이 잔잔하게 떨릴 정도다. 이런 미세한 반응의 힘으로 지수는 거울이 가지지 못한 강력한 복원력을 갖게 된다. 지수에 돌을 던져보라. 커다란 파문이 발생하겠지만, 시간이 지나면 지수는 다시 고요한 물로 돌아간다.

명경과 지수는 이렇게 다른 사유 이미지다. 명경은 세상과 직접 마주치면 찌그러지기 쉬운 마음, 그래서 세상과는 일정 거리를 두고 관조할 수밖에 없는 마음을 상징하고, 지수는 어떤 외부적 충격도 흡수할 수 있는 회복의 힘을 가진 마음, 그렇기에 한 조각의 바람이나 작은 낙엽, 혹은 작은 물방울에도 민감하게 반응하는 마음을 상징한다. 전통적으로 동아시아에서 정(靜)이라는 글자를 강조했던 것도 바로 이 지수와 관련 있다. 마음을 안정되게 하자는 것, 바로 이것이 '지수'의 목적이니까. 잊지 말자. 마음을 고요하게 하려는 이유는 세상을 냉담하게 관조하는 '명경'이 아니라 세상의 아주 작은 움직임에도 파문이 일어나는 민감한 '지수'처럼 마음을 만들기 위해서라는 사실을. 마음을 명경의 이미지로 이해하느냐, 아니면 지수의 이미지로 이해하느냐에 따라 우리 삶은 확연히 달라진다. 그래서 김선우 시인의 「지옥에서 보낸 세 철」이라는 시는 무척 의미심장하다. 이 짧고 난해한 시는 두 이미지 사이의 비범한 대화 혹은 충돌을 반영하고 있다.

그렇습니까?

나는 있습니까?

나는 무엇입니까?

혹시 나는
나에 대한 습관 아닙니까?

— 김선우, 「지옥에서 보낸 세 철」

「지옥에서 보낸 세 철」은 짧은 만큼 난해하다. 정보량이 너무 적
어 김선우 시인이 무슨 말을 하고자 하는지도 분명하지 않다. 하지
만 차근차근 읽어보면 시인이 누군가와 대화를 하고 있다는 것은
분명하다. 어쩌면 대화 상대는 시인 자신일 수도 있고, 아니면 위대
하다고 칭송받는 지성일 수도 있다. 어쨌든 '나'라는 주제를 가지고
이루어진 대화로 시가 진행된다. 문제는 이 시가 대화의 전체 양상
을 보여주지 않는다는 데 있다. 상대방이 어떤 이야기를 했는지는

기록되어 있지 않고, 단지 김선우 시인의 응답만이 기록되어 있기 때문이다. 결국 「지옥에서 보낸 세 철」을 음미하려면, 우리는 김선우 시인과 대화를 나누었던 상대방의 이야기를 복원해야만 한다.

그러기에 앞서 '나'에 대한 시인의 입장을 분명히 해둘 필요가 있다. 시인의 입장은 분명하다. 상대방이 나의 존재와 본질에 대해 이야기하지만, 시인에게 있어 "나는/나에 대한 습관"에 지나지 않는다. 핵심은 습관이라는 말에 있다. 프랑스 철학자 라베송(Félix Lacher Ravaisson-Mollien, 1813~1900)은 『습관에 대하여(De l'habitude)』(누멘, 2010)에서 다음과 같이 말했다. "일단 형성된 후에는 습관은 우리가 지속적으로 존재하는 방식이라고 할 수 있다. (…) 습관은 그것이 습관인 한에서 그리고 그 본질 자체에 의해 그것을 낳는 변화에만 관계될 뿐이라고 했을 때, 그것은 더 이상 존재하지 않는 변화에 대해 존속하는 것이다."

군대를 막 제대한 청년이 있다고 하자. 아침에 일찍 일어날 필요가 없는데도 한동안 그는 이른 아침에 기상하게 될 것이다. 군대 시절에 생긴 습관 때문이다. 이런 기상 습관은 "이 습관을 낳은 변화에만 관계될 뿐"이고, "더 이상 존재하지 않는 변화에 대해 존속"하고 있다. 여기서 "습관을 낳은 변화"나 "더 이상 존재하지 않는 변화"는 입대 이전의 생활에서 입대 이후의 생활로의 변화를 의미한다. 한마디로 군 입대가 낳은 변화다. 이 변화에 적응할 때, 다시 말해 군 생활에 적응할 때, 청년에게 군 생활의 습관이 형성된다. 제대한 후에도 군 생활로 생긴 습관은 곧바로 사라지지 않는다.

인간은 습관의 존재인 만큼 과거의 존재다. 이로부터 첫 번째 연의 의미를 추정해볼 수 있다. 아마도 상대방은 변화하는 세상에 맞서 흔들리지 않는 나의 정체성(identity)을 찾아야 한다고 역설했을 것이다. 몸이 노쇠해지거나 부모님이 돌아가셨을 수도 있고, 가족과의 관계가 예전 같지 않을 수도 있다. 아니면 취업이 여의치 않거나 직장 생활이 원만치 않거나, 혹은 연인과 결별했을 수도 있다. 이런 예상치 못한 변화들이 우리 앞에 펼쳐질 때도 상대방은 '나는 나다'라는 확고한 정체성을 유지해야 한다고 이야기했을 것이다. 확고한 정체성을 유지해야 아픔과 고통에 맞서 싸울 수 있으니까.

상대방의 이야기를 묵묵히 듣던 김선우 시인은 "그렇습니까?"라고 심드렁한 반응을 보인다. 세상의 변화에 마음을 열어놓고 있는 시인으로서는 자아의 정체성을 유지하려는 노력은 변화를 부정하고 과거에 만들어진 자아에만 집착하는 똥고집으로 보였을 테니까. 시인의 반응에 당혹감을 느낀 상대방은 '나'라는 정체성을 다시 강조했을 것이다. 조금 귀찮아졌지만 김선우 시인은 또다시 상대방에게 반문한다. "나는 있습니까?" 상대방은 몸이 노쇠해지기 전의 '나', 부모님이 돌아가시기 전의 '나', 가족과 관계가 좋았을 때의 '나', 학창 시절의 '나', 입사할 때의 '나', 연인과 뜨거운 사랑을 나눌 때의 '나' 등을 다시 언급했을 것이다.

답답해진 시인은 되묻는다. 당신이 말하는 "나는 무엇입니까?"

시인이 원하지는 않지만 과거와 현재와 미래를 관통하는 나의 본질이 있느냐는 의문을 던진 이유는 분명하다. 몸이 노쇠해진 '나', 부모님을 여읜 '나', 가족과의 관계가 불편한 '나', 미취업 상태의 '나', 직장 생활이 원만치 못한 '나', 연인과 결별한 '나' 등등, 과거의 나에 집착하느라 부정했던 현재의 나를 긍정하기를 원했던 것이다. 나의 정체성을 강요하는 상대방이 할 수 있는 최종적 대답은 어렵지 않게 추측할 수 있다. "시인님! 시인이 되기 전에도 시인으로 활동하는 지금도, 그리고 더 이상 시를 쓸 수 없을 미래에도 시인님은 여전히 '나'라는 말을 쓰고 있을 겁니다. 이렇게 과거에도, 현재에도, 그리고 미래에도 '나'라는 말이 사용되는 것은 불변하는 나의 본질이 있기 때문이 아닐까요?"

더 이상 대화할 필요가 없다고 느낀 김선우 시인은 비트겐슈타인(Ludwig Wittgenstein, 1889~1951)적인 반문으로 대화를 마무리하려 한다. "혹시 나는/나에 대한 습관 아닙니까?" 비트겐슈타인이 『철학적 탐구(Philosophical Investigations)』(아카넷, 2016)에서 말한 것처럼 '나'라는 말은 무언가 불변하는 자아가 있다는 '문법적 착각(grammatical illusion)'을 낳는다. 말을 배운 이후 우리는 항상 '나'라는 말을 사용한다. 몸이 건강할 때나 노쇠해졌을 때도, 부모님이 살아 계실 때나 돌아가셨을 때도, 가족과의 관계가 좋았을 때나 악화되었을 때도, 취업을 걱정할 때나 취업에 성공했을 때도, 직장 생활이 원만할 때나 원만하지 않을 때도, 연인과 뜨거운 사랑을 나눌 때나 결별했을 때도, 우리는 '나'라는 단어를 사용한다. 이런 다양하고 수많은 변화에도 불구하고 '나'라는 동일한 단어를 사용하기에 불변하는 '나'가 있다는 착각이 생긴다는 것이다. 더군다나 죽을 때까지 김선우이니 비트겐슈타인이니 강신주이니 하는 고유명사를 계속 사용하니 이런 문법적 착각은 더욱 강화된다.

그렇지만 「지옥에서 보낸 세 철」을 비트겐슈타인적으로 독해하는 것으로 그쳐서는 안 된다. 김선우 시인은 시인이지 철학자는 아니기 때문이다. 시인은 세상을 관조하는 '명경'이 아니라 세상에 민감하게 반응하는 '지수'에 가깝다. 작은 바람에도, 아픈 고양이에도, 이웃의 눈물에도 시인의 마음에는 파문이 일어나고, 이것이 한 편의 시로 표현된다. 시인은 고요한 물과 같다. 그러니 돌이나 나무토막이나 쇳덩어리 등이 던져졌을 때, 고요한 물은 충격을 받지만 그 충격을 해소하며 자기 표면에 흔적을 남기지 않는다. 무거운 것은 가라앉히고 가벼운 것은 흘려보낼 수 있기 때문이다. 반면 청동거울은 다양한 충격을 받으면 닦아도 지워지기 어려운 충격의 흔적이 표면에 그대로 남는다. 그 충격의 흔적으로 청동거울은 세상을 특이하게 굴절시키며 반영한다. 이는 청동거울이 과거에 생긴 흔적으로 현재를 왜곡할 수 있다는 것을 말해준다.

바로 이 대목에서 김선우 시인이 말한 "혹시 나는/나에 대한 습관 아닙니까?"라는 반문이 의미를 가진다. 나라는 정체성, 혹은 나라는 자의식은 과거 외부 대상과 마주쳐서 생긴 습관일 뿐이다. 나라는 습관을 포함한 일체의 습관에 매몰될 때, 우리는 세상과 제대로 관계를 맺을 수 없다. 과거에 속한 사람이 어떻게 현재 일에 제대로 반응할 수 있을까? "그렇습니까?//나는 있습니까?//나는 무엇입니까?" 원치 않던 지옥에서 세 계절을 보내듯, 김선우 시인은 세 단락의 대화에 지친 듯하다. 그러니 지친 시인 대신 우리가 청동거울의 이미지에 사로잡힌 대화 상대에게 말해줘야 할 듯하다. "당신은 청동거울이 아니라 물과 같습니다. 바람에도 조약돌에도 잎사귀는 당신에게 흔적을 남기지만, 그 흔적은 곧 사라지고 표면은 다시 고요해지는 물과 같습니다. 고요해져야 다시 파문이 일어날 테니까요."

머리로 냉정하게

───── 갈망과 집착의 뿌리는 어디인가

불교에는 경(經, sūtra), 율(律, vinaya), 논(論, abhidharma)이라는 말이 있다. 싯다르타의 가르침이나 그의 정신을 계승한 텍스트들을 세 종류로 분류한 것이다. 그래서 이 세 종류의 텍스트들을 합쳐 삼장(三藏, Tripiṭaka)이라고 부른다. 불교의 가르침을 '담고 있는[藏]' '세[三]' 종류의 텍스트들이라는 의미다. 싯다르타의 이야기를 담고 있기에 유독 중시되는 것이 바로 '경', 즉 불경이다. 문제는 싯다르타의 직접적 가르침뿐만 아니라 "나는 이렇게 들었노라!", 즉 "여시아문(如是我聞)"이라고 시작되는 모든 텍스트들도 '경'에 포함된다는 사실이다. 『화엄경』이 대표적인 경전이다. 결국 불경의 수는 그야말로 너무나 많아진다. 싯다르타의 가르침을 직접 들은 제자들이 편찬한 경전 수도 많지만, 싯다르타의 가르침을 들었다고 우기는 이들이 편찬한 경전의 수는 훨씬 더 많기 때문이다.

불경 텍스트가 많다는 것! 이것은 결국 싯다르타의 가르침을 따르려는 사람들에게 치명적인 장애가 된다. 중도와 자비의 삶을 살아야 하는데, 불경을 읽느라 인생을 허비할 수도 있으니까. 그래서일까, 싯다르타 이후 불교의 역사는 또한 싯다르타의 가르침을 요약하는 역사이기도 했다. 수많은 경전을 관통하는 싯다르타의 핵심 가르침은 무엇인가? 사성제(四聖諦, catur-ārya-satya)라고 말하는 사람들이 많다. 사성제는 글자 그대로 '네 가지[四] 성스러운[聖] 진리[諦]'라는 뜻으로 '고집멸도(苦集滅道)'라는 네 글자로 싯다르타의 가르침을 요약한 것이다.

사성제는 네 가지 진리, 즉 고제(苦諦, duḥkha satya), 집제(集諦, samudaya satya), 멸제(滅諦, nirodha satya), 그리고 도제(道諦, mārga satya)를 아우른다. 하루하루의 삶이 고통이라는 진리가 바로 고제다. 고통의 원인에 대한 진리가 집제다. 고통이 사라진 상태에 대한 진리가 멸제다. 그리고 고통의 원인을 제거할 수 있는 '올바른 견해(正見, samyag-dṛṣṭi)' 등 여덟 가지 방법, 즉 팔정도(八正道, ārya-aṣṭāṅgika-mārga)의 진리가 도제다. 자세히 살펴보면 사성제는 두 종류의 거친 인과론으로 구성된다. 고통에는 그 원인이 있다는 것을 말하고 있으니 첫 번째 인과론이 만들어진다. 즉, 집제가 원인이고 고제가 그 결과라는 인과론이다. 고통을 없애려면 고통의 원인을 제거해야 하는 수행이 불가피하다고 주장하니 두 번째 인과론도 만들어진다. 도제가 원인이

147

되고 멸제가 그 결과가 되는 인과론이다.

고제도, 멸제도, 도제도 중요하지만 무엇보다도 사성제의 핵심은 집제에 있다. 우리 삶에 고통을 부가하는 원인을 해명하면 그것을 제거하는 일종의 처방전도 바로 도출되고, 이 처방전에 따라 고통의 원인을 실제로 제거하면 고통은 우리 삶에서 완전히 소멸될 수 있기 때문이다. 우리 삶을 고통에 물들게 하는 원인은 무엇일까?『대반열반경(大般涅槃經)』의 해답은 바로 '번뇌(煩惱, klèsa)'와 '망집(妄執, abhiniveśa)'이다. 번뇌는 희론에 농락당하는 마음 상태 또는 쓸데없는 걱정이나 잡념에 사로잡힌 마음 상태이고, 반면 망집은 실재하지 않는 것이나 그렇게 집중할 필요가 없는 것에 집착하는 마음 상태를 가리킨다. 결국 사성제는 번뇌와 망집에 빠지면 고통에 사로잡히게 된다는 집제로 요약된다. 번뇌와 망집은 그만큼 중요하다. 아니나 다를까, 싯다르타 이후 수많은 불교 이론가들이 번뇌와 망집을 이론화하고 체계화하는 데 심혈을 기울였다.

번뇌와 망집의 중요성을 직감적으로 이해하기 위해서는 베르그송(Henri Bergson, 1859~1941)의 주저 『창조적 진화(L'évolution créatrice)』(아카넷, 2005)의 한 대목을 읽어보는 것으로 충분하다. "기억(mémoire)과 기대(prévision)의 능력이 있는 존재에게만 무엇이 없다는 것이 가능하다. 아마 그는 어떤 대상을 기억하고 있어서 그것과 만날 것을 기대하고 있었을 것이다. 그러나 그는 다른 대상을 발견한다. 이때 그는 기대를 좌절시키는 것 앞에서 원래의 기억을 상기하게 되고, 자신에게는 이제 아무것도 발견되지 않는다고, 자기는 '없음'과 조우했다고 말하게 된다. (…) '존재하지 않는다'고 생각된 대상의 관념 속에는, 같은 대상이 '존재한다'고 생각되었을 때의 관념보다 더 적은 것이 아니라 더 많은 것이 들어 있다. 왜냐하면 '존재하지 않는' 대상의 관념은 필연적으로 '존재하는' 대상의 관념에 더하여, 다른 것에 의해 그 대상이 없어졌다는 표상까지 합쳐진 것이기 때문이다."

베르그송의 이야기를 간단한 사례로 풀어보자. 한 남자가 카페에 스마트폰을 두고 왔다. 그는 카페에 나온 지 5분도 안 되어 스마트폰이 없다는 것을 자각한다. 곧바로 그는 자신이 앉았던 의자 옆 빈 의자에 스마트폰을 두었다는 것을 기억해낸다. 서둘러 그는 카페로 되돌아가 자신이 앉았던 자리로 가서 스마트폰을 찾지만 '스마트폰이 없다'! 스마트폰이 놓여 있던 의자, 즉 지금은 아무것도 놓여 있지 않은 의자에서 그는 '없음'과 조우한 셈이다. 이것이 가능한 이유는 베르그송의 말대로 '그가 어떤 대상, 즉 스마트폰을 기억하고 있어서 그것과 만날 것을 기대하고 있었기' 때문이다. 의자 위에 스마트폰이 있으리라는 기대에도 불구하고 스마트폰이 없으니, 의자 위에 스마트폰이 있었다는 이 남자의 기억은 더 강렬해진다. 기대의 좌절이 기억을 강화시키고, 기억의 강화가 좌절된 기대를 더 부각시키는 형국이다. 카페에 다시 들러 '스마트폰이 없다!'며 '없음'에 직면하자 공허감은 더 커져만 간다.

여기서 한 가지 사유 실험을 해보자. 새롭게 들어온 손님이나 카페 점원에게 이 남자가 아무런 말도 하지 않고 스마트폰이 있었던 의자를 가리킨다고 해보자. 손님이나 점원은 "이 의자가 왜요?"라고 반문할 것이다. 흥미롭지 않은가? 스마트폰을 분실한 남자의 눈에는 '없어진 스마트폰'이 보이는데, 이런 사실을 알 리 없는 사람들의 눈에는 그저 '존재하는 의자'만이 보일 뿐이다. 이처럼 '없음'의 경험은 '있음'의 경험보다 더 복잡하다. 기억과 기대로 점철된 인간의 관념이 개입하기 때문이다. 먼저 '순수한 없음'은 누구도 경험할 수 없다는 사실이 중요하다. 스마트폰을 보지도 못했고 분실했다는 것을 알 리가 없는 손님과 점원이 '없음'을 경험하지 못하는 것도 이런 이유에서다.

하나의 공식처럼 기억해두자. 세계는 '없음'이 아니라 '있음'으로 충만하다는 사실이다. '없음'은 단지 중요한 무언가를 기억하고 기대하는 사람의 관념 속에서만 존재하니까. 활짝 핀 벚꽃을 보았던 사람만이 '벚꽃이 사라졌다'고, 혹은 '벚꽃이 없어졌다'는 것을 경험할 수 있다. 반면 벚꽃을 보지 못했던 사람은 벚나무에서 '꽃이 없음'을 경험할 수 없고 단지 벚나무의 있음만을 경험할 뿐이다. 이처럼 '없음'의 경험은 어떤 대상이나 어떤 사건에 대한 기억이나 기대가 전제되지 않으면 불가능하다.

베르그송은 "'존재하지 않는' 대상의 관념은 필연적으로 '존재하는' 대상의 관념에 더하여, 다른 것에 의해 그 대상이 없어졌다는 표상까지 합쳐진 것"이라고 말한다. 스마트폰의 없음에 대한 경험은 '스마트폰에 대한 관념'과 '그것이 없어졌다는 관념'이 결합되어 있다는 이야기다. 즉, 없음의 경험은 다음과 같이 이루어진다. '스마트폰이 없네!' '아내가 집에 없네!' '핸드백 안에 지갑이 없네!' '젊음이 없어졌네!' '벚꽃이 사라졌네!' '푸른 하늘이 보기 힘드네!' 등등. 그러니 어떤 대상이나 사건과 무관한 '순수한 무(無)', 즉 순수한 없음을 보았다는 사람들의 이야기, 종교적이고 형이상학적인 이야기에 속아서는 안 된다.

──────── 기억이 지배하는 세계

카페에서 스마트폰을 잃어버린 남자의 사례를 통해 '번뇌'와 '망집'이 그 정체를 드러낸다. 카페에서 스마트폰을 발견하지 못하자 그의 마음은 복잡하기만 하다. '스마트폰을 카페 의자에 둔 것이 맞을까?' '스마트폰을 카페 점원이나 손님들 중 누군가 가져간 것은 아닐까?' 등등. 번뇌란 이런 것이다. 스마트폰의 없음을 경험하자, 그의 뇌리에는 사라진 스마트폰이 떠나지를 않는다. 그는 허탈해하며 카페에서 나와 생각할지도 모른다. '이미 없어진 스마트폰이야. 없는 건 없는 거지. 잊자!' 하지만 스마트폰의 없음을 받아들이려 할수록 없어진 스마트폰에 대한 기억은 더 강해질 뿐이다. '잊자, 잊자'라는 생각이 오히려 사라진 스마트폰을 떠오르게 하니 말이다. 바로 '망집'이다.

『대반열반경』은 고통을 낳는 원인으로 '번뇌'와 '망집'을 지목했다. 그렇지만 베르그송을 통해 우리는 '번뇌'와 '망집'의 정체를 더 잘 이해하게 되었다. 핵심은 "기억과 기대의 능력이 있는 존재에게만 무엇이 없다는 것이 가능하다"는 베르그송의 영민한 진단에 있다. 자기 손에 스마트폰이 들려 있을 때 스마트폰에 대한 번뇌나 망집은 생각할 수조차 없다. 문제는 스마트폰이 사라졌을 때 벌어진다. 카페에 스마트폰을 두고 왔다는 것을 '기억'하지만 카페에서 스마트폰을 발견하리라는 '기대'가 좌절되는 경우가 벌어질 수 있다. 결국 중요한 것은 인간이 무언가를 기억하고 그것을 기대하는 능력을 가지고 있다는 사실이다. 어떤 대상이나 사건이 부재할 때, 이 기억과 기대의 능력이 필요 이상으로 강하게 작동하면 '번뇌'와 '망집'은 마음속 깊은 곳으로부터 스멀스멀 기어 나와 우리 삶을 사로잡는 것이다.

사실 베르그송은 기억과 기대를 대등한 것처럼 쓰고 있지만, 기대가 가능한 것은 기억 때문이라는 것을 우리는 잊어서는 안 된다. 과거에 대한 의식, 즉 기억이 작동하지 않으면, 미래에 대한 의식, 즉 기대는 작동할 수 없다. 카페에 스마트폰을 두고 왔다는 기억이 없다면, 어떻게 카페에서 스마트폰을 되찾을 수 있으리라고 기대할 수 있을까? 결국 기대보다 기억이 먼저라는 사실이 중요하다. 기억과는 달리 무언가가 없어지고 사라졌을 때 기대는 좌절되었다고 말할 수 있으니까. 베르그송도 어쩔 수 없이 서양철학자였던 셈이다.

서양철학의 시조 플라톤은 상기라는 인식론으로 유명하다. 일종의 형이상학적 기억 이론이다. 상기는 희랍어 '아남네시스(anamnēsis)'의 번역어다. 아남네시스는 '기억상실'을 의미하는 '암네시스(amnēsis)'라는 글자에 부정을 나타내는 '안(an)'이 붙어서 만들어진 글자다. 태어나기 전 인간의 영혼은 이데아의 세계, 즉 진리의 세계에 있었다. 문제는 육신을 부여받는 순간 인간의 영혼은 탁한 육신에 가려져 진리를 망각한다는 점이다. 그렇지만 치열한 사유와 반성으로 육체와 감각의 작용을 이겨낸 인간은 망각한 진리를 기억하게 된다. 바로 이것이 플라톤의 상기설이다.

플라톤 이후 베르그송에 이르기까지 기억에 대한 강조는 서양철학사의 흐름을 관통한다. 하지만 기억을 중시했던 철학으로서 압권은 역시 피히테(Johann Gottlieb Fichte, 1762~1814)로부터 칸트(Immanuel Kant, 1724~1804), 나아가 헤겔로 이어지는 18세기 독일 관념론에서 찾아야 할 듯하다. 독일 관념론은 '자기의식(Selbstbewußtsein)'이라는 하나의 개념으로 요약된다. 자기의식은 인간이라면 누구나 자기 자신을 의식한다는 뜻이다. 단도직입적으로 말하면 인간은 자기 자신이 누구인지, 그리고 무엇인지 기억한다는 이야기다.

당연한 말이라고 코웃음 칠 수도 있다. 정상적인 사람이라면 누구나 특정한 이름을 가진 자신, 특정한 주민등록번호를 가진 자신,

특정한 학교를 졸업한 자신, 특정한 부모를 가진 자신, 특정한 지역에 살고 있는 자신, 특정한 직업을 가진 자신 등을 의식하기 마련이다. 독일 관념론의 특이한 점은 다른 데 있는 것이 아니다. 이 사유 전통은 자기의식을 외부 대상이나 사건에 대한 지식들, 즉 자연과학적 지식이나 사회과학적 지식들의 절대적인 기초로 삼는다. 한마디로 말해 물리학, 수학, 전자공학, 기계공학, 사회학, 경제학 등 모든 학문은 자기의식이 없다면, 아니 자기의식이 제대로 기능하지 못하면, 불가능하다는 것이다.

자기의식을 모든 학문의 토대로 올려놓았던 피히테는『전체지식론의 기초(Grundlage der gesammten Wissenschaftslehre)』(서광사, 1996)에서 말한다. 외부 대상에 대한 'A는 A다(A=A)'라는 판단의 기초에는 '나는 나다(나=나)'라는 자기의식의 메커니즘이 있다고. 어려운 이야기가 아니다. 이른 아침 산책하다 벚나무를 보며 "벚나무가 여전하네"라고 혼잣말을 할 수 있다. 이런 생각을 하려면 우리는 '지금 본 벚나무'가 '과거에 본 벚나무'와 같다는 걸 알고 있어야 한다. 바로 이것이 'A=A'라는 판단이 가진 의미다. 그렇지만 과거에 벚나무를 보았던 나 자신을 기억하지 못한다면, "벚나무가 여전하네"라는 혼잣말은 불가능하다. 벚나무를 보고 있는 나는 과거 특정 시점에 그 벚나무를 보았던 나를 기억하고 있어야만 한다. 바로 이것이 '나=나'라는 자기의식이다. 이것이 자기의식이 모든 앎의 기초라는 독일 관념론의 주장이다.

정靜 ———•   맑고 잔잔한 물이어야 쉽게 파문이 생긴다는 이치 독일 관념론으로 설명할 수 있는 사례들은 매우 많다. 오늘 퇴근 길에 집을 무사히 찾아가는 것도 아침에 집에서 나온 나를 기억하고 있기 때문이다. 만나자마자 아내가 내 아내이고, 남편이 내 남편이고, 아이가 내 아이라는 것을 아는 것도 잠시 떨어져 있기 이전에 아내와 남편과 아이와 함께 있었던 나를 기억하기 때문이다. 반대의 경우를 생각해보자. 아침에 집에서 나온 나를 기억하지 못하고, 아침에 아내나 남편이나 아이를 만났던 나를 기억하지 못한다면 어떻게 될까? 당연히 우리는 퇴근해서 집을 찾아갈 수도 없다. 당연히 우리는 아내나 남편이나 아이를 봐도 그들이 내 아내인지 내 남편인지 내 아이인지 알 수 없다. 이 정도 설명만으로 독일 관념론은 매우 매력적이다.

불행히도 독일 관념론은 사실 매우 무기력하고, 관조적이고, 사변적인 논의에 불과하다. 새로운 사람, 새로운 대상, 혹은 새로운 사건을 만났다고 해보자. 'A=A'라는 판단이 불가능한 상황으로, 첫눈에 반한 사람을 만난 경우가 그 예이다. 'A=A'라는 판단은 차치하고 여기에 '나=나'라는 자기의식이 작동할 수 있을까? 어제 만난 사람을 만난 것이 아니고, 당연히 그 사람을 과거에 만난 적도 없기에 '나=나'라는 공식마저 성립될 수 없다. 돌아보면 익숙한 집도, 아내도, 남편도, 아이도 사실 첫 만남의 과정을 거쳤던 것이다. 사실 두 번째 만남부터 피히테의 이야기가 성립될 수 있다.

잊지 말아야 할 것은 두 번째, 세 번째, 네 번째 등 만남이 반복될 수록 우리는 집에 대해, 아내에 대해, 남편에 대해, 그리고 아이에 대해 매번 'A=A'라는 판단을 무의식적으로 하고, 아울러 동시에 '나=나'라는 자기의식도 무의식적으로 작동하게 된다는 것이다. 첫 번째 만남과 달리 반복되는 만남에서 부각되는 측면은 'A=A'와 '나=나'가 점점 매너리즘으로 굳어진다는 사실이다. "우리 집이네." "내 아내네." "내 남편이네." "내 아이네." 이렇게 식별은 하지만, 집과 아내와 남편과 아이에 대해 처음 만났을 때만큼 애정을 기울이지는 않는다. 당연히 이런 매너리즘 속에서는 집이든 아내든 남편이든 아이든 그들에게서 미세하고 점진적인 변화를 포착할 수 있을 리 없다.

누구나 알고 있지 않은가? 이런 점진적인 변화는 '호미로 막을 것을 가래로 막는' 상황을 만들 수도 있다. 집에 화재가 나고, 남편이 병들고, 아내가 이혼 서류를 던지고, 자식이 구속될 수 있다. 첫 번째 만났을 때와 마찬가지로 'A=A'와 '나=나'가 붕괴되는 파국적인 상황이다. 집도 과거의 집이 아니고, 남편도 과거의 남편이 아니고, 아내도 과거의 아내가 아니고, 아이도 과거의 아이가 아니다. 그러니 어떻게 내가 과거의 나이겠는가? 이런 경우, 집을 고치고 남편을 돌봐주고 아내를 사랑하고 아이와 이야기를 나누어서 무슨 소용이 있겠는가?

20세기 철학자답게 베르그송은 독일 관념론보다 세련된 철학을 만들었다. 동일한 기억의 논리이지만 독일 관념론이 매너리즘으로 빠져들었다면, 베르그송은 '없음'이라는 파국의 사태를 사유하는 데 성공했으니까. 더군다나 『대반열반경』이 고통의 기원으로 주목했던 '번뇌'와 '망집'을 이해하는 데 베르그송의 논의가 많은 도움을 주니 여간 고마운 일이 아니다. 카페에서 스마트폰을 두고 왔다는 것을 '기억'하지만 카페에서 스마트폰을 발견하리라는 '기대'가 좌절되는 경우, 우리는 번뇌에 빠지고 스마트폰에 집착하게 된다.

물론 없어진 모든 것에 대해 번뇌와 망집이 발생하지는 않는다. 그것이 소중한 것이어야 하고, 중요한 것이어야 하고, 사랑하는 것이어야 한다. 스마트폰을 곧 바꾸려고 했던 사람에게는 스마트폰이 번뇌와 망집의 대상이 되지 않는다. 어떤 것이 없어진 다음에야 그것이 자신에게 소중했다는 사실을 사후적으로 확인하는 경우도 있다. "든 자리는 몰라도 난 자리는 안다"는 속담이 생긴 이유일 듯하다. 별로 살갑게 대하지 않던 사람이 자신의 곁을 떠나자, 그 사람이 자신에게 얼마나 중요한 사람이었는지 깨닫고 뒤늦게 후회하는 경우도 있으니까.

번뇌와 망집을 낳는 '소중한 것의 없음'은 사람마다 다르다. 애인과의 이별, 반려견의 죽음, 건강의 악화, 젊음의 상실, 미모의 훼손,

귀중품의 분실 등등. 젊음의 상실을 예로 들어보자. 한 중년 남자가 거울을 응시한다. 정상적인 경우라면 그는 거울에 비친 중년의 자신을 보며 머리카락이나 옷매무새만 다듬으면 된다. 그런데 그가 거울 속에서 '젊음의 없음'을 볼 때 문제가 벌어진다. 이제 그는 자신의 기억에 매몰되고 만다. 거울 속에서 그는 '젊음의 없음'을 보느라 '중년의 있음'을 보지 못한다. 어렸기 때문에 할 수 있고 했던 일도 있다. 젊었기에 할 수 있고 했던 일도 있다. 마찬가지로 중년이 되었다면 중년이기에 할 수 있는 근사한 일이 많다. 그러니 '젊음의 없음'을 보고 '사라진 젊음'에 대해 번뇌하고 집착하지 말아야 한다. 세상에 개입하고 타자나 자신의 삶을 아낄 수 있는, 지나면 다시는 오지 않을 소중한 기회마저 놓칠 수 있으니까.

'소중한 것의 없음'을 직면한다는 것은 '이미 없는 소중한 것'을 기억한다는 것이다. 결국 번뇌와 망집을 해결하는 열쇠는, 기억이 필요 이상으로 과도하게 작동하는 것을 누그러뜨릴 수 있느냐의 여부가 관건이 된다. 당연히 서양철학의 사유 전통은 이때 별로 도움이 되지 않는다. 자기의식 등 기억 작용을 긍정적으로 보면 어떻게 번뇌와 망집의 문제를 해결할 수 있겠는가? 나가르주나의 중관 불교(中觀佛敎, Mādhyamakā)와 함께 대승불교의 쌍벽을 이루었던 유식 불교(唯識佛敎, Yogācāra)의 창시자 바수반두(Vasubandhu, 世親, 320?~400?)의 지혜가 필요한 대목이다.

나가르주나가 상견과 단견을 벗어나는 중도의 지혜를 이론적으로 해명했다면, 바수반두는 번뇌와 망집을 없애는 구체적인 수행을 강조한다. 이러한 문제의식에 따라 바수반두는 번뇌와 망집이 생기는 계보학을 체계화한다. 인간의 의식을 여덟 층위로 해명하는 '팔식(八識, aṣṭa vijñānakāyāḥ)' 이론이 바로 그것이다. 여덟 겹으로 되어 있는 양파라고 보면 쉽다. 겉껍질에서부터 가장 깊은 속 겹까지 나열해보면 다음과 같다. ①눈의식(眼識, cakṣur-vijñāna), ②귀의식(耳識, śrotra-vijñāna), ③코의식(鼻識, ghrāṇa-vijñāna), ④혀의식(舌識, jihvā-vijñāna), ⑤촉감의식(身識, kāya-vijñāna), ⑥의식(意識, mano-vijñāna), ⑦자기의식(末那識, manas), ⑧기억의식(阿賴耶識, ālayavijñāna)이다. 간결하게 정리하면 ①, ②, ③, ④, ⑤, 그리고 ⑥의 의식이 '대상의식'이고 ⑦의 의식이 '자기의식'이라면, 대상의식과 자기의식은 모두 기억의식에 의해 지배된다. "나는/나에 대한 습관 아닙니까?" 하고 반문했던 김선우 시인의 혜안이 떠오르는 대목이다.

여덟 번째 기억의식이 어떻게 만들어지는지를 재구성해보자. 사랑하는 사람이 생기면 카페 등에서 더 가까운 거리에서 앉아 서로를 보게 된다(눈의식). 가까운 만큼 상대방의 말소리도 잘 들리고(귀의식), 상대방이 뿌린 향수 냄새도 잘 맡을 수 있다(코의식). 이런 식으로 점점 더 가까워지다 마침내 옆에 나란히 앉아 손을 잡고 몸을 붙이며 상대방의 존재를 몸으로 느끼려 한다(촉감의식). 이어서 '사랑'이라는 관념에 대한 뚜렷한 의식도 갖게 된다(의식). 함께 식사하고, 함께 영화도 보고, 함께 여행도 가고, 함께 잠자리도 하면서 점점 사랑에 대한 기억, 상대방에 대한 기억, 나 자신에 대한 기억이 마치 침전물처럼 우리의 가장 깊은 의식, 즉 '기억의식'에 쌓이게 된다.

기억의식을 뜻하는 '알라야비쥬나나(ālayavijñana)'는 '저장이나 퇴적'을 뜻하는 '알라야'라는 단어와 '의식'을 뜻하는 '비쥬나나'로 구성되어 있다. 히말라야(Himalaya)라는 말을 떠올려보면 쉽다. '힘(Him)'은 눈을 뜻하고 '알라야(alaya)'는 저장을 뜻하기에, 히말라야는 보통 동아시아에서는 '설장산(雪藏山)'이라고 불렸다. '의식'으로 번역되는 '비쥬나나'는 '구분'과 '구별'을 의미하는 어근 '비(vi)'와 '의식'을 의미하는 '쥬나나(jñana)'로 구성되어 있다. 그래서 흔히 불교에서 '비쥬나나'는 망집과 번뇌의 마음으로, '쥬나나'는 깨달음의 마음으로 이해된다. 어쨌든 사랑에 대한 모든 기억이 쌓인 알라야식이 없다면, 애인을 식별할 수도 애인을 만질 수도 없고, 사랑에 대한 관념을 떠올릴 수도 없고, 사랑하는 자신을 의식할 수도 없다. 알라야식을 근본식(根本識)이라고 부르는 것도 이런 이유에서다.

문제는 애인이 떠나거나 애인이 죽었을 때 벌어진다. 애인에 대한 번뇌와 집착이 발생하기 쉽기 때문이다. 데이트를 하던 벤치, 카페, 식당만 보아도 애인이 있는 듯하고, 심지어 길을 가다 생면부지의 사람을 애인으로 오인해 낭패를 보기도 한다. '없는 애인'에 대한 번뇌와 집착이 강해질수록, 이 사람은 세상을 있는 그대로, '없음'이란 전혀 없는 충만한 세계로 느끼지 못한다. 과거에 사로잡힌 삶이나 번뇌와 집착에 빠진 삶에서 벗어나려면, 그래서 눈앞에 '여

정靜 ──────→ 맑고 잔잔한 물이어야 쉽게 파문이 생긴다는 이치

실하게' 주어진 세상과 타인과 새로운 관계를 맺고 살려면 어떻게 해야 할까? 과거의 기억으로 가득 차 있는 알라야식을 없애거나 비워내야 한다.

『유식삼십론송(唯識三十論頌, Trimśikā-vijñaptimātratā)』에서 바수반두는 '바탕의 변화(Āśraya-paravṛtti)'를 강조한다. '바탕의 변화'는 알라야식이라는 바탕을 변화시켜야 한다는 뜻으로, 동아시아에서는 '의지하고 있는 것[依]'을 바꾸어야[轉] 한다는 의미로 '전의(轉依)'라고 번역된다.

『불지경론(佛地經論)』이나 『성유식론(成唯識論)』에 따르면 알라야식이라는 바탕이 변하게 되면, 그 자리에 '대원경지(大圓鏡智, mahādarśa-jñāna)'가 들어서게 된다. 과거에 생긴 일체의 때가 사라진 맑은 거울과도 같은 마음이다. 유식불교가 마음을 '명경 이미지'로 사유하고 있다는 사실에 주목해야 한다. '티 없이 맑은 거울'과 '때가 끼어 더러워진 거울'! 전자의 거울은 '대원경지'를, 후자는 '알라야식'을 비유한다. '거울 이미지'로 유식불교는 '번뇌'와 '망집'으로부터 벗어나는 방법을 명료화한다. 때가 끼거나 녹이 생기지 않도록 청동 거울을 매일매일 닦아야 한다. 이것이 수행이다.

마음을 '거울 이미지'로 보는 것은 정당한가? 더러운 거울에서 때나 얼룩을 완전히 제거해야 맑은 거울이 만들어진다. 이런 '거울 이미지'에 따라 일체의 기억을 완전히 제거한 마음이 가능할까? 가능한지 여부를 떠나, 과연 이런 마음이 인간의 삶에 도움이 될까? 과거 기억을 완전히 제거하면 '번뇌'와 '망집'은 분명 사라질 수 있다. 그런데 과거 기억이 완전히 제거된 마음 상태는 치매 상태가 아닌가? '번뇌'와 '망집'에 빠지지 않은 기억도 가능하지 않을까? '사라진 젊음', '분실한 스마트폰', '헤어진 애인'을 기억하지만 우리는 이것에 집착하거나 번뇌하지 않을 수도 있다.

젊음이 사라졌다는 느낌이 드는 날, 스마트폰을 분실했다는 것을 아는 순간, 아니면 연인에게서 결별 선언을 들은 날, 우리는 번뇌하고 집착하기 쉽다. 하지만 이런 고통스럽고 안타까운 시간이 흐른 뒤, 우리는 마음속으로 담담히 젊음을, 스마트폰을, 그리고 연인을 떠나보낸다. 더 이상 번뇌도 집착도 하지 않지만, 그렇다고 해서 사라진 젊음을, 분실한 스마트폰을, 떠나간 연인을 기억하지 못하는 것은 아니다. 다시 말해 번뇌와 집착을 낳지 않는 기억은 충분히 가능하다는 이야기다. 번뇌와 집착을 낳는 기억이 아니라면, 기억이 우리를 지배해 현재, 있는 그대로 펼쳐지는 세계와 삶의 실상을 보지 못하도록 할 리 없다. 스마트폰의 없음만 보는 것이 아니라 의자를 충분히 볼 수 있다는 이야기다. 물론 스마트폰을 분실한 것도 기억하고 있지만.

7세기 중국 불교에서 '명경 이미지'와 관련된 극적인 논쟁이 출현했던 것도 우연은 아닌 셈이다. 논쟁의 서막은 선종(禪宗) 내부의 갈등에서 시작된다. 동아시아 불교 역사에서 싯다르타의 말씀을 따르려는 교종(教宗)과 달리 선종은 스스로 부처가 되려는 강력한 의지를 담고 있던 종파였다. 선종 전통에서 가장 유명한 경전인 『육조단경(六祖壇經)』은, 선종의 여섯 번째 스승인 육조(六祖) 혜능(慧能, 638~713)이 어떻게 여섯 번째 스승이 되었는지를 알려주는 일화들과 그의 설법을 다룬 책이다. 그런데 이 책은 싯다르타의 이야기가 아님에도 불구하고 '경(經)'으로 불린다. 얼마나 큰 파격이며 얼마나 큰 도전인가.

『육조단경』에는 혜능이 육조가 되는 일화가 등장한다. 이 일화는 선종의 다섯 번째 스승, 즉 오조(五祖) 홍인(弘忍, 601~674)이 앞으로 종단을 이끌어갈 여섯 번째 스승, 즉 육조(六祖)를 뽑으려고 하면서 시작된다. 육조를 뽑기 위해 홍인은 제자들에게 자신의 경지를 나타내는 글을 사찰 벽에 남기라고 당부한다. 홍인은 사찰 벽에 쓰인 글을 보고 육조를 선정해 자신의 옷과 밥그릇을 건네주려고 했다. 자신의 옷과 밥그릇, 즉 자신의 가사(袈裟)와 발우(鉢盂)를 건네주는 것은 일종의 대관식과도 같은 선종 특유의 전통이었다. 북중국 황매산(黃梅山) 자락에 있던 사찰에 작지만 팽팽한 긴장감이 감돌기 시작한 셈이다.

당시 오조의 제자들 중 자칭, 타칭 육조의 재목으로 꼽히던 신수 (神秀, 606?~706)는 자신만만하게 제일 먼저 글을 남긴다. "마음은 명경의 틀(心如明鏡臺)./날마다 힘써 깨끗이 닦아야 하리라(時時勤拂拭)!/때가 끼지 않도록(勿使惹塵埃)." 유식불교의 근본 이미지, 즉 명경 이미지에 입각한 근사한 글이다. 여기서 거울은 쇠를 뜻하는 금(金)이라는 부수가 암시하듯 청동으로 만든 거울이다. 청동거울은 처음 구입할 때는 맑고 밝아 모든 것을 비춘다. 하지만 시간이 지나면 청동거울에는 때가 끼고 녹이 슨다. 심지어 어떤 물체에 부딪혀 표면이 일그러지기도 한다. 그러니 청동거울은 매일 닦아야 하고 외부 물체에 닿지 않도록 조심스레 다루어야 한다. 『유식삼십론송』, 『불지경론』, 『성유식론』 등에 피력된 유식불교의 정수를 신수는 짧은 게송(偈頌)으로 깔끔하게 요약한 것이다. "역시 신수야!"라는 이야기가 곧바로 사찰 안에 퍼졌다.

흥미롭게도 홍인은 신수의 글을 보고도 별다른 반응을 보이지 않는다. 신수의 글이 마음에 들지 않는다는 무언의 표시였다. 그렇지만 신수의 기세에 눌렸는지 제자들 중 글을 남기는 사람은 없었다. 당시 혜능은 사찰의 신참내기로 땔나무 모으는 임무를 맡은 승려였다. 땔나무를 모아 밤늦게 사찰로 돌아온 뒤 자초지종을 알게 된 혜능은 동료 승려에게 신수의 글을 읽어달라고 부탁한다. 혜능은 글을 읽을 줄도 쓸 줄도 몰랐기 때문이다. 신수의 게송을 듣자마자 혜능은 단언했다. "이 글을 쓴 사람은 깨달음에 이르지 못했다!"고. 이어서 동료 승려에게 자신의 글을 사찰 벽에 대신 적어달라 부탁한다. 사찰 벽에는 다음과 같은 글귀가 적혔다. "명경은 (거울의) 틀이 없다(明鏡亦非臺)./본래 아무것도 없는데(本來無一物),/어디에 때가 끼겠는가(何處惹塵埃)!"

혜능의 입장은 단순하지만 그만큼 강력하다. 마음을 명경으로 비유하는 순간 신수는 마음을 실체화할 수밖에 없다는 것이다. 그렇지만 마음은 명경이나 돌멩이 혹은 옷과 같은, '외부 대상과 같은 것(一物)'이 아니다. 당연히 마음은 명경, 돌멩이, 옷처럼 때가 끼지 않는다. 때가 끼지 않고 틀도 없는 명경! 이것이 마음이라면 마음은 어떤 이미지에 비유할 수 있을까? 혜능은 이 대목에서 명확히 밝히지 않지만, 그것은 지수의 이미지일 수밖에 없다. 돌멩이가 던져지면 순간적으로 깨진 거울처럼 파문이 일지만 고요한 물은 다시 고요한 물로 돌아온다. 품 안에 그 돌멩이를 너끈하게 품은 채.

밤에 나가 혜능의 글을 본 홍인은 행복했다. 드디어 육조를 찾은 셈이었으니까. 불교의 모든 가르침은 자비로 수렴된다는 것을 홍인은 알았던 것이다. 마음을 명경으로 보는 순간 신수는 일종의 결벽증과 편집증에 빠지고 만다. "날마다 힘써 깨끗이 닦아야 하리라!"라는 신수의 이야기에서 자비는커녕 결벽증과 편집증에 입각한 이기주의를 홍인이 직감했던 것도 이런 이유에서다. 타인과 제대로 만나면 그의 희로애락이 우리에게 전해지는 법이다. 바로 이것이 때다. 넘어진 사람의 손을 잡아 일으키려 하면, 그 사람의 손에 묻은 흙이 내 손에 묻는 법이다. 이것도 때다. 자비는 타인의 때를 기꺼이 감당하고 그의 손을 어루만지는 일이다. 우리가 자신을 깨끗하게 만드는 수행은 내가 만난 타인에게 내 때를 묻히지 않겠다는 의지가 아니라면 아무런 의미도 없다.

예를 하나 들어보자. 집을 깨끗하게 청소하는 이유는 무엇인가? 그것은 가족이 돌아와 편안하게 쉬게 하고, 친구가 놀러 왔을 때 쾌적하게 쉬도록 하기 위해서다. 그런데 맑고 깨끗한 집에만 집착하면 타인을 받아들이기보다는 오히려 타인을 멀리하기 쉽다. 집을 깨끗이 해놓고 사람을 초대하고는 손님에게 "손부터 씻어!"라든가 "그거 만지지 마!"라고 말하는 사람이 있다고 해보자. 그러면 손님은 다시는 그 집에 가고 싶지 않을 것이다. 이렇게 홍인은 신수의 '거울 이미지'에서 결벽증적인 수행과 편집증적 수행, 자비와는 아무런 상관이 없는 수행을 보았던 것이다. 또한 반대로 그는 '거울 이미지'를 벗어난 혜능에게서는 자비를 보았다. 마음은 명경과 같은 것이 아니기에 때가 끼지 않는다고 말했을 때, 혜능은 중생들의 때를 기꺼이 품겠다고 발원한 셈이니까.

홍인은 단호히 혜능을 육조로 인정하고 선종의 미래를 그에게 맡긴다. 그런데 문제는 제자들이 자기처럼 혜능을 육조로 받아들일지 여부였다. 특히 그들은 신수를 중심으로 강력한 조직을 갖추고 있었다. 고민을 거듭하던 홍인은 잠자던 혜능을 자기 처소에 불러, 자신의 가사와 발우를 혜능에게 전하며 급하게 대관식을 치른다. 오조의 가사와 발우는 일종의 옥새와 같은 상징이다. 홍인은 이 대관식으로 인해 혜능의 목숨이 위태로워질 수도 있다는 걸 잘 알고 있었다. 땔나무 모으는 일을 하던 최하급 승려 혜능에게 제자들은 경배하기는커녕 혜능을 죽여서라도 자신의 가사와 발우를 탈취하려 할 것이다. 그래서 홍인은 혜능을 재촉해 야밤에 중국 남부로 떠나게 했다.

─────── 열반에 이르면 열반에 머물 수 없는 까닭

혜능은 '명경 이미지'를 벗어나 있다. 마음은 명경처럼 실체가 아니기에 때가 묻지 않는다고 말했으니까. 그렇지만 '번뇌'와 '망집'에 사로잡힌 일반 사람들에게 혜능의 가르침은 애매하기만 하다. 오히려 신수의 '명경 이미지'가 일반 사람들에게는 호소력 있는 것이 아닌가. 거울에 묻은 때는 '번뇌'와 '망집'을 낳은 기억의 힘을 근사하게 설명해준다. 거울의 때는 과거에 만들어진 것이고, 때가 묻은 거울은 현재를 잘 비출 수 없다. 결국 '명경 이미지'에서 벗어나는 것으로는 충분하지 않다. '명경 이미지'를 대체할 수 있는 새로운 이미지, 일반 사람들에게 사랑과 자비의 감정이 분출하게 만드는 새로운 이미지가 필요하기 때문이다.

명경(明鏡)과 함께 무언가를 있는 그대로 비추는 작용을 하는 지수(止水)가 있다. '움직임이 멈춘[止]' '물[水]'이 바로 지수다. 가난한 아낙네들은 지수에 비친 자신의 모습을 보고 얼굴이나 머리카락을 정돈했다. 혜능이 명경을 부수고 있을 때 원효는 마음을 이해하는 새로운 이미지, 즉 '지수 이미지'를 제안한다. 그야말로 무릎을 탁 치게 된다. '지수 이미지'는, '번뇌'와 '망집'을 낳는 기억도 있지만 '번뇌'와 '망집'과 무관한 기억도 존재한다는 사실을 설명할 수 있으니 말이다. 고요한 물에 돌을 던져보라, 파문이 일어나 더 이상 세상을 비출 수 없다(번뇌와 망집). 하지만 시간이 지나면 물은 다시 고요해진다. 물론 그렇다고 해서 물속 깊은 곳의 돌이 사라지는 것은 아니다. 이것은 번뇌와 망집과 무관한 기억을 상징한다.

원효가 마명(馬鳴, Asvaghoṣa, 100~160?)이 지었다는 『대승기신론(大乘起信論, Mahāyānaśraddhotpāda)』에 주목한 것도 이런 이유에서다. '명경 이미지'를 피력했던 『불지경론』이나 『성유식론』과는 달리 『대승기신론』은 '지수 이미지'로 마음을 다루고 있기 때문이다. 마침내 원효는 『대승기신론』의 가장 탁월한 주석서인 『대승기신론소별기(大乘起信論疏別記)』를 완성하면서 '지수 이미지'를 체계화하는 데 성공한다. 그 핵심은, 물이 고요할 때가 있고 요동칠 때가 있는 것처럼 마음도 고요할 때가 있고 요동칠 때가 있다는 것이다. 고요한 마음을 원효는 '진여문(眞如門)'이라 부르고 요동치는 마음을 '생멸문(生滅門)'이라 부른다. 바로 이것이 그 유명한 일심이문(一心二門) 이론이다.

동일한 하나의 마음이지만 마음이 세상에 나오는 문은 두 가지라는 것이다. 고요한 마음으로 외부 대상을 '있는 그대로' 비출 수도 있고, 동요하는 마음으로 외부 대상을 비추지도 못할 수도 있다는 이야기다.

돌이 던져졌을 수도 있고 지하의 증기가 기포를 일으킬 수도 있다. 두 경우 모두 물의 표면이 요동치기 마련이다. 바로 이것이 생멸문이다. 스스로 부글부글 끓고 있으니, 우리 마음은 어머니를, 아내를, 남편을, 아이를, 고양이를, 벚꽃을 비추거나 품을 수 없다. 당연히 사랑과 자비의 감정이 나올 수도 없다. 번뇌에 빠져 오직 자신에게만 집착하니 말이다. 반대로 물 안에서 어떤 동요도 없으면, 얼마 지나지 않아 물의 표면이 고요해진다. 진여문이다. 불교 용어로 설명하자면 열반(涅槃, nirvāṇa)에 이른 상태다. '바나(vāṇa)'가 우리 내부에서 부글부글 끓는 불꽃, 즉 갈망과 집착의 불꽃을 상징한다면, '니르(nir)'는 바로 이 불꽃이 꺼졌다는 의미다. 결국 열반은 일체의 번뇌와 망집으로부터 자유로운 상태라는 것이 중요하다. 이런 열반의 상태, 진여의 상태에 있을 때 우리 마음은 어머니, 아내, 남편, 아이, 고양이, 벚꽃 등을 근사하게 비추고 품을 수 있다.

요동치는 물에서 고요한 물이 된 것처럼, 마음은 생멸문을 열고 나오는 마음이 아니라 진여문을 열고 나오는 마음이 된 셈이다. 이제 고요한 물은 영원히 고요할 수 있을까? 그렇지 않다! 물이 고요해지는 순간 놀랍게도 파문이 다시 생기기 시작한다. 너무 맑고 고요하고 잔잔하니까 조그만 꽃잎 하나에도, 조그만 바람 하나에도, 조그만 나뭇잎 하나에도 물에 파문이 일기 때문이다. '명경 이미지'가 결코 포착할 수 없는 근사한 상황이 아닌가. 열반의 상태에 이르면, 마음은 과거의 생멸과는 질적으로 완전히 다른 생멸을 보여준다. '번뇌'와 '망집'에 사로잡힌 마음이 나의 집착, 나의 욕망, 나의 습관, 나의 편견으로 요동쳤다면, 열반에 이른 마음은 외부 대상으로 인해 요동친다. 왜일까? 어머니의 아픔이, 아내의 아픔이, 남편의 아픔이, 아이의 아픔이, 이웃의 아픔이, 고양이의 아픔이, 벚꽃의 아픔이 사무치게 마음을 파고드니까.

원효가 자신의 또 다른 주저 『금강삼매경론(金剛三昧經論)』에서 말한 것도 바로 이것이다. "열반에 머물더라도 대비(大悲)에 마음을 빼앗겨 열반이 사라져 열반에 머무르지 않는다"고. 한마디로 말해 열반에 이른 사람은 자신의 문제 때문에 마음이 동요되지 않더라도, 외부 타자의 문제 때문에 마음이 동요될 수밖에 없다는 이야기다. 전율이 돋는 이야기, 죽비에 제대로 맞은 듯하다. 싯다르타로부터 이어진 자비의 전통이 원효에서 그야말로 만개한 형국이다. 원효, 그는 열반에 이르렀던 사람이다. 이제야 우리는 그가 왜 승복을 벗어던지고 서라벌 저잣거리로, 그리고 민중 속으로 들어갔는지 이해할 수 있다. 민중의 고통이 그의 마음에 너무도 사무쳤기 때문이다.

'사성제' 외에 싯다르타의 가르침을 요약하는 또 다른 개념이 있다. 『성실론(成實論, Satyasiddhi-śastra)』에서 이야기한 '삼법인(三

法印, tridharma laksana)'이 바로 그것이다. 첫 번째가 바로 '제법무아 (諸法無我, sarvadharmā anātmānaḥ)'의 가르침인데, '모든 존재에는 불멸 하는 실체가 없다'는 뜻이다. 두 번째는 '제행무상(諸行無常, anityām sarvasaṃskārāṃ)'의 가르침이다. '만들어진 존재는 영원하지 않다' 는 뜻이다. 그리고 마지막으로 세 번째는 '열반적정(涅槃寂靜, śāntaṃ nirvāṇam)'의 가르침인데, '번뇌로부터 자유로운 마음 상태, 즉 열반 은 편안하고 고요하다'는 뜻이다. 여기에 '일체개고(一切皆苦, sabbe saṅkhārā dukkhā)', 즉 '모든 것은 고통스럽다'는 가르침을 하나 더 추가 해 '사법인(四法印)'으로 이해하자는 주장도 나온다. 어쨌든 '번뇌'와 '망집'으로부터 벗어난 자의 내면을 구성하는 세 가지, 혹은 네 가 지 특성(laksana)이다.

결국 열반에 이른 사람은 모든 것에는 불멸하는 실체가 없다는 것을, 만들어진 존재는 영원하지 않다는 것을, 모든 것이 고통스럽 다는 것을 온몸으로 안다. 싯다르타의 모든 가르침을 온몸으로 아 는 순간, 우리 마음에는 사랑과 자비가 조용히 차오른다. 어머니나 고양이, 혹은 벚꽃이 무상하다는 걸 직면하는 순간, 우리가 어머니 나 고양이, 그리고 벚꽃에서 쉽게 발걸음을 뗄 수 없는 것도 이런 이유에서다.

'열반에 이르면 편안하고 고요하다'고? 이제 우리는 단호히 말할 수 있다. '열반에 이르러 생긴 편안함과 고요함은 순간적일 뿐, 열 반에 제대로 이르렀다면 우리는 열반에 머물 수는 없다.' 고요한 물

물이 고요해지는 순간 놀랍게도 파문이 다시 생기기 시작한다.
너무 맑고 고요하고 잔잔하니까 조그만 꽃잎 하나에도,
조그만 바람 하나에도, 조그만 나뭇잎 하나에도
물에 파문이 일기 때문이다.

은 고요할 수 없는 법이니까. 결국 초기 불교 이론가들은 싯다르타의 속내에 적중하지 못했고, 싯다르타의 가르침을 피상적으로 혹은 개념적으로만 삼법인이나 사법인으로 요약했던 셈이다. 일체개고, 제법무아, 제행무상보다 수천 배 중요한 것이 바로 사랑과 자비이니 말이다. 부처는 모든 고통에서 벗어난 존재도 아니고, 불변하는 불성을 실현한 존재도 아니고, 변화를 넘어서는 불변하는 존재도 아니다. 오히려 부처는 타인의 고통에 너무나 아파하고 타인을 너무나 사랑하는 존재다.

원효에 따르면 생멸문에는 두 종류가 있다. 미숙한 생멸문과 성숙한 생멸문이라고 할 수 있다. 전자가 나에 대한 애착, 나에 대한 사랑, 나에 대한 고집 때문에 생기는 생멸문이라면, 후자는 타인의 아픔, 타인의 행복, 타인의 고통 때문에 생기는 생멸문이다. 바로 이것을 간파한 것이 원효의 위대함이다. 즉, 생멸문에서 출발해 진여문에 이르렀지만, 진여문에 제대로 도달하면 생멸문으로 갈 수밖에 없다. 미숙한 생멸문의 마음은 물 깊은 곳에서부터 부글부글 끓어 물의 표면을 움직이는 것, 세계가 고요하더라도 저 혼자 움직인다. 그러니 어떻게 외부 대상에 민감하게 반응할 수 있겠는가. 미숙한 생멸문이 이기적이고 유아적인 단계를 상징하는 것도 이런 이유에서다.

이와 달리 성숙한 생멸문은 내 안에서 끓어오르는 것 때문에 물의 표면이 움직이는 것이 아니라, 너무 잔잔하고 고요해서 세상의 작은 아픔과 변화에도 역동적으로 동요하는 마음이다. 수행이, 공부가, 성숙이 제대로 이루어지면, 그때부터는 세상이 아프게 다가온다. 반대로 아직 성숙하지 못한 사람은 자기 아픔에 빠져 세상의 아픔을 받아들일 여지가 없다. 세상에서 오직 자신만 아프다고 느끼기 쉽기 때문이다. 그러나 어느 순간 어머니나 아버지, 혹은 친구나 고양이의 아픔이 절절하게 다가올 때가 있다. 성숙이란 바로 이런 것이다.

성숙을 확인할 수 있는 시금석은 단순하다. 성숙하면 자신이 강해지고 자신이 많은 것을 가지게 되는 게 아니라 사람들을 아끼게 되고 사랑하게 되고 아파하게 된다. 간혹 아이들은 엄마가 아파서 밥을 못 해주면 짜증을 내는 경우가 있다. 그런데 어느 날 아이는 엄마가 아플 때 혼자 라면을 끓여 먹는다. 바로 이때 아이는 나이와 상관없이 성숙했다고 할 수 있다. 아이의 마음이 타인의 아픔에 민감하게 반응하는 고요한 물처럼 작동한 것이다. 비록 아이지만, 이 순간 아이는 부처다. 자신의 배고픔이 아니라 엄마의 아픔에 사무쳐 있기 때문이다.

착수처

●

타인의 희로애락이나 계절과 풍광의 변화에

과할 정도로 반응하자.

잔잔하고 고요한 물만이 작은 꽃잎 하나, 작은 바람 한 줄기에도 섬세하게 반응하는 법이다. 마찬가지로 마음이 안정되고 평화로우면 외부 대상에 민감하게 반응할 수 있다. 당연하지 않은가. 나의 고통, 나의 상실, 나의 패배감, 나의 상처, 나의 좌절에만 마음이 가 있다면, 우리는 어머니, 아내, 남편, 아이, 고양이, 벚꽃 등의 무상한 삶에 제대로 직면할 수 없다. 이런 상태에서 자비니 사랑을 말하는 것은 어불성설이 아닌가? 그렇다면 역으로 생각해보자. 작은 꽃잎 하나, 작은 바람 한 줄기에도 가녀리게 떨리는 물이 있다면, 이 물은 자신이 잔잔하고 고요한 물이라는 걸 입증하는 게 아닐까?

다리가 많이 불편해진 어머니, 깊은 우울증에 빠진 아내, 평생 직장에서 은퇴하려는 남편, 사춘기의 혼란에 빠져 있는 아이, 수명이 다해 무력해진 고양이, 무상하게 휘날리는 벚꽃, 찬란하게 하루를 마무리하는 석양, 일교차가 점점 심해지는 날씨 등에 집중할 일이다. 그런 대상에 집중이 될 뿐만 아니라 그것들을 마음에 품어 아낄 수만 있다면, 우리는 자신을 사로잡는 '번뇌'와 '망집'으로부터 자유롭다는 것을 입증하는 셈이 아닌가. 그러니 바깥으로 나가 타인을 만나고 오솔길을 걷고 야트막한 산에도 올라가고 영화관에도 가자! 그리고 타인의 희로애락과 계절과 풍광의 변화에 과할 정도로 반응하자. 바로 그것이 자신을 사로잡는 '번뇌'와 '망집'에서 벗어나는 첫걸음이 될 테니.

친구나 회사 동료와 카페에서 수다를 떨자. 물론 처음부터 쉬운 일은 아니다. 그러니까 상대방의 이야기에 과도하게 반응하는 것으로 시작해보는 것이다. "그래서 팀장은 어떻게 했는데?" "얼마나 기분이 나빴니. 나 같으면 자리를 박차고 나왔을 거야." 판소리에서 북을 치며 흥을 돋우는 고수(鼓手)처럼 하면 된다. "얼씨구!", "좋다!", "허이!", "그래서!" 친구나 회사 동료의 마음에 제대로 몰입하고 대응하는 자신을 서서히 발견하게 될 것이다. 놀라운 것은 그렇게 할수록 나의 '번뇌'와 '망집'은 점점 가라앉는다는 사실이다. 사람과 만나고 싶지 않다면 산이나 계곡을 트레킹하는 것도 좋은 방법이다. 걷다 보면 거친 돌부리에 발을 찧기도 하고, 정신을 집중해 올라가야 하는 돌계단도 만나게 될 것이다. 거친 길과 돌계단에 반응하느라 내 안에서 들끓고 있던 여러 가지, 좌절과 분노 같은 것들, 밑에서부터 부글부글 일어나던 것들이 가라앉을 것이다.

극장에 가서 영화에 과도하게 반응하는 것도 좋은 방법이다. 주인공의 희로애락에 따라 웃고 울다 보면, 마음이 고요한 물처럼 한결 가라앉을 것이다. 핵심은 '과할 정도로 반응하기'다. 처음에는 익숙지 않아 힘들겠지만 과할 정도로 반응해야 나를 괴롭히는 잡념들이 힘을 잃기 쉬운 법이니까. 이것은 어머니, 남편, 아내, 아이, 친구 등에게도 그대로 적용된다. 그들도 무언가 소중한 것의 없음에 직면할 수 있고, 없어진 소중한 것에 대해 번뇌하고 망집할 수 있다. 그 소중한 것이 젊음이든, 활력이든, 건강이든, 성적이든, 직장이든 간에 말이다. 아마 전화 통화로 그들을 위로하려 해도 별로 도움이 되지 않을 것이다. 상황이 심각한 것을 눈치채고 그들을 만나려 해도 그들은 만남을 거부할 것이다. "혼자만의 시간을 갖고 싶다"는 말과 함께.

이제 우리는 그들을 혼자 두어서는 안 된다는 걸 안다. 혼자서 속을 끓이느라 그들은 더 초췌하고 더 피폐해질 테니 말이다. 무조건 그들을 만나라! 그리고 억지로라도 그들을 데리고 나와야 한다. 카페나 영화관같이 고정된 장소는 피해야 한다. 그런 곳에서는 오히려 '없어진 소중한 것'에 집중하기가 쉽다. 길거리를 함께 걷거나 가까운 야산에 올라가는 것이 좋다. 아니면 철 지난 바닷가에 함께 가라. 바닷바람이나 파도 소리에 그들은 미소를 지을 수도 있다. 아니면 조금 과격하지만 발이 젖도록 그들을 바다에 떠밀어도 좋다.

바깥을 느낄 수만 있다면, 그래서 바깥에 반응할 수만 있다면, 그들은 조금씩 없음에 대한 경험, 상실에 대한 경험으로부터 벗어날 수 있을 테니까.

5강

인연
因緣

만들어진 인연에서
만드는 인연으로

싯다르타 이후 걸출한 불교 사상가들이 출현했고, 그만큼 다양한 이론이 등장했다. 수많은 현자와 수많은 이론의 이면에는 연속적인 논리가 하나 흐른다. 그것은 바로 '인연(因緣)'과 관련된 논리다. 우리가 주목해야 할 것은 '인연'과 함께 사용되는 '화합(和合, Saṃniveśa)'이라는 개념이다. 눈사람이 어떻게 만들어지는지 다시 생각해보는 것으로 '인연화합'이 무엇인지 쉽게 이해할 수 있다. 눈, 온도, 습도, 아버지, 아들 등등이 모두 화합해야 눈사람이 골목에 세워질 수 있으니까.

눈사람만이 아니다. 세상의 모든 존재들은 어김없이 '인연화합'의 논리에 따라 만들어지고 지속하고 소멸한다. 우리 자신을 포함해 우리가 만나는 모든 것들은 인연들이 모여 만든 앙상블과 같은 것이다. 그러니 모든 존재에 불변하는 아트만이나 본질이 있다고 집착하는 것은 얼마나 어리석은 일인가? 바로 이것이 핵심이다. 이제 우리는 눈사람이 녹았다고 해서 눈사람의 아트만이 천국이나 극락에 있다고 집착하지 않게 된다. 인연화합의 논리가 가진 첫 번째 힘이다.

인연들의 화합이 사라지면 세상의 모든 존재는 소멸하지만, 이것은 순간적으로 급하게 일어나는 현상은 아니다. 수많은 인연들로 구성되기에 인간이나 사물은 한두 가지 인연이 빠진다고 해서 바로 소멸하지는 않는다. 마치 100개의 돌로 이루어진 탑에서 한두 개의 돌이 빠진다고 해서 탑이 바로 무너지지는 않는 것처럼. 이로부터 우리는 모든 존재가 영원과 순간, 그 사이 어딘가에 지속한다는 것을 알게 된다. 순간적인 존재도 우리에게 무의미하고, 마찬가지로 영원한 존재도 무의미하다. 우리가 사랑하고 우리를 사랑하는 것들은 영원과 순간 사이에 지속하는 존재들일 뿐이다. 바로 이것이 인연화합의 논리가 가진 두 번째 힘이다.

우리를 자유롭게 하고 동시에 우리를 사랑하게 만드니, 인연화합에 대한 찬가가 없을까. 김선우 시인이 「상냥한 지옥」을 쓴 것도 이런 이유에서가 아닐까.

너와 너가 모여 너를 만든다

너와 너와 너가 모여 나를 만든다

못과 나무와 입김이 모여 책상을 만든다

햇살과 고양이 등뼈가 낮잠의 폭포를 만든다

이슬과 우렁이가 별의 밥을 만든다

공포와 갈망이 할 일 많은 신을 만든다

너와 너와 너가 만나면 너와 다른 너가 된다

별 하나에 너와 별 하나에 너처럼 끊임없이 다른 너가 된다

너와 너는 나를 합성하고

나와 나는 너를 합성한다

너는 나에 의존해 너가 되고 나는 너에 의존해 내가 된다

어제는 죽음에 의존해 오늘의 붉고 투명한 꽃술이 된다

마그마는 중력에 의존해 지구의 심장이 된다

눈물은 웃음에 의존해 낡았으나 해맑은 아침이 되고

즐거운 합성의 고요한 훌쩍임

반짝이는 새들의 웃음

모든 것이 영원한 천국은 얼마나 지루하겠니

불변이 없으므로

붙들릴 게 없다

소유할 게 없으므로

자유다 안녕!

마지막이란 없다는 것

심지어 나의 죽음 앞에서도

고마워 내 상냥한 지옥, 오늘도 안녕히

— 김선우, 「상냥한 지옥」

김선우 시인의 찬가는 경쾌하고 지적이며 심지어 아련하기까지 하다. "너와 너가 모여 너를" 만들고, "못과 나무와 입김이 모여 책상을" 만들고, "햇살과 고양이 등뼈가 낮잠의 폭포를" 만드는 세계다. 인연이 만나고 인연이 지속하고 인연이 다하는 세계는 얼마나 근사한가. 서로 관계가 없었던 두 가지 너가 마주쳐 새로운 너를 만든다. 그렇지만 새로 만들어진 너는 과거 두 가지 너와 유사하지 않다. 목수는 나무에 입바람을 호호 불어가며 대패질을 하고 조심스레 못을 박아 책상을 만든다. 책상은 새롭게 생성된 것으로, 나무와 대패, 못, 그리고 심지어 목수에게서도 자신과 유사한 것을 찾을 수 없다. 따뜻한 햇살을 맞으며 고양이가 기지개를 켜는 모습을 보면서 낮잠에 빠져들기도 한다. 낮잠도 새롭게 생성된 것으로, 햇살이나 고양이의 기지개에서 낮잠과 유사한 것을 찾을 수 없다. 인연의 앙상블로 전혀 새로운 것들이 생성된다.

여기에는 나나 너의 아트만이나, 책상의 이데아나 낮잠의 본질 등이 자리 잡을 틈이 없다. 눈에 보이는 모든 존재와 사건들은 모두 인연들의 화합으로 만들어진 효과들일 뿐이다. 플라스틱 조화(造花)의 세계가 아니라 인연으로 피고 인연으로 지속하는 생화(生花)의 세계다. 김선우 시인은 안다. 불변하고 영원한 것들이 모여 사는 천국은 지지 않는 플라스틱 조화들로 가득 차 있는 세계라는 사실을. 조화에 물을 줄 수는 있으나 조화는 자라지 않는다. 천국에서 바람이 불지는 모르겠지만, 바람이 불더라도 조화가 꽃잎을 떨구는 일도 없다. 한마디로 영원한 것들은 우리와 어떤 관계를 맺을 수 없다. 이렇게 천국의 세계는 인연의 화합을 생각할 수 없는 세계다. 그러니 김선우 시인의 말대로 "모든 것이 영원한 천국은 얼마나 지루하겠는가". 그렇지만 생화의 세계가 가진 아련한 아픔도 기억해야 한다. 인연의 만남으로 꽃을 피운 만큼, 생화는 인연이 지속할 때까지만 아름다운 자태를 뽐낼 수 있을 뿐이니까. 김선우 시인이 이런 애틋한 생화의 세계를 "상냥한 지옥"이라고 불렀던 것도 이런 이유에서다.

여기서 멈추어서는 안 된다. 「상냥한 지옥」의 핵심은 독자를 갸우뚱거리게 하는 부분, 즉 '나'와 '너'로 이루어진 행들에 있기 때문이다. 먼저 주목해야 할 것은 이 시에 '그'나 '그녀'라는 3인칭 단수형과 아울러 '우리'라는 1인칭 복수형, '당신들'이라는 2인칭 복수형, 혹은 '그들(그녀들)'이라는 3인칭 복수형이 없다는 점이다. 3인칭과 아울러 일체의 복수형의 거부! 무슨 이유에서일까?

죽음을 비유로 생각해보자. '나의 죽음', '너의 죽음', 그리고 '그(그녀)의 죽음' 중 어느 것이 나를 가장 슬프고 아프게 만드는가? 일단 '나'의 죽음은 번외로 쳐야 한다. 진짜로 죽는다면 나는 고통이나 슬픔 등 일체의 감정을 느낄 수 없으니까. 현실적으로 우리를 비통으로 몰고 가는 죽음은 '너의 죽음'일 수밖에 없다. 내가 '너'라고 불렀던 사람은 '교환 불가능한(nonexchangeable)' 사람이다. 어느 젊은 부부가 사랑하는 아이를 교통사고로 잃었다고 하자. 새로운 아이를 낳는다고 해서 그들의 고통과 상실감이 치유될 수 있을까? 그럴 수는 없다. 바로 이 '교환 불가능한' 아이가 '너'를 상징한다.

한편 '그(그녀)의 죽음'이 우리에게 별로 고통을 남기지 않는 이유도 분명해진다. '그(그녀)'는 '교환 가능한(exchangeable)' 사람이기 때문이다. 새 학년에 같은 반에 배정된 어떤 학생이 학기가 시작되기도 전에 사고로 죽는다면, 이 반에 배정된 나머지 학생들에게 사고로 죽은 학생은 '그(그녀)'에 불과할 뿐이다. 아마 얼마 지나지 않아 교실의 빈 책상에는 다른 학생이 전학 와서 앉게 될 것이다. 죽은 학생이 새로운 사람으로 교환되고 대체된 셈이다. 반대로 학년이 끝날 때쯤 같은 반 학생이 사고로 죽는다면 학급 전체가 대성통곡을 할 것이다. '너'라고 부르던 친구, 새로운 전학생으로는 결코 대체할 수 없는 '너'가 사라졌기 때문이다.

이제야 복수형에 대한 시인의 거부를 이해할 수 있다. '그(그녀)'
도 존재하지 않는데, 시인에게 '우리', '당신들', '그들(그녀들)'이 어
떻게 존재할 수 있다는 말인가? '우리'든 '당신들'이든 '그들(그녀
들)'이든 복수형은 교환 가능한 구성원들로 구성된 집단을 상징하
기 때문이다. 내게 권력만 있다면 언제든지 부릴 수 있는 것이 바
로 '우리'이고 '당신들'이고 '그들(그녀들)' 아닌가. "어이! 거기 유태
인 열 명 나와!" "자, 이제 우리 청년들이여, 민주주의의 깃발을 듭
시다!" 일말의 죄책감이나 고통 없이 타인을 부리는 방법은 그들을
'교환 불가능한' 존재가 아니라 언제든지 '교환 가능한' 존재로 보
는 것이다.

그렇지만 세상의 모든 존재가 '너'라면 사정은 달라진다. 네가 죽
으니 내 마음이 찢어질 듯하다. 네가 눈물을 흘리니 내 눈에서 피눈
물이 난다. 네가 간만에 미소를 띠니 내 얼굴이 절로 환해진다. 네
가 건강을 되찾으니 내 걸음도 가볍기만 하다. 여기서 어떻게 지배
와 억압의 만행이 일어날 수 있겠는가. 김선우 시인에게 모든 사람
들은 하나하나 교환 불가능한 '너'였다. 어쩌면 사람만이 아니라 모
든 사물이나 사건마저도 시인에게는 '너'였는지도 모른다. "나무"
도, "입김"도, "책상"도, "햇살"도, "고양이"도, "낮잠"도, "이슬"도,
그리고 "별"도 말이다. 그러니 '너'와 '나'가 반복적으로 나온다고
김선우 시인에게 투정을 부릴 일이 아니다. 김선우 시인은 독자들
을 위해 '너' 대신 '못'이니 '책상'이니 '별'과 같은 익숙한 단어를 사

용하고 있다고 할 수 있으니까.

나가르주나는 자신의 또 다른 주저 『회쟁론(廻諍論, Vigrahavyāvartanī)』에 다음과 같이 썼다. "사물들이 다른 것에 의존하여 존재하는 것을 공(空)이라고 부른다"고. 마찬가지로 김선우 시인은 단언한다. "너는 나에 의존해 너가 되고 나는 너에 의존해 내가 된다"고. 문제는 너들이 많은 만큼 나들도 많아질 수밖에 없다는 점이다. 복수형으로 묶였다고 해서 교환 가능한 너들이나 나들이라고 착각하지는 말자. 모두가 교환 불가능한 너들과 나들일 뿐이니까. 포도송이가 영글어 풍성해지는 것과 같다. 한 알 한 알이 모두 너들과의 인연으로 탐스럽게 영근 나들이다. 아내로 인해 영근 한 알, 남편으로 인해 영근 한 알, 아이로 인해 영근 한 알, 고양이로 인해 영근 한 알, 별로 인해 영근 한 알, 벚꽃으로 인해 영근 한 알이다.

나와 너, 정확히 말해서 '나'들과 '너'들로만 이루어진 세계는 이렇게 펼쳐진다. 인연이 화합하고 지속해야 존재하는 나이고 너다. 인연이 다하면 포도송이는 조금씩 볼품이 없어진다. 포도송이를 이루는 한 알 한 알이 조금씩 조금씩 시들 테니까. 나나 너는 플라스틱 조화가 아니라 하나하나 생화 한 송이와 같은 존재다. 다행스럽게도 꽃잎이 한꺼번에 피는 일도 없듯 한꺼번에 떨어지는 일도 없다. 한 잎 한 잎 피어나듯, 그렇게 한 잎 한 잎 떨어진다. 한 잎 한 잎 새롭게 피어나니 생화는 어디에 "붙들릴" 게 없다. 한 잎 한 잎 조금씩 떨어지니 생화는 "소유할" 것도 없다. 구속과 소유로부터 가장 멀리 떨어져 있는 것이 바로 "자유" 아닌가.

'너'가 죽어도 네가 만든 나 안의 작은 나는 지속하듯, 내가 죽어도 내가 만든 너 안의 작은 너는 지속하는 법이다. 그래서 김선우 시인은 이야기한다. "마지막이란 없다는 것/심지어 나의 죽음 앞에서도." 이제 플라스틱 조화들로 이루어져 서로가 서로에게 인연이 되어줄 수도 없고, 그래서 어떤 변화도 없는 냉담하고 영원한 천국을 부러워하지 말라. 천천히 피기 시작해 우리의 탄성을, 그리고 천천히 저물어가면서 우리의 탄식을 만드는 생화들로 가득 차 있는 세계, 처음에는 상냥한 듯하지만 나중에는 지옥과도 같은 상실감을 제공하는 바로 이 생성의 세계를 박수로 환영할 일이다. "고마워 내 상냥한 지옥, 오늘도 안녕히." 벚꽃이 필 때도 안녕! 벚꽃이 질 때도 안녕! 처음 만난 사람에게도 안녕! 영영 헤어지는 사람에게도 안녕!

───── 연기의 세계, 인연의 세계 혹은 인과의 세계

『잡아함경(雜阿含經, saṃyutta-nikāya)』에 속하는 초기 경전들을 보면 싯다르타는 '연기(緣起)'를 무척 강조한다. 연기는 '조건'을 뜻하는 '프라티트야(pratītya)'와 '발생한다'는 뜻의 '사뭇파다(samutpāda)'로 구성되어 산스크리트어 '프라티트야사뭇파다(pratītyasamutpāda)'의 한자 번역어다. 그러니까 모든 존재들이 자신의 본질로부터가 아니라 타자적인 조건들에 의해 생성되었다는 것이 '연기'가 가진 철학적 의미다. 싯다르타 당시 인도 지성계에서는 '직접 원인'을 뜻하는 '헤투(hetu)'와 '간접 원인'이나 '조건'을 의미하는 '프라티트야'를 함께 사용하고 있었다. 그렇지만 아무래도 무게중심과 관심은 헤투에 있었다고 할 수 있다. 어떤 사건의 직접적인 원인을 가리키는 말이었으니까. 그런데 싯다르타는 헤투보다 프라티트야를 강조한다.

간접 원인보다는 직접 원인, 다시 말해 조건보다는 원인이 더 중요하다는 통념을 피하기 위해서일까?

여기서 한 가지 고민해야 할 부분이 있다. 제2의 싯다르타라고 불리는 나가르주나의 『중론』 한문본에 나오는 "중인연생법(衆因緣生法)"이라는 구절과 관련된 것이다. 이 구절은 '여러 인연이 낳은 존재'라고 번역할 수 있다. 문제는 산스크리트 원전을 보면 '인연'이라는 개념은 없고 단지 '연'이라는 개념만 나온다는 점이다. 해당 산스크리트 구절은 "야 프라티트야사뭇파다(yaḥ pratītyasamutpādaḥ)"이다. 여기서 '야(yaḥ)'는 영어로 말하자면 복합관계대명사이고, '프라티트야사뭇파다(pratītyasamutpādaḥ)'는 '연기'의 술어 형식이다. 산스크리트 구절은 '연기(緣起)한 것', 즉 '조건들에 의해 발생한 것'으로 번역할 수 있다. 나가르주나는 싯다르타의 연기 개념을 그대로 사용하고 있는 것이다. 사실 이 구절을 한문으로 정확히 번역하자면 '중연생법(衆緣生法)'이라고 해야 한다. '여러 연들이 낳은 존재'라는 뜻이다. '중연생법(衆緣生法)'이라고 번역해야 할 구절이 왜 '중인연생법(衆因緣生法)'이 되었을까? 어쨌든 이렇게 싯다르타와 나가르주나의 '연기'는 동아시아에 와서 '인연'으로 변형된다.

결국 세 가지 상이한 논리가 우리에게 주어진다. 첫째로 '연(緣)'을 강조하는 싯다르타와 나가르주나의 연기의 논리, 둘째로 '인'과 '연'을 동시에 강조하는 동아시아 불교의 인연의 논리, 셋째로 '인(因)'을 강조하는 일상적인 인과의 논리다. 싯다르타와 나가르주나가 피력한 연기의 논리를 명확히 이해하기 위해서라도, 세 가지 논리를 조금 더 분명히 할 필요가 있을 듯하다. 물을 끓인다고 해보자. "불을 가하면 물이 끓는다"는 문장은 전형적인 '인과의 논리'를 보여준다. 물에 열을 가한다는 행위가 '원인'이 되고 물이 끓는 현상이 '결과'가 된다. 그렇지만 인과의 논리에는 '불을 가하면 물이 끓는' 현상 이면에 있는 수많은 것들이 무관심에 방치되기 쉽다. 생각해보라. 물을 담은 용기가 플라스틱이라면 어떻게 될까? 차갑고 강한 바람이 불면 어떻게 될까? 불을 붙일 의지를 가진 사람이 없다면 어떻게 될까? 등등. 커피를 마시려고 물 한 잔을 끓이려면 이렇게 많은 '연들'이 필요하다. 결국 불도, 물도, 산소도, 냄비도, 바람도, 습도도, 인간도 모두 '연'이라고 해야 한다. 이런 연들이 화합해서 한 잔의 끓은 물이라는 존재가 생긴 것이다. 이 중 하나라도 빠진다면, '한 잔의 끓은 물'은 만들어질 수 없다. 바로 이것이 싯다르타와 나가르주나가 말한 '연기의 논리'다.

연기는 어떤 존재가 만들어지려면 복수의 연들이 화합하거나 혹은 마주쳐야 한다는 것을 강조한다. 바로 이 대목에서 동아시아 불교 지성인들은 일종의 수정주의적 타협을 시도한다. 복수적인 연들이 중요하다면, 그중 관심이 집중되는 연 하나를 '인'이라고 놓고 나머지는 '연'이라고 놓자는 것이다. 예를 들어 자연과학적 관심을 갖는다면 '불'을 '인'이라고 놓고, 나머지 물, 냄비, 산소, 바람, 습도, 인간, 그리고 컵 등은 '연'이라고 생각하자는 것이다. 혹은 인간적인 관심을 갖는다면, '인간'을 '인'이라고 생각하고 나머지 불, 물, 냄비, 산소, 바람, 습도, 컵 등을 '연'이라고 생각하자는 것이다. 바로 이것이 '인연의 논리'다. 인연의 논리에 따르면 '인'은 그때그때 관심사에 따라 달라진다.

조금 도식적일 수 있지만 편의상 정리해보자면, 생성을 설명하는 데 세 가지 방법이 있다. 첫째로 다양한 연들이 존재를 만든다는 '연기의 논리', 둘째로 하나의 원인과 많은 조건들이라는 '인연의 논리', 그리고 셋째로 하나의 원인과 하나의 결과라는 '인과의 논리'가 그것이다. 이렇게 놓고 보면 인과의 논리는 인연의 논리로부터, 혹은 저 멀리 연기의 논리로부터 단순화되었다는 것을 알 수 있다. 세 가지 논리는 지적으로만 이해해서는 안 된다. 어느 논리에 따라 살아가느냐에 의해 우리의 삶은, 우리의 미래는, 그리고 우리가 만나는 사람들의 운명은 완전히 달라진다. 육아나 교육의 사례로 세 가지 논리의 상이한 효과를 생각해보자.

'연기의 논리'에 따르면 아이도, 선생님도, 친구도, 어머니도, 아버지도, 가족도, 주변 환경도 모두 '연'이다. 이 중 하나의 연이라도 제대로 작동하지 않는다면, 아이는 잘 자랄 수 없다. 아이가 잘 자랐다고 하자. 어머니, 선생님, 친구, 환경 등이 다행히 '연들'의 근사한 앙상블을 만든 셈이다. 하나의 연으로서 자신의 역할을 완수한 어머니는 아이의 선생님이나 아이의 친구에게 하염없이 고마워한다. 자신을 제외한 다른 '연들'이 없었다면, 자신의 노력이 아무런 효과를 발휘하지 못했으리라는 것을 알기 때문이다. 연기의 논리다.

반면 '어머니'가 절대적인 인이고 '아이', '선생님', '친구들' 등은 불변하는 연들이라고 생각할 수 있다. 한마디로 어머니의 노력으로 아이가 훌륭한 사람으로 성장할 수 있다는 입장이다. 어머니는 아이의 모든 관계나 활동을 자신이 통제하려 할 것이다. 심지어 이 어머니는 학교에 찾아가 선생님과 친구마저 통제하려 할 것이다. 결국 아이가 잘 자라지 않으면 그것은 절대적으로 어머니의 책임이 된다. 바로 이것이 '인과의 논리'가 가진 무서움이다. 이 경우도 아이가 훌륭한 사람으로 성장하기는 힘들다. 아니 성장은커녕 아이의 내면과 삶은 완전히 황폐화할 수도 있다. 하나의 원인이라는 발상은 이렇게 무서운 집착을 낳으며, 그 결과는 파괴적이다.

'인연의 논리'는 조금 더 실용적으로 접근한다. '아이'가 인이고 '어머니'나 '선생님' 혹은 '친구'들이 연일 때도 있고, '어머니'가 인이고 '아이', '선생님', '친구들'이 연일 때도 있다는 입장이다. 무언가 융통성이 있는 듯 보이지만 인연의 논리는 특정 상황에 어떤 연을 인으로 중시하고 나머지 연들의 주도권을 부정하기는 마찬가지다. 원인에 대한 집착의 강도만 완화되었을 뿐 원인에 집착하기는 마찬가지인 셈이다. 불변하는 원인도 문제지만 가변적인 원인도 동일한 문제를 낳는 것이 아닐까. 싯다르타와 나가르주나가 '프라티트야사뭇파다'에서 '헤투'를 삭제한 것, '연기'에서 '인'을 삭제한 것도 이런 이유 때문이 아닐까.

맛있는 커피 한 잔이 우리 앞에 놓여 있다. 인연의 논리나 연기의 논리에 따르면 이 커피는 수많은 악기들의 연주가 화합되어 들리는 교향곡과 같다. 라흐마니노프(Sergei Rakhmaninov, 1873~1943)의 〈피아노 협주곡 제3번(Piano Concerto No. 3)〉을 들을 때 아마추어는 과거에 CD로 들었던 것과 유사한 음악을 들을 뿐이다. 짐짓 "음, 연주가 매우 좋군"이라며 자신의 음악 취향이 꽤 수준 높다는 것을 뿌듯해하면서. 하지만 음악을 잘 듣는 사람은 연주를 더 섬세하게 감상한다. "이 부분에서 제2바이올린 소리가 좀 이상한데?"하며 고개를 갸우뚱거릴 수도 있다. 그렇지만 이런 음악 애호가도 〈피아노 협주곡 제3번〉 지휘자의 수준을 넘을 수는 없다. 수주 동안 치열하게 연습을 하며 그는 협주곡의 전체 소리뿐만 아니라 수십 명 단원들의 개별 연주 소리도 듣는다. 그러니 간혹 연주를 멈추고, 비올라를 연주하는 단원에게 "그 부분은 더 꾹 눌러 연주하면 좋을 것 같다"고 충고할 수 있었던 것이다.

커피 맛도 마찬가지 아닌가. 내 앞에 놓인 커피의 향에도 특정한 불, 특정한 물, 특정한 산소, 특정한 주전자, 특정한 바람, 특정한 습도, 특정한 원두, 특정한 잔, 그리고 특정한 인간의 의지가 모두 들어 있으니 말이다. 반대로 불의 온도가 조금만 변해도, 수질이 조금만 달라져도, 주전자의 열전도가 조금만 달라져도, 주방의 풍향과 풍속이 달라져도, 원두를 보관하는 습도가 달라져도, 커피의 원산지가 달라져도, 커피를 담은 컵의 재질이 바뀌어도, 나아가 커피를 잔에 담아 가지고 온 사람의 마음 상태가 달라도, 동일한 커피로 보이지만 완전히 다른 커피가 될 수밖에 없다.

오케스트라의 연주를 들으면서 개별 연주자들의 연주도 들어야 하듯, 커피의 맛과 함께 그 맛에 숨어 있는 수많은 인연을 포착할 수 있어야 한다. 결국 '연들에 의해 발생한 존재'를 이해하려면, 우리는 자신에게 주어진 '하나의 존재'뿐만 아니라 그것을 가능하게 하는 '연들'도 동시에 이해할 수 있어야 한다. 거대한 전체와 함께 그것을 이루는 미세한 디테일들! 오케스트라의 연주나 한 잔의 커피 맛만이 그런 것이 아니다. 인간도 '연들에 의해 발생한 존재'이다. 개별 인간 한 명 한 명도 '연기'에 의해 생성되고 지속하고 있기 때문이다.

20세기 가장 중요한 생성의 철학자 들뢰즈가 이를 간파하지 못했을 리 없다. 1977년 『대화(Dialogues)』에서 들뢰즈는 '배치'나 '조합', 혹은 '구성'을 의미하는 '아장스망(agencement)'이라는 개념에 대해 이야기했다. "아장스망은 무엇인가? 그것은 다양한 이질적인 항들로 구성되어 있으며, 나이 차이, 성별 차이, 신분 차이, 즉 차이 나는 본성들을 가로질러서 그것들 사이에 연결이나 관계를 구성하는 다중체(multiplicité)다. 따라서 아장스망은 함께 작동하는 단위이다. 그것은 공생이며 공감이다."

자전거를 타기를 좋아하면, 나와 자전거는 새로운 아장스망을 갖추게 된다. 포도송이에 새로운 포도알이 하나 열리는 것과 같다. 특히 나의 다리 근육은 자전거와 어울리는 근육으로 변한다. 자전거를 타다 자전거에서 내려 걸어보라. 자전거를 타는 근육은 걷는 근육과 다르다는 걸 누구나 직감할 것이다. 자전거도 마찬가지다. 나의 몸무게, 나의 근력, 나의 자전거 타는 법에 어울리게 변한다. 친구나 다른 사람이 오래 탔던 자전거를 탈 때 낯선 느낌이 드는 것은 이 때문이다. 자전거라는 포도송이에도 이렇게 새로운 포도알 하나가 열린 셈이다.

들뢰즈가 아장스망을 다중체로 설명하는 부분이 흥미롭다. 불어로는 '뮐티플리시테(multiplicité)', 영어로는 '멀티플리서티(multiplicity)' 인데, 여기서 '멀티(multi)'는 '많다'는 뜻의 어근이고 '플리(pli)'는 '주름'이라는 뜻의 어근이라는 것에 주목하자. 다림질을 해서 말끔하게 주름을 편 옷을 입고 집을 떠난 사람이 있다. 의자에 앉아 있어서인지 거래처를 방문하느라 뛰어서인지 얼마 지나지 않아 그의 옷에 주름이 생긴다. 옷과 외부 대상 사이의 마주침으로 주름이 생긴 것이다. 결국 이 경우 '멀티'는 최소한 세 가지를 생각할 수 있다. 나의 몸, 나의 옷, 그리고 외부 대상. 그래서 '다중체'에서 어려운 대목은 '중'이 아니라 '다'이고, '뮐티플리시테'에서 어려운 부분은 '플리'가 아니라 '뮐티'라고 할 수 있다. 옷의 주름은 눈에 보이는데, 도대체 옷이 어떤 것들과 마주쳐 그런 특이한 주름이 생겼는지 명확하지 않기 때문이다.

영어에서 많이 사용하는 '임플리케이션(implication)'이라는 단어와 '익스플리케이션(explication)'이라는 단어가 있다. 사전을 보면 임플리케이션은 '함축(含蓄)'이나 '내포(內包)'를, 익스플리케이션은 '설명(說明)'이나 '전개(展開)'라는 다소 어려운 뜻으로 풀이된다. 그렇지만 '주름'을 뜻하는 '플리(pli)'라는 어근과 '안'을 뜻하는 어근 '임(im)'과 '바깥'을 뜻하는 어근 '익스(ex)'를 염두에 둔다면, 두 단어는 그다지 어려운 말이 아니다. 임플리케이션이 '안으로 주름이 잡히는 작용'을 가리킨다면, 익스플리케이션은 '바깥으로 주름을 펼치는 작용'을 가리킨다. 농부의 주름과 어부의 주름, 그리고 사무원의 주름은 다르다. 이렇게 하나의 주름이 만들어지는 과정, 즉 아장스망과 다중체가 만들어지는 과정이 임플리케이션이라면, 그 주름에서 태양이 작열하는 대지, 폭풍우가 넘실대는 바다, 그리고 사무실 조명과 에어컨이 펼쳐지는 과정이 익스플리케이션이라 할 수 있다.

주름 접기(임플리케이션)와 주름 펼치기(익스플리케이션)라는 과정만큼 싯다르타와 나가르주나의 '연기'를 잘 설명해주는 비유도 없을 듯하다. 수많은 조건들이 마주쳐 만들어진 한 잔의 커피도, 수많은 악기들의 연주가 조화를 이루어 울려 퍼지는 하나의 협주곡도 바로 하나의 주름이 아닌가? 그래서 하나의 사람을, 하나의 사건을, 하나의 대상을 이해한다는 것은 그 사람, 그 사건, 그 대상에 새겨진 주름을 펼치는 과정이라고 할 수 있다. 익스플리케이션! 그렇지만 주름을 펼치는 과정은 억지로 되는 것이 아니다. 그 사람, 그 사건, 그 대상이 스스로 주름을 펼치지 않으면 우리로서는 속수무책이기 때문이다. 여기서도 그 사람, 그 사건, 그 대상에 대한 따뜻한 애정과 지속적인 관심이 불가피하다. 마치 따뜻한 봄볕이 지속되어야 꽃들이 꽃망울을 터뜨리는 것처럼.

그런데 왜 주름을 펼쳐야만 하는 것일까? 놀랍게도 그것은 새로운 주름을 만들기 위해서다. 종이 한 장을 반으로 접고, 그것을 다시 반으로 접고, 그것을 또다시 반으로 접는다고 해보자. 접힌 종이는 점점 작아지고 두꺼워져 더 이상 접기 힘들게 될 것이다. 이것은 새로운 마주침과 새로운 관계가 힘들다는 이야기다. 그러니 새로운 주름을 만들려면 수겹으로 접힌 종이를 먼저 펼쳐야 한다. 물론 완전히 펼치면 종이에는 주름의 흔적이 여전히 남아 있겠지만. 결국 익스플리케이션은 새로운 임플리케이션을 위해 불가피한 과정인 셈이다. 새로운 인연을 만들려면 우리는 과거의 인연을 펼쳐 보여줘야 한다. 동시에 이렇게 펼쳐진 주름을 싫어하지도, 조롱하지도, 비웃지도 않는 따뜻한 타자도 필요하다. 주름의 펼침, 그것은 나와 타자 사이의 애정이 없다면 불가능한 기적이다.

─────── "니 뭣고?"

    사적인 이유든 아니면 공적인 이유에서든 사찰에 잠시 머물 때면 노스님을 만나 대화를 나눌 수 있는 호기를 얻기도 한다. 노스님은 차를 마시거나 함께 산책을 할 때 갑자기 물음을 던지시곤 한다. "니, 뭣고?" 이는 "너는 무엇이냐?"라는 질문이다. 선불교에서는 스승이 "이 뭣고(是甚麼, 시심마)?", 즉 '이것은 무언인가'라는 질문을 던지는 오래된 전통이 있다. 여기서 '이것[是]'은 눈에 보이는 무엇이라도 상관없다. 그러니 더 화끈하고 더 직접적으로 아예 상대방에게 "니, 뭣고?"라는 질문을 던지는 것이다. 이름을 묻는 것인가? 아니다. 내 이름은 내가 태어나지 않았어도 다른 사람이 충분히 가질 수 있는 것이다. 주민등록번호를 묻는 것인가? 내가 태어나지 않았다면 다른 사람이 이 주민등록번호를 가지고 살아가고 있었을 것이다. 가족 관계를 묻는 것인가? 누구누구의 장녀나 장남이라고 해도 내가 태어나지 않았다면 다른 누군가가 장녀와 장남 노릇을 충분히 하고 있었을 일이다. 누구의 남편인지, 누구의 아내인지를 묻는 것인가? 내가 태어나지 않았다면, 누군가 다른 사람이 나 대신 그 사람의 아내나 남편이 되었을 일이다.

    무엇이든 간에 대답하기 난처한 질문이다. "너는 무엇이냐?", "너는 누구냐?", "니, 뭣고?" 도대체 왜 우리는 이 질문에 당혹감을 느끼는 것일까? '나'가 아니라 '너'에 대해 생각해보면, 내게 던져지는 이런 당혹스런 질문에 대답할 수 있는 실마리를 얻을 수 있다. 내가 누군가를 만나 첫눈에 반했다고 하자. 다행히 상대방도 나를 싫어하는 눈치는 아니다. 이럴 때 나는 상대방의 주름을 펼치려고 무던히 애를 쓴다. 이름도, 주민등록번호도, 가족 관계 등도 여기서 핵심이 아니다. 상대방의 이름, 주민등록번호, 그리고 가족 관계는 상대방이 진정으로 좋아하는 것과 싫어하는 것에 대해 아무런 정보도 주지 않기 때문이다.

중요한 것은 바로 상대방이 좋아하는 것과 싫어하는 것을 알아차리는 데 있다. 카페에 함께 가면 상대방이 어떤 커피를 좋아하는지, 혹은 어떤 차를 좋아하는지 알아둔다. 레스토랑에 가면 상대방이 파스타를 좋아하는지 샐러드를 좋아하는지 아니면 스테이크를 좋아하는지 놓치지 않으려고 한다. 심지어 상대방이 어떤 작가를 좋아하는지, 시를 좋아하는지 소설을 좋아하는지도 알아채려고 노력한다. 대중음악을 좋아하는지 클래식 음악을 좋아하는지, 나아가 바흐를 좋아하는지 슈베르트를 좋아하는지도 신경 쓰지 않을 수 없다. 거리를 산책하다 카페에서 흘러나오는 음악에 상대방이 어떻게 반응하는지 체크해야 하니까. 이뿐만이 아니다. 영화는 어떤 장르를 좋아하는지, 산을 좋아하는지, 계곡을 좋아하는지, 바다를 좋아하는지, 산책을 좋아하는지 아니면 의자에 앉아 풍경을 관조하는 것을 좋아하는지, 보라색을 좋아하는지 아니면 짙은 파란색을 좋아하는지 등등.

상대방이 무엇을 좋아하고 무엇을 싫어하는지를 나는 왜 알려고 하는 것일까? 상대방이 좋아하는 것을 해주면, 그가 나와의 관계에서 행복을 느낄 가능성이 커진다. 당연히 상대방이 나를 떠날 위험은 그만큼 줄어든다. 반면 상대방이 싫어하는 것을 지속적으로 해주면, 그는 나와의 관계와 만남을 불행으로 느끼기 쉽다. 얼마 지나지 않아 분명 그는 결별을 선언하며 내 곁을 떠날 것이다. 서로 무엇을 좋아하는지 잘 아는 커플의 이별이 그렇지 않은 커플의 이별보다 더 잔인할 수 있는 것도 이런 이유에서다. 서로 상대방이 가장 싫어하는 행동을 하니, 그 상처는 더욱 커지기 때문이다.

상대방을 하나의 포도송이로 비유한다면, 그가 좋아하는 것을 좋아하는 어떤 경향성과 어떤 힘 하나하나는 포도알과 같다고 할 수 있다. 포도송이 전체를 '너'라고 표현한다면, 포도알들 하나하나는 '작은 너들'인 셈이다. 이 '작은 너들'이 마주쳐 하나의 거대한 교향곡처럼 울려 퍼진 것이 바로 '너'였던 셈이다. 여기서 '작은 너들' 각각은 단독적이라는 것을 잊어서는 안 된다. '작은 너들'은 하나의 '너' 안에 '함께 존재하지만(consistent)' 서로에 대해 '교환 불가능하다(nonexchangeable)'. 다시 말해 파스타를 좋아하는 '작은 너', 보라색을 좋아하는 '작은 너', 바흐를 좋아하는 '작은 너'는 각각 고유한 독자성과 나름 자기만의 계열을 가지고 있다는 것이다.

잊지 말아야 할 것은 '작은 너들' 중 특정한 무언가를 싫어하는 부정적인 '작은 너들'도 있다는 사실이다. 불행한 '작은 너들', 우울

인연 因緣 ———— 만들어진 인연에서 만드는 인연으로

한 '작은 너들', 위축되는 '작은 너들'인 셈이다. 비록 병든 포도알이라 할지라도, 분명 이 부정적인 '작은 너들'도 전체 포도송이를 구성하는 성원이라는 것은 숨길 수 없는 사실이다. 예를 들어 큰 소리를 너무나 싫어하는 '작은 너'도 있을 수 있다. 어린 시절 폭력적인 아버지나 선생님의 호통과 고함과 마주치면서 생긴 상처받은 '작은 너'인 셈이다. 이런 경우 뒤에서 다가가 "와!" 하면서 상대방을 놀라게 하거나, 생일을 기념한다며 갑자기 폭죽이나 풍선을 터뜨리거나, 엄청난 음악 소리와 소음이 흘러넘치는 클럽에 데려가는 건 위험한 일이다.

불교식으로 표현하자면 선연(善緣)으로 만들어진 '작은 너'도 있고, 악연(惡緣)으로 만들어진 '작은 너'도 있는 법이다. 그러니까 전자가 무언가를 긍정적으로 좋아하는 '작은 너'라면, 후자는 무언가를 싫어하는 '작은 너'라고 할 수 있다. 산을 좋아하는 '작은 너'를 가진 상대방은 산에 오르면 몸과 마음이 쾌활하고 행복해진다. 반대로 큰소리를 싫어하는 '작은 너'를 가지고 있다면, 상대방은 설령 나에게 호감을 품고 있더라도 내가 큰소리를 치면 자지러지고 위축되고 불행해진다. 다행스러운 것은 포도송이를 이루는 포도알들은 미세하게 변할 수 있다는 점이다. 어떤 알들은 떨어지고 어떤 알들은 새로 영근다고 이해하면 좋다. 시간이 걸리지만 우울하고 불행한 '작은 너'는 싫어하는 것과 멀어지면, 점점 시들다 꼭지만 남기고 떨어진 포도알처럼 흔적만 남기고 사라진다. 반대로 쾌활하고 행복한 '작은 너'는 좋아하는 것과 함께 더 성숙한다.

매년 연말이 되면 가족이나 친구들, 혹은 연인과 떠들썩하게 파티를 하며 보내는 경우가 많다. 그럴 때 함께 리스트를 작성해보라. 가장 좋아하는 것들과 가장 싫어하는 것들을 우선순위에 따라 적어보는 것이다. 나의 리스트, 남편의 리스트, 아내의 리스트, 아이의 리스트, 어머니의 리스트, 아버지의 리스트, 친구의 리스트, 혹은 연인의 리스트를 확인해보자. 나의 '작은 나들', 남편의 '작은 나들', 아내의 '작은 나들', 아이의 '작은 나들', 어머니의 '작은 나들', 아버지의 '작은 나들', 친구의 '작은 나들', 연인의 '작은 나들'이 보일 것이다. 이것은 사실 만만한 작업이 아니다. 지금 당장 리스트를 작성해봐도 좋다. 좋아하는 것들의 리스트나 싫어하는 것들의 리스트를 채우는 것조차 힘든 사람도 상당히 많을 것이다. 내가 원하고 좋아하는 것보다는 타인이나 사회가 원하고 좋아하는 것을 중시하는 사람이 많기 때문이다.

나 자신이든 타인이든 좋아하는 것과 싫어하는 것들의 리스트가 완성되었다면, 우리는 나 자신을 이루는 '작은 나들'을 들여다본 셈이다. 그리고 1년 뒤에도, 2년 뒤에도 계속 리스트를 작성한다. 10년 뒤 리스트를 작성한 다음 10장의 리스트를 비교해보라. 사라진 '작은 나들', 성장한 '작은 나들', 그리고 새롭게 영근 '작은 나들'을 확인할 수 있을 것이다. 성장한 나들은 더 구체적으로 무언가를 좋아한다. 예를 들어 막연히 산을 좋아했던 '작은 나'가 겨울 설악산을

좋아하는 '작은 나'가 되거나, 클래식을 좋아했던 '작은 나'가 피아
니스트 피레스(Maria João Pires, 1944~)가 연주하는 슈베르트를 좋아하
는 '작은 나'로 성장하는 식이다. 또 한 가지 확인할 수 있는 것은 나
이가 들수록 좋아하는 것들의 리스트가 많아지고 싫어하는 것들의
리스트가 줄어든다는 점이다. 좋아하는 것을 하고 싫어하는 것은
피할 수 있는 힘이 나름 생기기 때문이다.

다시 처음으로 돌아가자! 바람이 시원하게 불고 있는 어느 사찰
방에서 큰스님과 구수한 차를 마시고 있다. 갑자기 큰스님이 내게
묻는다. "니, 뭣고?" 이제 드디어 우리는 미소를 던지며 큰스님에
게 대답할 수 있다. "저는 지금 방을 휘돌아 나가는 바람이 좋아요",
"이 차 아주 구수한데요", "스님은 연세가 드실수록 귀여우세요" 등
등. 큰스님의 질문에 그저 그 순간 자신이 좋아하는 것을 여유롭게
말하면 된다. 바람이 좋다는데, 차가 구수하다는데, 스님이 좋다는
데, 무슨 말이 더 필요하겠는가.

──── 혜능의 첫 번째 설법,
      "선과 악을 넘어, 너 자신의 맨얼굴을 보라!"

'작은 나들'은 두 가지 작용을 필요로 한다. 첫 번째는 '마주침(의
발생)'이고, 두 번째는 '(마주침의) 지속'이다. 첫 번째 마주침의 발생은

우리에게 기쁨을 주거나 슬픔을 준다. 불교식으로 말하자면 '좋은 인연[善緣]'이거나 아니면 '나쁜 인연[惡緣]'일 수 있다. 좋은 마주침 인지 나쁜 마주침인지 사전에 결정할 수 없다는 것은 분명하다. 하지만 '마주침의 지속'은 상황이 다르다. 우리가 개입할 수 있는 부분이니까. 원칙적으로 좋은 마주침이면 지속하고 반복하면 된다. 그러면 낙천적이고 긍정적인 '작은 나'가 하나의 근사한 주름처럼, 혹은 영롱한 포도알처럼 영글 것이다. 나쁜 마주침이면 다시 마주치지 않으면 그만이다.

문제는 나쁜 인연인 줄 알면서도 이것을 반복할 수밖에 없을 때 벌어진다. 바로 여기서 우울하고 슬픈 '작은 나'가 병든 포도알처럼 만들어진다. 그만큼 좋아하는 것과 마주쳐 긍정적인 '작은 나'를 만들기가 어렵다. 아이들, 여성들, 취업준비생, 비정규직, 노년층 등 사회적 약자들에게 많이 관찰되는 불행한 현상이다. 아이들을 생각해보라. 일단 아이들은 많은 것을 경험할 수 없다. 지적으로나 신체적으로 아이에게 부모님, 선생님, 이웃들 등 절대적인 강자들이 너무나 많다. 자신이 좋아하는 것을 하는 것보다는 자신을 보호해주는 어른들이 좋아하는 것을 하는 것이 훨씬 더 유리한 법이다. 아이들은 어른들이 공부 잘하는 걸 좋아하면 그다지 좋아하지는 않지만 공부를 하려고 하고, 어른들이 시금치나 파를 먹는 걸 좋아하면 그다지 좋아하지는 않지만 눈 꼭 감고 먹는다. 어른들이 집안일 돕는 것을 좋아하면 그다지 좋아하지는 않지만 집안일을 한다.

이런 정상적인 경우 외에 불행히도 아이는 슬프고 우울한 '작은 나'를 만들 수밖에 없는 가정에 태어나거나, 아니면 외롭고 겁에 질린 '작은 나'를 만들 수밖에 없는 폭력적인 학교생활에 던져지기도 한다. 나는 나고, 부모님은 부모님이고, 선생님은 선생님이고, 학급 친구는 학급 친구일 뿐이다. 그렇지만 어린아이는 아직 좋은 인연을 지키거나 반대로 나쁜 인연을 거부하기에는 너무나 약하기만 하다. 문제는, 경제적으로든 육체적으로든 성장한 어른임에도 마치 어린아이처럼 자신이 원하는 것이 아니라 사회나 통념이 원하는 것을 하는 사람들이 많다는 데 있다. 어른인데 어른 같지 않은 어른이고, 성인인데 성인 같지 않은 성인이다. 악연과 단절하고 선연을 지속할 수 있는 힘이 있는데도 그런 힘을 발휘하지 못하니 아이와 다를 바 없다. 당연히 유쾌하고 행복한 '작은 나'는 만들어지기 힘들고, 병든 포도알처럼 불행하고 우울한 '작은 나'가 여전히 힘을 발휘한다.

　혜능의 첫 번째 설법도 이와 관련된다. '마음＝거울'이라는 도식을 파괴한 뒤, 혜능은 오조 홍인으로부터 앞으로 선종을 이끌 육조로 간택받는다. 그렇지만 홍인의 나머지 제자들이 스승의 이런 결정을 받아들일 리 만무하다. 일자무식에 사찰에서 땔나무나 모으던 막내 사제를 스승으로 모실 생각은 조금도 없었으니까. 그래서 혜능의 사형들은 홍인이 혜능에게 전수한 가사와 발우를 뺏으려 했다. 혜능이 받은 가사와 발우, 즉 오조의 옷과 밥그릇은 일종의 곤룡포나 옥새처럼 육조의 상징이었다. 당시 북중국과 남중국을 가르는 거대한 산맥에 대유령(大庾嶺)이라는 고갯길이 있었다. 대유령만 넘으면 혜능은 위험한 그물망에서 일단 벗어나게 된다. 혜능은 구름마저 넘기 버거워한다는 대유령에 이르렀지만, 가장 강건하고 날랜 사형이 혜능을 따라잡고 만다. 바로 혜명(慧明)이라는 스님이다. 출가하기 전 장수였다는 사실만으로 혜명이 얼마나 무시무시한 추적자였을지 미루어 짐작할 수 있다.

혜능은 혜명이 노리는 것이 홍인의 가사와 발우이고, 자신이 그 물건들을 가지고 있다가는 죽임을 당하리라는 걸 직감한다. 그래서 서둘러 옆에 있는 돌 위에 스승으로부터 받은 가사와 발우를 내던지며 혜명에게 말한다. 『육조단경』에는 대유령에서 벌어졌던 이 팽팽한 긴장감이 다음과 같이 기록되어 있다. "혜능은 혜명에게 말했다. '이것들은 불법을 물려받았다는 징표이니 힘으로 빼앗을 수 있는 것이겠는가? 그대가 가져갈 수 있다면 가져가도록 하라!' 혜명이 그것을 들려고 했으나 산처럼 움직이지 않자 당황하며 두려워했다. 혜명은 말했다. '제가 온 것은 불법을 구하기 위한 것이지, 가사 때문은 아닙니다. 제발 행자께서는 제게 불법을 보여주십시오.' 혜능 스님이 말했다. '선(善)도 생각하지 않고 악(惡)도 생각하지 않아야 한다. 바로 그러한 때 어떤 것이 혜명 상좌의 원래 맨얼굴(本來面目)인가?' 혜명은 바로 크게 깨달았는데, 온몸에 땀이 흥건했다."

인연 因緣 ─────── 만들어진 인연에서 만드는 인연으로 육조로 등극한 혜능의 첫 설법은 이렇게 바람과 구름마저 숨을 헐떡이며 넘는 써늘한 대유령에서 처음으로 이루어진다. 혜능의 첫 설법은 놀랄 만큼 간결하고, 그만큼 충격적인 데가 있다. 선과 악을 마음속에서 깨끗이 비워버려라! 정말 선과 악을 생각하지 않았을 때 너 자신의 맨얼굴을 보라! 내가 좋아하지 않는 것인데도 부모님이나 선생님, 혹은 사회가 선이라고 해서 하는 것이 얼마나 많은가? 내가 좋아하는 것인데도 외부에서 악이라고 해서 주저하며 하지 않은 것이 얼마나 많은가? 혜능은 이런 선과 악에 지배받지 말아야 한다고 먼저 강조한다. 아니 정확히 말해, 외부에서 강요한 선과 악이라는 선글라스를 벗고서 자신과 세계를 보라는 이야기다.

누구의 눈치도 보지 않으니, 무언가를 하게 되면 자신이 좋아서 하는 일이고, 무언가를 하지 않으면 자신이 싫어서 하지 않는 일이다. 바로 이것이 자신의 맨얼굴, 『육조단경』의 표현을 빌리자면 '본래면목(本來面目)'을 본다는 것이다. 주변 사람들로부터 고상하다고 인정받으려고 클래식을 즐기는 척하거나 고가의 와인을 즐기는 척하는 것이 아니라, 주변에서 뭐라고 하든 트로트를 즐겁게 흥얼거리고 막걸리를 시원하게 마시는 것이다. 주변에서 뭐라고 하든 내가 부르고 싶으니 부르고, 내가 마시고 싶으니 마실 뿐이다. 이럴 때 내 안에는 유쾌하고 행복한 '작은 나들'이 고운 빛과 맛난 향을 풍기는 포도알들처럼 영글고, 우울하고 불행한 '작은 나들'은 시들어 나로부터 떨어져나간다.

니체도 『도덕의 계보학(Zur Genealogie der Moral)』(지식을만드는지식, 2008)에서 말하지 않았던가. "선과 악을 넘어, 이것은 적어도 좋음과 나쁨을 넘어선다는 것을 의미하지는 않는다." 선과 악은 부모님, 시부모님, 선생님, 직장 상사, CEO나 사회적 통념 등이 나에게 강요하는 것이라면, 좋음과 나쁨은 오직 내가 느끼고 감당하는 것이다. 다수가 원하는 선과 악이 아니라 너의 좋음과 나쁨, 혹은 나의 좋음과 나쁨이 중요하다는 이야기다. 혜능도 마찬가지다.

"선도 생각하지 않고 악도 생각하지 않아야 한다. 바로 그러한 때 어떤 것이 혜명 상좌의 원래 맨얼굴인가?"라는 혜능의 질문은 결국 "니, 뭣고?"라는 질문과 다름없는 셈이다. 다른 사람의 눈치를 보지 않고, 네가 좋아하는 것은 무엇이고 싫어하는 것은 무엇인지 말할 수 있는가? 바로 이것이 육조다운 혜능의 첫 번째 물음이자 설법이었다.

"앞으로 앞으로 앞으로 앞으로/지구는 둥
그니까 자꾸 걸어나가면/온 세상 어린이를 다 만나고 오겠네/온
세상 어린이가 하하하하 웃으면/그 소리 들리겠네 달나라까지/앞
으로 앞으로 앞으로 앞으로." 동요 〈앞으로〉의 전체 가사다. 바닷가
에서 먼 바다를 보면 수평선이 보인다. 그 수평선은 절벽 끄트머리
처럼 보인다. 수평선 쪽으로 항해하던 배가 수평선 밑으로 떨어지
는 것처럼 사라지니 말이다. 그러니 지구 판형설도 나온 것이다. 지
구는 판처럼 생겨서 저 멀리 판 끝까지 가면 배든 사람이든 천 길
낭떠러지, 아니 헤아릴 수 없는 낭떠러지 밑으로 추락한다는 이야
기다.

육지에 갇혀 바다로 나아가려는 생각조차 하지 않았던 과거 신
학자나 과학자들은 저 먼 바다 끝으로 가면 추락해 우주의 심연에
빠져 죽을 거라고 말했다. 바로 이들이 선과 악을 명령했던 사람들

이다. 그런데도 온몸으로 "앞으로 앞으로" 나아갔던 사람들이 있었고, 그 결과 그들은 알게 된다. 바다에는 사람과 배가 추락하는 절벽은 존재하지 않는다는 것을, 그것은 지구가 둥글기 때문에 생기는 착시 효과일 뿐이라는 것을, 선과 악을 명령했던 사람들은 우리가 좋은 인연을 만들 기회를 갖는 것조차 싫어했다는 것을.

사랑하는 사람과 이별하거나 혹은 사랑하는 사람이 죽으면, 우리는 세상이 끝난 것처럼 생각하기 쉽다. 그래서 너무나 쉽게 만성화된 슬픔, 고질적인 우울 속에 갇히게 된다. 행복과 기쁨이 더 이상 없을 것만 같다. 그러나 "앞으로 앞으로" 삶을 밀어붙이면 알게 된다. 얼마 지나지 않아 그 사람이 부재하기에 다른 사람을 만날 수 있다는 것을. 하나의 인연이 끝나야 다른 사람과 새로운 인연을 만들 수 있지 않은가? 처음에는 이별이 절벽으로 떨어지는 수평선처럼 보인다. 그렇지만 "앞으로 앞으로" 걸어나가면, "앞으로 앞으로" 배를 수평선 쪽으로 밀어붙이면, "온 세상 어린이를 다 만나" 새로운 인연을 맺을 수 있다.

인연 因緣 ──── 만들어진 인연에서 만드는 인연으로

착수처

•

반복적인 만남에도 항상 다른 만남도 엄청 많다는 것을 잊지 말자.

지구를 네모난 판이라고 생각하면, 우리는 만들어진 인연이 좋든 나쁘든 벗어날 길이 없다. 반면 지구를 둥글다고 생각하면, 우리는 지금까지 가본 적 없던 곳으로 힘껏 노를 저어 나아갈 수 있다. 가정이든 학교든 직장이든 상관없다. 어떤 관계든 마찬가지다. 집을 나가면, 학교를 벗어나면, 직장을 그만두면, 지인들과의 관계를 끊으면 살 수 없을 것 같고 죽을 것만 같다면, 사방이 절벽으로 둘러싸인 네모난 지구에 살고 있다고 믿는 셈이다. 당연히 집이, 학교가, 직장이, 어떤 관계가 강요하는 선과 악은 절대적으로 따라야 하는 것이 되고 만다. 그만큼 내가 느끼는, 나만이 느끼는 '좋음'과 '나쁨'은 점점 무가치한 것으로 전락한다. 여기서 어떻게 내가 좋아하는 것과 싫어하는 것을 관철하는 삶이 가능하겠는가?

우리는 좋아하는 것을 할 때나 싫어하는 것을 하지 않을 때 행복하다. 반대로 우리는 좋아하는 것을 할 수 없을 때나 싫어하는 것을 해야 할 때 불행하다. 집이, 학교가, 직장이, 그리고 어떤 관계가 행

처음에는 이별이 절벽으로 떨어지는 수평선처럼 보인다.
그렇지만 "앞으로 앞으로" 걸어나가면,
"앞으로 앞으로" 배를 수평선 쪽으로 밀어붙이면,
"온 세상 어린이를 다 만나" 새로운 인연을 맺을 수 있다.

복을 준다면 아무런 문제가 없다. 그런데 만약 집이, 학교가, 직장이, 어떤 관계가 불행을 안겨줌에도 우리가 집을, 학교를, 직장을, 그리고 어떤 관계로부터 떠나지 못한다면 문제가 된다. 점점 행복하고 유쾌한 '작은 나들'은 사라지고, 불행하고 우울한 '작은 나들'이 우리 안에 자라게 될 테니까. 새로 생기기는커녕 점점 병들어가는 포도알들이 늘면, 그 포도송이가 어떻게 윤기 나는 자태와 달콤한 향을 자랑할 수 있을까?

학대를 받는 어린아이가 있다. 다행히 이웃이 그 잔인한 범죄 행위를 알아채고 경찰이나 구청에 신고를 했다. 경찰관이나 구청 직원이 찾아와 아이에게 손을 내밀면 과연 이 아이는 이들의 손을 덥석 잡을까? 그렇지 않다. 익숙한 아버지도 자신을 때렸는데, 낯선 사람에게 자기 운명을 맡기는 것은 여간 불안한 일이 아니기 때문이다. 이 아이의 세계는 그만큼 편협하다. 폭력적인 아버지를 벗어나면 다른 많은 관계가 가능하다는 것을 알지 못한다. 성인인 아버지에 비해 너무도 약할 뿐만 아니라, 집을 떠나 혼자서는 살 수 없는 어린아이이니 그럴 수밖에 없다.

하지만 어른이라면 이야기가 달라진다. 가정 폭력에 시달리는 여자의 몸에 생긴 멍 자국을 보고 사람들이 그녀에게 묻는다. "왜 그런 사람이랑 같이 살아?" 경제적인 이유에서든 정서적인 이유에서든 그 불행한 여자는 남편과의 관계를 벗어나면 살 수 없다고 생각하고 있다. 육지에서의 고통보다 저 수평선 뒤에 감추어진 절벽으로 추락하는 것이 더 무섭다는 식이다. 이 학교가 아니면 안 된다고, 이 직장이 아니면 안 된다고 생각하는 것도 마찬가지다. 그러니 교수와 직장 상사의 '갑질'이 끊이지 않는 것이다. 대개 인간은 자신이 해보지 않은 것을 하는 것과 마주치지 않은 것과 마주치는 것을 무서워하는 법이다. 용기가 있었던 몇몇 뱃사공을 제외한 많은 옛사람들이 수평선 근처로 배를 몰고 가는 것을 꺼렸던 것도 이런 이유에서다.

마주침의 지속과 반복이 위험한 이유는 분명하다. 다른 마주침도 충분히 가능하다는 것을 잊게 하기 때문이다. 다른 마주침의 가능성에 열려 있어야, 우리는 지금 자신이 반복하는 마주침을 성찰하고 반성할 수 있다. 이 사람과 계속 사는 것이 나를 유쾌하고 행복하게 만드는가? 이 학교에 계속 다니는 것이 나를 성장시키고 아름답게 만드는가? 이 직장에 계속 다니는 것이 나의 미래에 희망을 던지는가? 사회의 선과 악이 아니라 나의 좋음과 기쁨이 가치 평가의 기준이 되어야 한다. 이것이 가능하기 위해서는 반복되는 마주침이 새롭게 일어날 수 있는 마주침들 중 하나에 지나지 않는다는 사실을 잊어서는 안 된다.

육지에서 점점 멀어지고 그만큼 수평선에 가까워질 때, 바이킹의 설렘과 긴장, 그리고 용기를 떠올려보라. 물론 남들이 두려워하던 수평선을 넘어 도달한 곳에서 좋은 인연을 만나지 못할 수도 있다. 그럴 때에는 좋은 인연과 마주치는 것이 아니라 나쁜 인연과 단절하는 것이 우리가 할 수 있는 일이다. 나쁜 인연을 마주쳤다 해도 무슨 문제인가? 다시 수평선 너머로 배를 몰면 되지 않는가?

남들이 절벽이라고 여기며 무서워하던 수평선으로 배를 처음 몰아 나아갈 때만 힘들 뿐이다. 두 번째부터는 아주 쉽다. 어디로 배를 몰아도 절벽으로 추락하지 않는다는 것을 알기에. 그래도 힘이 들면 다시 한 번 힘차게 노래하자. "앞으로 앞으로 앞으로 앞으로/지구는 둥그니까 자꾸 걸어나가면/온 세상 어린이를 다 만나고 오겠네/온 세상 어린이가 하하하하 웃으면/그 소리 들리겠네 달나라까지/앞으로 앞으로 앞으로 앞으로!"

6강

주인

主人

무엇이든 할 수 있는 것,
아니 그만둘 수 있어야
자유다

불교에는 '현애살수(懸崖撒手)'라는 말이 있다. '매달려 있는 절벽에서 손을 떼야 한다'는 뜻이다. 매달려 있는 절벽에서 손을 떼라니? 죽으라는 말인가? 생각해보라. 지금 엄청난 높이의 절벽에 간신히 매달려 있다. 떨어지면 죽을 것 같아 살려고 매달려 있는 것이다. 그런데 깨달은 사람들은 "매달려 있는 절벽에서 손을 떼야 한다"고 역설한다. 자비와 사랑을 강조하는 스님의 말이라고는 믿기지 않고 심지어 쉽게 납득되지도 않는 말이다. 그런데 그러한 의구심은 간단히 해소될 수 있다.

'매달린 절벽'은 사실 놓아도 아무런 문제가 없는데도 놓으면 죽을 것 같다고 믿는 집착의 대상일 뿐이다. '매달린 절벽'은 사람마다 다르다. 젊음일 수도 있고, 건강일 수도 있고, 가족일 수도 있고,

돈일 수도 있고, 집일 수도 있고, 아이일 수도 있다. 아니면 사랑일 수도 있고, 우정일 수도 있고, 타인의 인정일 수도 있다. 아이를 잡지 않으면 천 길 낭떠러지로 떨어질 것 같은 사람에게 아이에게 그렇게 집착하지 말라고 쉽게 말할 수는 없다. 그렇게 권고하는 사람도 돌아보면 돈이나 건강을 매달린 절벽처럼 붙잡고 집착할 수도 있다. 또한 '매달린 절벽'에서 손을 떼지 못하는 사람의 손을 억지로 떼어내려 해서도 안 된다. 그럴수록 그 사람은 더 억세게, 더 집요하게 매달린 절벽을 잡으려 할 테니 말이다.

매달린 절벽에서 손을 떼지 못하는 사람은 자유롭지 못한 사람, 자기 삶의 주인이 되지 못하는 사람이라는 것은 분명하다. 무엇이든 간에 그것이 없다면 못 살 것 같고 죽을 것 같다면, 이미 그 사람은 매달린 절벽의 노예일 뿐이다. 놓으면 죽을 것 같은데도 놓아야 하는 이유는 무엇일까? 삶의 새로운 가능성을 도모할 수 있는 자유를 위해서다. 예를 들어 돌멩이를 놓지 않으려는 사람이 있다고 해보자. 돌멩이를 잡고 있으면 그는 돌멩이 말고 자신이 잡을 수 있는 수많은 것들을 잡을 수 없다. 그러니 오해하지 말자. 돌멩이를 놓는 것은 빈손을 유지하겠다는, 혹은 아무것도 잡지 않겠다는 것이 아니다. 그것은 돌멩이를 다시 잡는 것을 포함해 모든 것을 잡을 수 있는 자유를 얻기 위해서다.

가출이 아닌 출가이길 바란다
떠나온 집이 어딘가 있고 언제든 거기로 돌아갈 수 있는 자가 아니라

돌아갈 집 없이
돌아갈 어디도 없이
돌아간다는 말을 생의 사전에서 지워버린
집을 버린 자가 되길 바란다

매일의 온몸만이 집이며 길인,

그런 자유를……

바란다, 나여

— 김선우, 「민달팽이를 보는 한 방식」

달팽이이지만 얼핏 보면 징그러운 벌레 같은 민달팽이라는 놈이
있다. 민달팽이는 껍데기가 퇴화되어 얇은 외투막을 걸치고 산다.

대도시가 아니라 풀과 나무가 적당히 있는 소도시나 시골 사람들이 사는 곳에서 함께 산다. 장독대도 있고 돌담도 있어야 하고 흙도 있어야 한다. 낮에는 서늘하고 습한 장독대의 갈라진 틈새나 돌담의 틈새, 혹은 촉촉한 흙 속에 머문다. 장독대나 돌담의 틈새나 흙이 민달팽이의 껍데기인 셈이다. 밤이 되면 민달팽이는 풀이나 꽃 등 식물에 올라가 식사를 한다.

김선우 시인은 한적한 소도시나 시골집에 머문 적이 있는 것 같다. 초저녁이었을 것이다. 배고픈 민달팽이 한 마리가 성급하게도 모습을 드러냈지만, 이놈은 김선우 시인이 자신을 보고 있다는 걸 몰랐다. 하긴 더듬이 한 쌍만 있는 놈이 볼 리 만무한 일이다. 김선우 시인은 민달팽이를 보고 상념에 젖는다. 껍데기를 벗어던진 것은 잘한 일인가? 자신을 보호하던 튼튼한 집을 버린 이유는 무엇일까? 어째서 맨몸, 아니 온몸으로 세상과 마주하려는 결단을 내린 것일까? 불현듯 김선우 시인은 깨닫게 된다. 자신도 일종의 민달팽이라는 사실을. 일체의 껍데기를 벗어던지고 온몸으로 세상의 마찰을 느껴야 시가 나올 수 있다는 사실을.

하긴 "온몸으로 밀고 가야 시가 된다"고 한 김수영(金洙暎, 1921~1968)과 "껍데기는 가라"고 절규했던 신동엽(申東曄, 1930~1969)의 자랑스런 후배이니 김선우 시인의 이런 자각도 당연한 듯 보인다. 껍데기를 벗고 온몸으로 풍찬노숙을 하는 자유, 그 속에서 시를 써야 하는 시인의 숙명을 떠올리면서 김선우 시인은 「민달팽이를 보는 한 방식」이라는 근사한 시를 한 편 길어 올린다. 「민달팽이를 보는 한 방식」을 김선우 시인의 말대로 '온몸으로' 흡입하기 위해서는 간단한 사례를 하나 생각하면 쉽다. 바로 여행이다.

여행은 두 종류가 있다. 하나는 여정 전체가 시간 단위로 계산되는 '돌아올 날이 예정된 여행'이다. 비행기 왕복 티켓, 묵을 숙소들, 돌아봐야 할 주요 관광지들, 귀국해서 가족이나 친구들에게 줄 선물 목록 등. 돌아올 날이 예정된 여행의 특징은 여정 중간쯤 되면 이미 귀국을 생각하며 잠을 청한다는 사실이다. 이런 여행은 또 다른 특징이 있다. 여행할 때보다 여행을 떠나기 전 출발할 날을 헤아릴 때 더 설렌다는 점이고, 동시에 여행할 때보다는 집에 도착한 뒤 여행을 회상할 때 더 행복하다는 점이다. '돌아올 날이 예정된 여행'이 여러모로 「민달팽이를 보는 한 방식」에서 김선우 시인이 말한 '가출'과 닮은 것도 이런 이유에서다. 김선우 시인은 가출을 하는 사람은 "떠나온 집이 어딘가 있고 언제든 거기로 돌아갈 수 있는 자"라고 말한다. 그러니 '돌아올 날이 예정된 여행'은 줄여서 '가출자의 여행'이라고 부를 수 있을 듯하다.

'가출자의 여행'을 하면서 최악의 상황은 떠나온 집을 걱정하는 것이다. 가스밸브는 잘 잠그고 왔는지, 중요한 연락은 오지 않았는지, 공과금은 자동 납부로 돌려놨는지 등. 그런 걱정을 하면 여행이 아니다. 몸은 파리에 있는데 마음은 서울에 있는, 혹은 몸은 낯선 숙소에 있는데 마음은 집에 있는 형국이다. 가출과 같은 여행을 하는 사람이 자신의 몸이 이른 곳을 제대로 향유할 리 만무하다. 그저 정해진 여정을 숙제처럼 경험하느라 분주할 뿐이다. 보아야 할 곳에 들러 사진을 찍고 먹어야 할 곳에 들러 또 사진을 찍는다. "남는 것은 사진이야"라는 짐짓 헛똑똑이의 구호와 함께. 여행이 끝난 뒤 가족이나 친구들에게 여행을 다녀왔다는 인증이 필요하니 말이다. '가출자의 여행'은 아이러니하다. 여행을 떠나기 전에 마음은 이미 여행지에 가 있다. 여행지에 도착해서는 마음이 집에 가 있다. 그리고 돌아와서는 마음이 다시 여행지나 여행지 인증 사진에 가 있다.

이와 달리 '출가와 같은 여행'도 있다. 출가는 머리를 깎아 비구나 비구니가 되어 영원히 집을 버리겠다는 결단이다. 그러니 출가와 같은 여행은 '돌아올 날을 정하지 않은 여행'이다. 집을 팔고 회사도 정리하고 은행 잔고도 비운 다음 부모님이나 친구에게 언제 돌아올지 모를 여행을 떠난다고 알린다. 당연히 비행기 표도 편도로 끊는다. 돌아올 날을 정하지 않았는데, 어떻게 왕복표를 끊을 수 있겠는가? 가출자의 여행과 출가자의 여행은 이렇게 다르다. 아이슬란드의 작은 소도시든 볼리비아의 어느 촌락이든, 출가자의 여행을 하는 사람은 자신이 머무는 곳이 바로 집이다. 물론 내일 도착해 짐을 푸는 곳, 아니면 일주일을 걸어 도착해 짐을 풀 곳이 새로운 집이 될 것이다.

김선우 시인의 말대로 출가자의 여행을 하는 사람은 "돌아갈 집 없이/돌아갈 어디도 없이/돌아간다는 말을 생의 사전에서 지워버

주인 초人 ———→ 무엇이든 할 수 있는 것, 아니 그만둘 수 있어야 자유다

린/집을 버린 자"라는 사실이 중요하다. 집이라는 매달린 절벽에 손을 떼어낸 자다. 몸이 어디에 있든 마음도 그곳에 있다. 인증 사진을 찍을 일도 없다. 그저 마음과 몸에 담아두면 그만이니까. '자유'란 별것 아니다. 몸이 있으면 마음도 같이 있고, 마음이 있으면 몸도 같이 있는 것이다. 지금 머문 곳을 몸이 싫어하면 떠날 뿐이고, 지금 머문 곳을 마음이 좋아하면 더 머물 뿐이다. 김선우 시인이 "매일의 온몸만이 집이며 길"일 수 있는 "자유"를 갈망했던 것도 이런 이유에서다. 민달팽이처럼 "온몸"이 되는 것! 바로 그것이 마음과 몸이 두 다리처럼 우리 삶을 떠받치는 자유다. 어느 초저녁 장독대 근처에 앉아 김선우 시인은 이렇게 민달팽이로부터 한 수 배운다.

───── 출퇴근 노예로서의 삶 vs 주인으로 영위하는 삶

　주인은 자신이 원하는 것을 하고, 노예는 타인이 원하는 것을 한다. 노예의 경우는 복잡하다. 타율적 노예도 있고 자발적 노예도 있으니까. 타율적 노예는 전근대사회에서 주로 관찰된다. 피라미드를 건립하거나, 만리장성을 축조하거나, 경복궁을 재건할 때 강제로 동원된 사람들이 바로 그들이다. 그들은 파라오가 원하는 것, 황제가 원하는 것, 군주가 원하는 것을 했다. 타율적 노예들은 강제로 끌려왔기에 틈만 나면 공사장에서 탈출하려고 했다. 물론 가족 등이 인질로 잡혀 있다면 그나마 탈출할 생각마저 접어야 했다. 이와 대조적으로 자발적 노예는 자본주의가 발달한 18세기 이후 본격적으로 나타난다. 타율적 노예는 쇠사슬에 묶인 채 노예 시장에서 팔려 강제로 주인의 손아귀에 들어가지만, 자발적 노예는 그와 달리

자신을 주인에게 팔려고 한다. 생계를 유지하려면 돈이 있어야 하는데, 자신에게는 알량한 몸뚱이밖에 없기 때문이다. 이렇게 자기 노동력을 파는 것을 취업이라고 부른다.

더 고가로 자신을 팔기 위해 자발적 노예는 주인이 원하는 능력을 갖추고자 애쓴다. 좋은 대학에 가려 하고, 외국어 공부를 하고, 자격증도 따기 위해 노력을 쉬지 않는다. 자신이 원하는 것이 아니라 자신을 고용할 자본가가 원하는 것을 갖추기 위해서다. 상품에는 '스펙'이 붙는다. 스페시피케이션(specification)의 약자인 스펙(spec)은 상품의 용도와 성능을 알려주는 상품 설명서를 말한다. 과거 타율적 노예 시대에는 노예 상인이 노예의 목에 스펙을 적은 목판을 걸거나 노예의 스펙을 고객들에게 소리 높여 떠들었다. 반면 자발적 노예는 스스로 만든 스펙을 이력서에 정성 들여 기재하여 자신을 사면 자본가에게 얼마나 이익인지를 설득하려 한다. 정규직이든 비정규직이든 취업을 하는 순간, 자발적 노예는 자본가가 원하는 것을 수행하게 된다.

타율적 노예의 꿈이 작업장에서 탈출하는 것이라면 자발적 노예의 꿈은 어떻게든 작업장에 머물고자 한다는 차이에도 불구하고, 타율적 노예나 자발적 노예나 타인이 원하는 것을 하면서 삶을 영위하기는 마찬가지다. 아무리 부정하려고 발버둥치고 정신 승리를 구가하려 해도 지금 우리는 자발적 노예의 시대 혹은 출퇴근 노예의 시대에 살고 있다. 생각해보라. 교문에 들어갈 때가 행복했는지 아니면 교문을 나설 때가 행복했는지. 출근할 때가 행복한지 아니면 퇴근할 때가 행복한지. 누구나 교문을 나설 때가 행복했고 퇴근할 때가 행복하다는 걸 안다. 감금되어 있든 출퇴근을 하든 자신이 아니라 타인이 원하는 것을 한다는 것은 불행한 일이다. 그렇다고 해서 학교에 가지 않으면, 출근하지 않으면, 생계를 유지하는 것조차 불안하니 딱한 일이다.

주인으로 사는 것, 내가 원하는 것을 하면서 사는 것은 불가능한 일인가? 그렇지 않다. 출퇴근 노예의 시대에 살고 있음에도 주인으로서의 삶을 영위하려고 분투하는 사람들, 나름 주인으로서의 삶을 영위하는 데 성공한 사람들이 존재한다. 주인으로서의 삶에서 최고의 아킬레스건은 생계 문제다. 배가 고프면 우리는 주인은커녕 구걸하는 사람이 되기 십상이다. 생계를 걱정하는 사람이 주인으로서의 삶을 구가하는 것은 어려운 일이다. 결국 '삶의 주인'과 '생계 문제'라는 두 가지 변수로 우리 삶은 네 가지 유형으로 나뉠 수 있을 듯하다.

첫째로, 자신이 원하는 것을 하면서 그것으로 생계가 유지되는 삶이다(운 좋은 주인으로서의 삶). 예를 들어 음식을 만드는 것과 그 음식을 타인이 맛있게 먹는 것을 좋아하는 사람이 근사한 식당을 열어, 그걸로 충분히 생계를 유지하는 경우다. 둘째로, 자신이 원하는 것을 하기 위해 출퇴근 노예를 당분간 감당하는 삶이다(불운한 주인으로서의 삶). 에베레스트산에 오르려고, 그림을 그리려고, 혹은 공방을 유지하려고 직장에 다니지만 돈이 모이기만 하면 정말 '쿨하게' 직장에 사표를 던지는 경우다. 셋째로, 자신이 무엇을 원하는지 알지 못하고 습관적으로 직장에 나가 일을 하는 삶이다(운 좋은 노예로서의 삶). 이런 삶을 영위하는 사람들은 퇴근 후 술집, 카페, 클럽 등 자본주의의 소비문화에 뛰어들어 자신의 공허함을 채우는 경우가 많다. 마지막 네 번째는, 자신이 원하는 일을 하면서 사는 것을 일종의 사치라고 생각하며 무조건 취업을 하거나 직장을 유지하려고 발버둥치는 삶이다(불운한 노예로서의 삶). 이 네 번째 유형의 삶을 영위하는 사람이 도달할 수 있는 최고 유형은 '운 좋은 노예로서의 삶'이라는 것도 잊지 말자.

'운 좋은 주인으로서의 삶'이나 '불운한 주인으로서의 삶'은 별 문제가 없다. 자신이 원하는 것을 알고, 그것을 관철하면서 살고 있기 때문이다. 반면 '운 좋은 노예로서의 삶'이나 '불운한 노예로서의 삶'은 서글프다. 생계라는 문제로 돈을 주는 사람이 원하는 일을 하면서 자기 삶을 허비하기 때문이다. 동백꽃은 2월의 기후에서 가장 근사하게 피고, 벚꽃은 4월 초에 절정에 이른다. 주변 사람이 원한다고 해서 벚꽃이 동백처럼 2월을 좋아하는 척한다면 자신의 자태와 향내를 제대로 뿜낼 수 있을까? 불가능한 일이다. 꽃도 제대로 피우지 못해 자신이 벚꽃인지도 모른 채 생을 마감할 테니까.

그렇지만 세 번째와 네 번째 유형의 사람들, 즉 출퇴근 노예로서의 삶을 영위하는 사람들을 너무 조롱하거나 비판하지는 말자. 그들도 자신이 '주인으로서의 삶'을 영위해야만 근사하게 살 수 있다는 것을 알기 때문이다. 종종 그들이 '노예로서 자신의 삶'을 정당화하려는 헛된 노력을 하는 것도 이런 이유에서다. 우선 지금 다니는 직장에서의 삶이 '자신이 원하는 것'이라고 강변하는 사람들이 있다. 봉급이 삭감되면 금방 다른 직업을 모색하면서 그들은 결국 그 삶이 자신이 원하는 것을 추구했던 삶이 아니라는 것을 드러내고 만다. 돈이 되면 하고 돈이 되지 않으면 그만두는 일은 '자신이 원하는 일'과는 아무런 상관이 없다. 에베레스트산을 오르기 위해 돈을 모으는 사람과 비교해보라. 에베레스트 등정은 돈을 버는 일이 아니라 돈을 쏟아붓는 일이 아닌가.

간혹 '자신이 원하는 것'을 아직 찾지 못해서 지금의 생활을 영위하고 있다고 말하는 사람들이 있다. 이 부류의 사람들은 언제든지 자신이 원하는 일을 찾으면 타인이 원하는 일을 접을 것이라고 침을 튀기면서 말한다. 그런데 이 부류의 사람들이 내심 진정으로 무서워하는 것이 있다. '자신이 원하는 것'을 자각하는 일이다. 더군다나 그것이 직장이든 가정이든 소시민적 삶이 주는 안정을 위태롭게 한다면, 그들의 두려움은 훨씬 더 커진다. 그래서 '자신이 원하는 것'이 왔다는 느낌이 들면, 오히려 그들은 그 느낌을 억누르려고 노력한다. 이런 식으로 그들은 '자신이 원하는 것을 할 것인가 아니면 자신이 원하는 것을 하지 말 것인가'를 결단해야 하는 순간을 부단히 뒤로 미룬다. 주인으로서의 삶을 영위하는 일이 요구하는 너무도 큰 희생을 두려워하기 때문이다.

경제적 안정이라는 무의식적 욕망을 좇아 적당한 사람을 만나 결혼을 했지만, 자신이 진정으로 원하는 사람을 때늦게 만난다는 것은 정말 무서운 일이 아닌가. 그러니 '남자든 여자든 거기서 거기 다'라는 정신 승리로 자신이 진정으로 원하는 사람을 고개 저으며 마음에서 밀어내려 하는 것과 마찬가지다. 학창 시절부터 노력해 마침내 고액 연봉을 받는 직장을 얻었지만, 자신이 진정으로 원하는 것은 여행이라는 걸 때늦게 깨닫는 일은 또 얼마나 당혹스러운가. 그러니 잠시 휴식을 취할 수 있는 휴가를 좋아할 뿐, 자신이 좋아하는 것은 일이라고 되뇌이며 여행에 대한 자신의 동경을 애써 억누른다.

──── 관계를 끊을 수 있는 자유,
       혹은 "노"라고 말할 수 있는 자유

벚꽃이 4월의 기후를 원하고 동백이 2월의 기후를 원하는 것처럼, 다른 누구도 아닌 나이기에 나에게는 '나니까 원하는 것'이 있다. 물론 '내가 원하는 것'을 찾을 때까지 엄청난 시행착오를 겪는다. 많은 음식을 먹어봐야 내가 가장 원하는 음식을 찾을 수 있고, 수많은 곳을 돌아다녀봐야 내가 가장 원하는 곳을 발견할 수 있다.

이뿐인가. 수많은 사람들을 만나봐야 내가 가장 원하는 사람을 찾을 수 있다. 확실한 것은, 내가 원하는 것을 찾아야 주인으로서의 삶을 영위할 수 있다는 점이다. 주인은 '자신이 원하는 것'을 하는 사람이니까.

사실 주인으로 살아간다는 것은 만만한 일이 아니다. 나를 사랑하는 사람들과 함께 있다면 아무런 상관이 없다. 사랑은 자신이 원하는 것이 아니라 상대방이 원하는 것을 해주려는 의지니까. 누군가를 사랑하면 우리는 그가 원하는 것을 해주려고 한다. 그가 원하는 것을 해주면 그는 나와 있을 때 행복을 느낄 것이다. 당연히 그는 나의 곁을 떠나갈 리 없다. 그러므로 나를 사랑하는 사람은 분명 '내가 진정으로 원하는 것'을 알아채려 할 것이고, '내가 진정으로 원하는 것'을 내가 갖거나 내가 할 수 있도록 도와줄 것이다. 그렇지만 대부분의 경우 우리는 '내가 진정으로 원하는 것'을 표현하지 않는다. 자신과 관계하는 사람들 대부분이 나를 사랑하지 않는다는 걸 알기 때문이다.

나를 둘러싸고 있는 사람들은 그들 자신이 원하는 것을 내게 종용하거나 강요한다. 하루하루 얼굴을 맞대며 지속적인 관계를 맺는 사람들 중 나를 사랑하는 사람이 한 명도 없다는 것은 불행한 일이다. 존칭을 써가며 존중하는 듯하지만 결국 나에게 무관심하거나 심지어 나를 통해 자기 이익을 얻으려는 사람들이 태반이다. 사랑이 아니라 이익으로 맺어진 관계를 지속하고 지속할 수밖에 없는 이유는 무얼까? 또 생계 문제이고, 또 경제적 안정의 문제다. 직장에 목매는 사람이 직장 상사, 직장 동료, 심지어 후배에게조차 "노"라고 말하기 어려운 이유도, 전업주부인 며느리가 시부모의 의견에 "노"라고 말하기 어려운 이유도, 대학원생이 지도 교수의 의견에 "노"라고 말하기 어려운 이유도 바로 여기에 있다.

독일 철학자 슬로터다이크(Peter Sloterdijk, 1947~)는 『냉소적 이성 비판(Kritik der zynischen Vernunft)』(에코리브르, 2005)이라는 책에서 이렇게 말한다. "'노'라고 말할 수 있는 성숙한 능력은 '예스'의 유일하게 타당한 배경이 되며, 이 둘을 통해 진정한 자유의 윤곽이 비로소 뚜렷해진다." "예스"가 힘이 있으려면 "노"라고 외쳤던 경험들이 있어야 한다. 그래야 "예스"는 굴종의 표현이 아니라 자유의 표현일 수 있다. 한마디로 말해 "노"라고 말할 수 있는 사람만이 진정으로 "예스"라고 말할 수 있다는 이야기다.

선배와 후배인 두 사람이 있다고 해보자. 선배가 묻는다. "이번 프로젝트는 이렇게 하면 되겠지?" 후배는 당돌하게 "아니요!"라고 이야기한다. 선배는 후배가 자신의 의견을 무시하는 것 같아 속은 끓지만, 하루 이틀 고민하다 후배에게 묻는다. "방향을 좀 수정했는데 이건 어떠니?" 이번에도 후배는 "별로예요!"라고 대답한다. 정말 짜증이 났지만 선배는 얼마 후 다시 후배에게 묻는다. "다시 수정했다. 이런 식으로 하는 건 어때?" 다행스럽게도 마침내 후배는 "좋네요!"라고 말한다. 바로 이것이 진정한 "예스", 겉과 속이 일치하는 "예스"다.

무슨 말을 하든 "예스!"라고 하는 후배라면 선배는 대화나 회의 조차 할 수 없을 것이다. 어차피 그 후배는 자기 속내를 표현하지 않을 테니. 그 후배가 항상 "예스!"라고만 하는 이유는 어렵지 않게 추정 가능하다. 선배의 말에 거스르는 순간 직장 생활에 불이익이 있을 것이라고 확신하기 때문이다. 역으로 말해, 후배가 선배에게 당당히 "노!"라고 말한다면, 슬로터다이크의 말대로 그 후배는 아주 당당한 자유인이거나 아니면 선배의 애정을 확신하는 사람일 것이다. 사족이지만, 모든 것에 대해 "노"라고 하는 사람도 있다. 그런 반응은 질풍노도의 마음이자 이유 없는 반항일 뿐이다. '예스맨'도 멀리해야 하지만 '노맨'도 멀리해야 한다. "예스"의 기계나 "노"의 기계와 무슨 관계를 맺을 수 있겠는가? 관계는 오직 자유인들 사이에 이루어져야 의미가 있다.

여기서 한 가지 잊지 말아야 할 것은, 이익과 이해의 관계가 아니라 애정과 사랑의 관계라면 우리가 감당해야 할 의무가 하나 있다는 점이다. 그것은 바로 '정직'이다. 한마디로 말해 자신의 '본래면목'을 있는 그대로 상대방에게 보여주어야 한다는 것이다. 예를 들어, 어느 부부 사이에서 아내는 스킨십을 원하지 않는데 남편은 스킨십을 하려고 한다. 거절하면 불편해질까 봐 혹은 남편이니까 아내는 내키지 않지만 남편의 요구에 응한다. 문제는, 아내가 남편을 사랑하기에 원하지 않는 키스를 했다고 정신 승리를 구가할 수도 있다는 점이다. 불행히도 순간의 불편함을 회피한 것일 수 있지만, 이런 행동은 사랑의 관계에 치명적인 해악을 끼치고 만다. 원하지 않는 키스가 반복되면, 사랑을 표현하는 키스의 욕망은 두 사람에게서 점점 시들어가고 만다. 영혼이 없는 키스를 아내 또는 남편이 언제까지 감당할 수 있을까.

여기서도 슬로터다이크의 원칙이 그대로 적용된다. 원하지 않는 키스를 거부하는 사람만이 제대로 된 키스를 할 수 있다고. 아내가 "지금은 싫어!"라고 거부 의사를 보낸다면, 물론 남편은 당장 기분이 나쁠 수도 있다. 그렇지만 아내의 "노!"는 언젠가 있을 "예스!"를 위한 것이다. 배우처럼 키스를 연기하기보다는 사랑하는 남편과 진짜 키스를 하고 싶은 것이다. 아내가 키스를 받아주며 "예스!"를 표하는 순간 남편은 안다. 이 순간 아내도 정말로 자신과 키스하고 싶어 한다는 사실을. 사랑하는 관계라면 자신이 원하는 것과 원하지 않는 것을 상대방에게 그대로 표현해야 한다. 그것은 상대방에 대한 예의이자 사랑의 관계를 유지하기 위한 의무다. 자신이 원하는 것을 타인에게 강요하지 않고, 반대로 타인이 원하는 것에 복종하지도 않아야 한다. 이 두 가지 준칙 사이에서 유지되는 것이 바로 사랑이 아닌가.

"노"라고 할 수 있는 사람만이 "예스"라고 할 수 있고, 오직 그러한 "예스"만이 진정한 "예스"일 수 있다는 것이 슬로터다이크의 탁월한 가르침이다. 이로부터 우리는 자유에 대한 새로운 정의에 이르게 된다. 자유는 아무거나 마음대로 하는 것이 아니라 '자유란 멈출 수 있는 힘'이라는 근사한 정의다. 게임에 빠져 있는 아들에게 엄마가 "야, 게임 좀 그만해"라고 말하면, 아들은 "왜 내 자유를 간섭해요. 이제 나도 성인인데"라고 대답할 수 있다. 그러면 엄마는 이렇게 말할 수 있다. "네 마음대로 그만하지도 못하면서, 그게 어떻게 자유냐?"고. 중독되어 어떤 일을 계속하는 것, 아니 할 수밖에 없게 된 것은 자유일 수 없다. 산 정상에서 밑으로 데굴데굴 굴러 떨어지는 것이 어떻게 자유일 수 있는가. 이 경우 나무나 바위를 붙잡아서 굴러 떨어지는 것을 멈출 수 있어야 자유인 것이다.

멈출 수 있어야, 혹은 그만둘 수 있어야 자유다. 멈출 수 있는 사람만이 자기 뜻대로 움직일 수 있고, 관계를 단절할 수 있는 사람만이 자기 뜻대로 관계를 만들 수 있다. "노!"라고 할 수 있어야 하고, 멈출 수 있어야 하고, 그만둘 수 있어야 한다. 바로 이럴 때 우리의 일거수일투족이 당당해지고, 그만큼 우리는 주인으로서 삶을 영위하게 된다. 멈출 수 있는 자유를 가슴에 품을 때, 그가 누구이든 상대방은 우리를 사랑하지는 않더라도 함부로 대하지 않는다. 가슴에 사표를 품고 있는 직원에게 사장이 어떻게 갑질을 할 수 있을까? 캐리어를 들고 집을 떠날 수 있는 아내에게 남편이 어떻게 폭력을 행사할 수 있을까? 학위쯤이야 우습게 여기는 학생에게 교수가 어떻게 사역을 시킬 수 있을까?

지속적이고 반복적인 관계에 들어선다면, 우리는 항상 스스로

주인 主人 ─────→ 무엇이든 할 수 있는 것, 아니 그만둘 수 있어야 자유다

자신의 삶을 되돌아보아야 한다. 직장을 떠나서는, 가정을 떠나서는, 혹은 학교를 떠나서는, 이제 생계를 유지할 수 없고 제대로 삶을 영위할 수 없다고 느껴질 때가 있다. 바로 이 순간 우리에게는 직장을, 가정을, 혹은 학교를 떠날 수 있는, 아니 떠나야 하는 마지막 기회가 주어진 셈이다. 멈출 수 있는 자유, "노!"라고 할 수 있는 자유, 그만둘 수 있는 자유가 위태롭게 바람에 흔들리고 있으니까. 그러니 입사할 때는 가슴속에 사표를 넣어둬야 한다. 결혼할 때는 가슴속에 이혼 서류를 넣어둬야 한다. 그리고 대학원에 들어갈 때는 가슴속에 자퇴서 한 장쯤은 품고 있어야 한다.

———— 자유의 바로미터, 몸과 마음 사이의 거리

주인으로서 삶을 영위하고 있는지, 혹은 멈출 수 있는 자유를 구가하고 있는지 확인하는 방법은 많다. 스피노자(Baruch de Spinoza, 1632~1677)라면 기쁨을 주는 마주침은 지속하고 슬픔을 주는 마주침은 단절하면서 살고 있는지 물어볼 것이다. 주저 『에티카((Ethica in Ordine Geometrico Demonstrata)』에서 스피노자는 말한다. "나는 기쁨을 정신이 더 큰 완전성으로 이행하는 감정으로 이해하지만, 슬픔은 정신이 더 작은 완전성으로 이행하는 감정으로 이해한다. 더 나아가서 나는 정신과 신체에 동시에 관계되는 기쁨의 감정을 쾌감

이나 유쾌함이라고 하지만, 슬픔의 감정은 고통이나 우울함이라고
한다."

우리가 무언가와 마주치면 두 가지 감정 중 하나가 든다. 기쁨 계
열의 감정이거나 아니면 슬픔 계열의 감정이다. 기쁨 계열에는 쾌
감과 유쾌함이 속하고, 슬픔 계열에는 고통이나 우울함이 속한다.
고개를 갸우뚱거리는 사람도 있을 것이다. 오늘 길거리나 마트, 혹
은 전철역에서 수많은 사람들을 만났는데 아무런 감정적 동요도
없었기 때문이다. 그냥 풍경처럼 사람들을 스치고 지나쳤던 것이
다. 예를 들어 남편이나 아내와 같이 있는데 아무 감정도 안 일어날
수 있다. 그렇다면 두 사람은 그저 한 공간에 있었을 뿐, 마주침이
일어나지 않은 것이다. 마주치면 반드시 기쁨 계열의 감정이 들거
나 슬픔 계열의 감정이 드는 법이다. 바로 이것이 스피노자의 입장
이다.

스피노자의 주저 제목이 『에티카』, 즉 '윤리학'인 이유는 마주침
으로부터 유래하는 기쁨과 슬픔의 감정에 근거해 행동의 준칙을
세웠기 때문이다. '당신에게 기쁨과 쾌활함을 주는 관계가 있다면
그것을 목숨을 걸고 지속하고, 당신을 슬프게 하거나 우울하게 하
는 관계가 있다면 목숨을 걸고 끊어버려라.' 자신이 원하는 것을 하
는 사람이 바로 주인이다. 어느 누가 기쁨과 쾌활 대신 슬픔과 우울
을 원하겠는가? 결국 스피노자가 요구하는 원칙을 지키면 우리는
주인으로서 삶을 영위하는 시간이 점점 많아지게 된다. 비극은 대

부분 사람들이 삶의 안정을 위해 혹은 생계를 위해 슬픔과 우울과 짜증을 주는 관계를 유지한다는 데 있다.

슬픔과 우울, 그리고 짜증이 만성화되면 더 큰 문제가 찾아오기도 한다. 세상과 관계하지 않고 세상을 그저 풍경으로 무덤덤하게 보는 습관이 만들어지는 것이다. 슬픔과 우울이 일어나지 않도록 스스로를 마비시킨 결과는 치명적인 면이 있다. 감정의 마비는 슬픔과 우울뿐만 아니라 기쁨과 유쾌함마저 고사시키기 때문이다. 결국 핵심은 기쁨의 감정이 아니라 슬픔의 감정에 있다. 슬픔이 생기는 마주침을 끊어서 슬픔이 지속되는 관계를 원천봉쇄해야 한다. 바로 이 대목에서도 멈출 수 있는 자유, 관계를 끊을 수 있는 자유가 얼마나 중요한지가 분명해진다.

직장, 시댁, 가족 등의 관계를 떠나 동네 공원을 자유롭게 산책한다고 해보자. 벚꽃이 근사하게 피어 있어서 마음이 환해진다면, 우리는 그곳에 더 머물려고 하고 또한 더 머물 수도 있다. 그런데 산책을 계속하다 누군가가 게워낸 토사물을 발견했다고 하자. 자유롭다면 우리는 서둘러 그 자리를 피할 것이다. 결국 주인으로서 삶을 영위한다고 해서, 우리가 자신을 불쾌하게 만들고 우울하게 만드는 마주침을 원천적으로 피할 수 있다는 것은 아니다. 단지 그런 슬픈 마주침을 일회적인 것으로 만들며 바로 자리를 뜰 수 있는 자유를 구가할 수 있을 뿐이다. 기쁨의 마주침과 슬픔의 마주침을 미리 결정할 수는 없지만, 우리는 그 마주침을 지속할 것인지 아니면 단칼에 끊을 것인지 결정할 수 있는 자유를 갖고 있다. 어쨌든 우리가 충분히 자유롭다면 전체 산책 시간을 기쁨과 유쾌함으로 채울 수 있다는 것은 어김없는 사실이다.

불행히도 자의든 타의든 억지로 그 토사물을 보고 냄새 맡을 수밖에 없다면, 우리 삶은 불쾌함을 넘어서 얼마나 고통스럽겠는가? 고통, 우울, 슬픔, 불쾌의 감정을 낳는 관계에 빠졌지만, 그런 관계를 스스로 끊어내지 못하는 경우가 있다. 존경하지 않는 교수의 연구실에 불려갔을 때, 서로가 낯부끄러운 강연이 오가는 예비군 훈련이나 직장인 교양 강의실에 앉아 있어야 할 때, 권위적인 직장 상사와 미팅이나 회식에 함께할 때, 며느리를 집안의 하녀로 생각하는 시어머니와 함께 있어야 할 때 등등. 놀라운 것은 이럴 때 우리는 본능적으로 유체 이탈을 시도한다는 점이다. 다시 말해 몸은 연구실, 강의실, 미팅이나 회식 자리, 시댁에 머물고 있지만 마음은 다른 곳으로 자꾸 가버리려 한다는 것이다. 바로 이 대목에서 하나의 공식이 탄생한다. 기쁨의 관계에 몸이 있다면 마음도 몸과 함께하고, 슬픔의 관계에 몸이 있다면 마음은 몸을 떠나 딴 곳으로 간다는 공식이다.

우리가 주인으로서의 삶을 영위하고 있는지 아니면 노예의 삶을 영위하고 있는지를 구분하는 시금석, 혹은 우리가 기쁨의 관계에 있는지 아니면 슬픔의 관계에 있는지를 알려주는 바로미터가 있다. 그것은 바로 '몸'의 반응, 정확히 말해 '몸과 마음 사이의 거리감'이다. 휴일에 배우자와 집에 있는데 마음이 자꾸 집 밖으로 나가는가? 그렇다면 평상시에 아무리 배우자를 사랑한다고 떠들었어도 기본적으로 배우자와의 관계가 슬픔의 관계로 변했다는 것을 말해준다. 몸은 직장에 있는데 마음이 자꾸 집이나 카페, 혹은 술집으로 가는 사람들이 있다. 평상시 아무리 투철한 직업 의식으로 직장 생활을 한다고 떠들어도 이런 사람들에게 직장은 슬픔을 낳는 공장에 지나지 않는다. 여행을 가서는 집과 회사 생각을 하고, 집이나 회사에 있을 때는 여행 생각을 하는 사람도 마찬가지다. 결국 우리는 한 가지 소중한 결론에 이르게 된다. 몸과 마음 사이의 거리가 점점 줄어들면 우리는 주인으로서 삶을 영위하게 되는 것이고, 반대로 몸과 마음 사이의 거리가 점점 벌어지면 주인이 아니라 노예의 삶으로 떨어지고 있는 것이다.

임제(臨濟, ?~867)는 『임제어록(臨濟語錄)』에서 이렇게 말했다. "불교의 가르침에는 특별히 공부할 곳이 없으니, 다만 평상시에 일 없이 똥을 누고 소변을 보며, 옷을 입고 밥을 먹으며, 피곤하면 누워서 쉬는 것일 뿐이다. 어리석은 사람은 나를 비웃겠지만 지혜로운 사람은 알아들을 것이다." 똥을 제대로 누는 경우, 소변을 제대로 보는 경우, 옷을 제대로 입는 경우, 밥을 제대로 먹는 경우, 피곤할 때 누워 제대로 쉬는 경우, 몸과 마음이 함께 있다는 것에 주목하라. 몸이 있는 곳에 마음이 있다면, 이미 주인으로서 삶을 영위하고 있는 셈이다.

결국 부처는 다른 사람이 아니라 시원하게 대변과 소변을 보고, 정성스레 옷을 입고, 맛나게 음식을 씹으며, 피곤하면 누워서 쉬는 사람이다. 반대로 평범한 사람은 대변과 소변을 볼 때 스마트폰을 보거나 딴생각을 하고, 바쁘다고 옷을 서둘러 입고, 음식을 먹는 둥 마는 둥 하고, 피곤하지만 잡념 때문에 쉽게 잠들지 못한다. 몸과 마음이 떨어져 있는 사람이 바로 평범한 사람이라는 이야기다. 이처럼 몸은 자기 자신에 대해 가장 많은 것을 알려준다. 그러니 항상 스스로 몸을 체크해보면 된다. 주인으로서 삶을 영위하고 있다면 마음이 가는 곳에 몸이 가고 몸이 가는 곳에 마음도 갈 것이다. 반면 노예로서의 삶을 살아내고 있다면, 몸이 가는 곳에 마음이 가지 않고, 마음이 가는 곳에 몸은 가지 않을 것이다.

──── 삶의 주인을 위한 여덟 자 주문, "수처작주 입처개진"

『임제어록』에서 임제는 삶의 주인이 되려 하는 사람이라면 누구나 가슴속에 새겨야 하는 여덟 자의 가르침을 이야기한다. 바로 "수처작주(隨處作主) 입처개진(立處皆眞)"이다. 이를 '수(隨)', 곳 '처(處)', 될 '작(作)', 주인 '주(主)', 설 '입(立)', 곳 '처(處)', 모두 '개(皆)', 참 '진(眞)'. 이 여덟 자로 이루어진 문장을 번역하면 '이르는 곳마다 주인이 되면, 서 있는 곳마다 모두 참되다'라는 뜻이다. 주인이 된다는 것, 그것은 자신이 원하는 것을 하는 것이다. 주인이 된 사람은 어느 경우에나 자신에게 기쁨과 유쾌함과 명랑함을 주는 관계에 머물고, 자신에게 슬픔과 우울과 무거움을 주는 관계는 단호하게 끊는다.

슬로터다이크의 말처럼 주인은 당당하게 "노!"라고 할 수 있고, 미소를 던지며 "예스!"라고 할 수 있다. 그래서 주인이 된 자는 대부분 몸과 마음이 일치하는 삶을 영위한다. 물론 그렇다고 해서 주인에게 슬픔과 우울과 무거움을 주는 마주침이 없지는 않다. 불쾌한 마주침이 있다면 주인은 그저 이 마주침을 단칼에 끊어버리는 단호함을 지녔을 뿐이다. 그래서 전체 삶의 여정을 돌아보면 주인은 슬픔과 우울과 무거움을 주는 관계에 빠져 있는 경우가 거의 없다. 그러니 주인의 삶 대부분은 기쁨과 유쾌함과 명랑함으로 기억되곤 한다.

벚꽃이 화려함을 자랑할 때 그의 몸과 마음은 모두 벚꽃과 함께한다. 바람이 근사하게 불 때 그의 몸과 마음은 그의 흩날리는 머리카락처럼 모두 바람과 함께한다. 근사한 사람과 이야기 나눌 때 그의 몸과 마음은 모두 그와 함께한다. 여행을 가도 주인의 마음은 바로 그 여행과 함께한다. 그러니 주인은 자신이 있는 곳에서 모든 아름다움을, 모든 상쾌함을, 그리고 모든 유쾌함을 향유하게 된다. 무상한 벚꽃의 군무 앞에 서 있으면서 마음은 내일 직장 업무에 가 있는 경우도 있다. 이런 사람은 가짜 상춘객이다. 근사한 바람을 맞으며 길을 걸으면서 어제 배우자와의 갈등을 떠올리는 사람도 있다.

"이르는 곳마다 주인이 되면, 서 있는 곳마다 모두 참되다."
주인이 된다는 것, 그것은 자신이 원하는 것을 하는 것이다.

이런 사람은 가짜 산책자다. 자신이 만남을 청한 사람과 함께 카페에 앉아 있으면서 마음은 저녁에 만날 다른 사람에게로 가 있는 경우도 있다. 이런 사람은 가짜 대화자다. 여행에 몸을 맡겨 이곳저곳을 다니면서 계속 떠나온 집과 직장을 생각하는 경우도 있다. 이런 사람은 가짜 여행자다.

이외에도 가짜들은 정말 많다. 가짜 엄마, 가짜 아빠, 가짜 남편, 가짜 아내, 가짜 애인, 가짜 친구도 가능하니 말이다. 몸이 있는 곳에 마음이 없다면 가짜일 뿐이다. 자신이 만들고 싶었던 의자를 만들고 있는 사람의 몸과 마음은 모두 의자에 가 있다. 반면 주인이 원하는 의자를 만들고 있는 사람은 다르다. 그의 몸, 그의 손은 의자에 있어도 그의 마음은 자꾸 다른 곳으로 간다. 진짜인 사람이 삶을 주인으로서 영위한다면, 가짜인 사람은 삶을 노예로서 영위하게 되는 것도 이런 이유에서다.

옛날 어른들은 "마음이 콩밭에 가 있다"는 말을 했다. 몸은 그 자리에 있지만 마음은 거기 없다는 말이다. 어머니를 앞에 두고 식탁에 앉아 밥을 먹고 있는 아들을 생각해보자. 습관적으로 깨작깨작 젓가락으로 음식을 먹고 있다. 무슨 걱정에 사로잡혀 있는지 모르겠지만, 아들의 마음은 딴 곳에 가 있다. 이 아들에게 식탁에 놓인 음식들이 눈에 들어올까? 이 아들에게 걱정스런 눈빛으로 자신을 바라보는 어머니가 눈에 들어올까? 아무것도 들어오지 않는다. 허깨비에게는 헛것만 보일 뿐이다. 임제가 '서 있는 곳마다 모두 참되

다'는 의미로 "입처개진"을 이야기한 것도 이런 이유에서다. 가짜
는 가짜만 보고 진짜만이 진짜를 볼 수 있다는 것이다.

  중고등학교 시절 국어 시간이나 문제집에 등장하는 "염화시중
(拈花示衆)의 미소"라는 익숙한 말이 있다. '염화시중'이라는 말은 한
문 그대로 '꽃을 들어 대중에게 보여준다'는 의미다. 설법을 하던
싯다르타가 갑자기 꽃을 들어 설법을 듣던 제자들에게 보여주면서
일이 벌어진다. 제자들은 당혹감에 얼굴이 굳는다. '도대체 스승님
이 말을 멈추고 갑자기 꽃을 든 이유는 무엇일까?' '꽃으로 스승님
이 말하려 하는 것은 무엇일까?' '스승님은 꽃으로 우리에게 숙제
를 내신 거야. 스승님이 생각하고 있는 정답은 무엇일까?' 대부분
의 제자들이 당혹감과 함께 싯다르타의 속내를 짐작하느라 분주할
때, 가섭(迦葉)이라는 제자만이 꽃을 보고 미소를 짓는다. 가섭의 미
소를 본 싯다르타는 오조 홍인이 혜능을 육조로 임명한 것처럼 가
섭을 깨달은 자라고 인정하며 가사를 벗어준다. 바로 이것이 "염화
시중의 미소"와 관련된 전체 일화다.

  싯다르타는 왜 가섭을 깨달은 자, 즉 삶의 주인이라고 판단했을
까? 아니 거꾸로 물어보자. 싯다르타가 꽃을 들었을 때 가섭만 얼
굴에 미소가 번졌던 이유는 무엇일까? 가섭의 몸과 마음은 오직 꽃
으로 향했던 것이다. 나머지 제자들의 몸, 즉 눈은 꽃을 향해 있었
지만, 그들의 마음은 싯다르타의 속내를 더듬고 있었다. 싯다르타
의 속내를 읽으려는 제자들의 눈에 꽃이 들어올 리 없다. 그들의 몸

과 마음 사이에는 이미 엄청난 거리가 있었던 셈이다. 반면 가섭은 꽃을 보고 그저 아름다워서 웃은 것이다. 길을 가다 어린아이가 예쁜 꽃을 품에 안고 다니는 모습을 보면 우리는 얼굴에 환한 웃음을 저절로 띠게 된다. 싯다르타가 들고 있든 아이가 들고 있든 꽃의 진정한 아름다움에 빠져드는 것! 그래서 눈이 꽃으로 향하면 마음도 꽃으로 향하는 것! 가섭, 그는 "수처작주 입처개진"의 상징이었던 셈이다.

주인主人 ─────── 무엇이든 할 수 있는 것, 아니 그만둘 수 있어야 자유다

첫걸음을 당당하게

두 구절로 이루어진 임제의 가르침 "수처작
주 입처개진"의 앞뒤 구절을 바꾸면 "입처개진 수처작주"가 된다.
'서 있는 곳마다 모두 참되면, 이르는 곳마다 주인이 된다'는 뜻이
다. 마음이 우울하고 그만큼 몸이 축 처질 때, 오만 가지 생각에 휩
쓸려 마음이 번잡할 때, 혹은 자기 자신이 하염없이 약하게 느껴질
때가 있다. 이럴 때에는 탁 트인 바다를 보러 가거나 근사한 벚꽃
속으로 걸어 들어가거나, 아니면 확 트인 설악산 설경에 몸을 던지
는 것이 좋다. 바다가, 벚꽃이, 설경이 우리 눈에 진짜로 들어오는
순간, 우리 삶을 사로잡고 있던 온갖 무거움과 우울, 그리고 걱정들
이 신기하게 사라지고 만다. 순간적이나마 나 자신은 그때 주인이
된다. 이르는 곳마다 주인이 되면, 자기 앞에 펼쳐진 세계를 향유할
수 있다. 그런데 이것은 매우 힘든 일이다.

그러니 역으로 해보자. 향유할 만한 근사한 대상이나 풍경 혹은

사건에 몸을 맡기면, 그 순간만큼은 자기 삶의 주인이 될 수 있으니 말이다. 되도록이면 멋진 사람, 아름다운 풍경, 감동적인 작품과 함께 시간을 보내려고 노력해야 한다. 그러면 어느 순간 우리 마음은 멋진 사람, 아름다운 풍경, 감동적인 작품 앞에 서 있는 우리 몸과 함께할 것이다. 작은 순간이나마 이런 순간에 우리는 허깨비가 아니라 진짜 나가 되지 않을까? 진짜 나만이 진짜 세계를 향유할 수 있는 것처럼, 진짜 세계는 나를 진짜 나로 만들 수 있다. 그러니 내 마음을 휘어잡는 아름다운 세계, 멋진 세계, 근사한 세계, 즉 진짜 세계와 함께하려고 몸을 움직일 일이다.

착수처

•

하루에 세 가지씩 아름다운 것을 찾아내자.

몇 년 전 어느 중년 여성을 만났던 일을 잊을 수 없다. 강원도의 작은 마을에 살고 있는 분이었다. 강연이 끝난 뒤 그분이 아주 조심스럽게 내게 와서 말을 건넸다. 그날 강연 제목은 '삶을 주인으로서 살아내는 방법'이었다. 그녀는 일찍 결혼을 해서 엄청난 대가족이었던 시댁 식구들을 위해 30년 가까이 자신의 삶을 희생하며 살았다. 자신이 원하는 것보다 시댁 식구들이 원하는 것을 하면서 살았던 것이다. 후덕하고 배려심 깊은 며느리라고 주변 사람들이 칭찬해주는 것이 곤한 삶에 그나마 위로가 되었다고 한다. 이제 시댁 식구들은 거의 각자 독립해 과거보다는 경제적으로나 정서적으로 나아진 시기였다.

강연에서 나는 슬로터다이크의 말, 즉 "노!'라고 할 수 있는 사람만이 진정으로 '예스!'를 말할 수 있다"고 강조했다. 이 강연 내용이 그녀를 뒤흔든 것이다. 그녀는 커다란 갈등 상황에서도 한 번도 "노!"라고 이야기하지 못했기 때문이다. 강연 내용이 그녀의 정신 승리를 좌절시킨 것이다. 시댁 식구들을 배려하고 그들을 위해 자신이 원하는 것을 희생했던 삶, 주변 사람들이 몹시 칭찬했던 배려와 희생, 그리고 헌신의 삶을 내 강연이 부정한 것이다.

그녀의 질문 요지, 아니 내 강연에 저항하려는 그녀의 질문 취지는 단순했다. 가족 모두가 각자 원하는 것을 먹으려 할 수는 없고, 누군가 자신의 식성을 포기해야 가족이 함께 식사를 할 수 있는 것 아니냐는 반문이었다. 모든 사람이 자신이 원하는 걸 하려 한다면, 가족이든 공동체든 유지될 수 없지 않느냐는 이야기였다.

나는 그녀에게 사랑 이야기를 해주었다. 사랑의 관계에서 핵심은 상대방을 존중하는 것, 한마디로 상대방을 노예가 아니라 주인으로 대우하는 데 있다고. 상대방이 원하는 것을 하도록 격려하거나 도와주는 것이 상대방이 주인으로서 삶을 영위하도록 만드는 일이니 말이다. 아니 복잡하게 이야기할 필요가 없다. 만약 상대방이 내가 원하는 것을 부정하고 자신이 원하는 것을 내게 관철하려 한다면, 우리가 어떻게 그 사람을 사랑할 수 있을까? 이해관계나 권력관계가 아닌 사랑의 관계를 확인하는 방법은 쉽다. 내가 원하는 것이나 내가 원하지 않는 것을 편하게 토로할 수 있는 사람이 생길 때가 있다. 친구나 애인이 생긴 것이다. 반대로 내가 원하는 것이 아니라 상대방이 원하는 대로 부지불식간에 따라가는 자신을 발견할 때가 있다. 이는 내가 이해관계나 권력관계에 사로잡혀 있다는 것을 말해준다.

결국 사랑의 관계에는 한 가지 전제가 있다. 가족이라면 가족 성원들은 상대방이 무엇을 원하지 서로 알고 있어야 한다. 예를 들어 아버지는 김치찌개를 좋아하고, 어머니는 냉면을 좋아하고, 딸은 파스타를 좋아하고, 아들은 짜장면을 좋아한다는 걸 모든 가족 성원이 알고 있어야 한다는 것이다. 과도한 업무 스트레스로 아버지가 힘들어하면 어머니와 딸과 아들은 자신이 좋아하는 음식이 아니라 아버지가 좋아하는 김치찌개를 함께 먹는다. 반대로 딸이 시험을 망친 날에는 온 가족이 근사한 이탈리안 레스토랑에 가면 된다. 사랑의 관계라면 결코 식사 시간에 가족들이 뿔뿔이 흩어져 아버지는 한식집에, 어머니는 냉면집에, 딸은 이탈리안 레스토랑에,

주인主人 ──── ● 무엇이든 할 수 있는 것, 아니 그만둘 수 있어야 자유다

그리고 아들은 중국집으로 가지 않는다.

　어느 순간 자신이 원하는 것이 아니라 상대방이 원하는 것을 해
주고, 또 어느 순간 상대방이 자신이 원하는 것이 아니라 내가 원하
는 것을 해준다. 바로 이것이 사랑이고 배려다. 일방적인 배려, 일
방적인 사랑, 다시 말해 "노!"라고 말할 수 없는 배려나 사랑이 진
정한 배려나 사랑이 아닌 이유도 바로 여기에 있다. 배려할 수도 있
고 하지 않을 수도 있음에도 불구하고 누군가를 배려할 때에만, 그
것이 진짜 배려다. 배려를 하지 않을 수 없어서 누군가를 배려하는
경우, 이것은 가짜 배려이고 심하게 말하면 굴종이나 복종일 수밖
에 없다. 그저 가족 성원들과의 충돌, 그리고 이어지는 불편한 관계
를 두려워했을 뿐이다.

　항상 나머지 가족이 먹고 싶어 하는 것을 먹는다. 항상 나머지 가
족이 떠나고 싶어 하는 곳으로 여행을 떠난다. 항상 나머지 가족이
보고 싶어 하는 영화를 본다. 내게 질문을 던진 중년 여성은 그런
아내였고, 며느리였고, 형님이었고, 형수였고, 어머니였다. 나머지
가족들은 그녀의 내면 따위에는 신경 쓰지 않아도 된다. 그녀는 자
신이 원하는 것과 원하지 않는 것을 가족에게 제대로 표현한 적이
없으니까. 설령 악독하지 않더라도 그녀의 가족은 그녀가 먹고 싶
은 것도 없고, 그녀가 가고 싶은 곳도 없고, 그녀가 보고 싶은 영화
도 없다고 생각하기 쉽다. 그러나 어떻게 그 사람에게 먹고 싶은 것
이, 가고 싶은 곳이, 그리고 보고 싶은 영화가 없었겠는가?

배려나 희생이라는 정신 승리를 통해 그녀가 얻은 것은 무엇인가? 그녀는 자신이 원하는 것을 아주 오랜 시간 동안 천천히 고사시켜왔을 뿐이다. 이제 음식을 먹어도 행복하지 않고, 여행을 가도 행복하지 않고, 영화를 봐도 별로 행복하지 않다. 물론 그렇다고 해서 죽을 정도로 불행하다는 것은 아니다. 세상에 무관심한 회색빛 삶이 펼쳐졌을 것이다. 어제가 오늘과 같고 내일도 오늘도 같은 무덤덤한 삶 말이다. 이르는 곳마다 노예가 되었는데, 어떻게 자신이 서 있는 곳에 풍성하고 소중한 진짜 세계가 펼쳐질 수 있겠는가?

가족을 포함해 다른 사람들의 눈치를 보느라 자신이 원하는 것을 방치했으니, 이 중년 여성은 가급적 홀로 산책을 많이 해야 한다. 눈치를 보지 않아도 되는 곳에서 바위, 바람, 계곡, 풀, 꽃들을 많이 보아야 한다. 그리고 정말 마음에 드는 것이 있다면 사진으로 찍어 스마트폰에 저장해야 한다. 하루에 최소한 세 가지씩 아름다운 것을 찍어야 한다. 남편도 아이도 시댁 식구도 그리고 이웃도 아닌 바로 내가 아름답다고 여기는 것을. 그래서 임제의 말을 거꾸로 읽어보는 것이 매우 중요하다. "서 있는 곳마다 모두 참되면, 이르는 곳마다 주인이 된다!" 세 가지 아름다운 것을 보고 그것을 사진에 담는 순간, 최소한 세 번 정도는 주인이 되는 게 아닌가. 이렇게 늘려가면 된다. 세 가지 아름다운 것, 네 가지 아름다운 것, 다섯 가지 아름다운 것 등등. 하루 전체가 모두 아름다워질 때까지.

7강

—

애 愛

—

이렇게 피곤한데
이다지도 충만하다니

　　　행복에는 서로 갈 길이 다른 두 종류의 행복이 있다. 첫 번째는 타인과의 경쟁에서 이겨 더 많은 것을 가질수록 느끼게 되는 행복, 즉 소유의 행복이다. 소유의 행복은 자본주의 체제에서 그야말로 날개를 단다. 타인과의 경쟁에서 이겨 더 좋은 스펙을 소유해야 하고, 타인과의 경쟁에서 이겨 더 좋은 대학이나 직장을 소유해야 하고, 타인과의 경쟁에서 이겨 더 많은 연봉을 소유해야 한다. 자본주의 체제는 경쟁과 소유의 논리로 작동하니, 우리 삶은 과거 그 어느 때보다 멈출 수 없는 경쟁과 만족할 줄 모르는 소유에 물들어 있다. 소유의 행복은 경쟁에서 이겼을 때의 행복 혹은 희소한 무언가를 가졌을 때 느끼는 행복이다.

　　한편 다행스럽게도 경쟁이나 소유와는 상관없이, 아니 정확히 말해 경쟁과 소유라는 강박관념을 넘어설 때 느끼는 행복도 있다. 불교나 인문학에서 강조하는 행복이다. 경쟁이 아니라 사랑이, 그리고 소유가 아닌 무소유가 이 두 번째 행복의 핵심이다. 여기서의 '무소유(無所有)'를 '아무것도 가진 것이 없는 상태'라고 단순히 이해하지는 말자. '무소유'의 '무(無)'는 동사의 의미로 이해해야 한다. 그러니까 많든 적든 가진 것, 즉 소유가 전제된다. '무소유'는 바로 자신의 소유를 없애는 것, 즉 줄이는 것이다. 내 소유가 줄어든 만큼 그것은 타인에게 가게 된다.

예를 하나 살펴보자. 어느 가난한 집에 저녁 시간이 왔는데 어머니에게는 밥이 한 공기뿐이다. 어머니는 그 한 공기의 밥을 배고파하는 아이들에게 나눠준다. 당연히 자신은 아주 적게 먹거나 아무것도 먹지 못한다. 배고픔은 분명 고통스럽지만, 아이들이 밥을 맛있게 먹으니 어머니는 이상하게 행복하다. 경쟁과 소유의 승리에서 오는 행복이 아니라, 사랑과 무소유를 실천하는 데서 오는 행복이다. 사람은 자신이 피곤하고 배고프고 힘든 쪽을 선택하는데도 행복할 수 있다. 자신이 힘든 만큼 사랑하는 사람이 쉴 수 있고, 배가 부르고, 편안하다는 것을 알기 때문이다. 그럼에도 불구하고 아이는 투정을 부릴 수도 있다. 어머니의 밥을 빼앗아 먹었음에도 불구하고, 아직도 배가 고파서 그나마 얼마 안 남은 어머니의 밥에 자꾸 시선이 가기 때문이다. 어머니는 자기 몫의 밥을 아이에게 더 덜어주거나 아니면 얼마 안 남은 밥마저 아이에게 모두 주고 만다. 충분한 가운데 덜어주는 것도 아니고, 밥을 주고서 아이로부터 그 대가로 무언가를 얻으려는 것도 아니다. 사랑을 하면 자신이 가진 것을 주게 되고, 자신이 가진 것을 주어야 사랑이라는 것을 알기 때문이다.

불교의 가르침에 따르면 누구나 깨달은 자, 즉 부처가 되면 자비의 화신이 된다. 고통에 사로잡힌 사람의 고통을 덜어주는 것이 바로 자비이기 때문이다. 타인의 고통을 덜어주는 보시(布施, dāna)가 부처가 되는 여섯 가지 방법, 즉 여섯 '바라밀(波羅蜜, pāramitā)' 중 첫 번째가 되는 것도 이런 이유에서다. 부처가 되면 자비를 자연스럽게 베풀게 되는 것처럼, 자비를 힘써 실천해 그것이 몸에 익을 때 부처가 될 수 있는 것 아닌가? 그런데 자비도 사랑도 보시도 얼마나 힘든 일인가? 배가 고프고, 몸이 피곤해지고, 마음은 피폐해지는 일이다.

상대방의 고통을 덜어주느라 내 고통이 가중되는데도 우리 얼굴에 아련한 미소가 떠나지 않는 이유는 무엇일까? '순진하게도' 내 고통이 아니라 상대방의 고통이 내 관심사이고, 그만큼 나는 상대방을 사랑하고 있기 때문이다. 그래서 줄어든 밥을 다시 사랑하는 이에게 덜어주는 '보살(菩薩, bodhisattva)'이 되고 만다. 「햇봄, 간빙기의 순진보살」에서 김선우 시인이 봄에서 '순진한 보살'을 발견하게 된 것도 이런 이유에서다. 어머니가 자기 배고픔만 생각하는 아이에게 웃으면서 밥을 내어주듯, 자연도 자기 삶만 생각하는 인간에게 봄을 하염없이 건네주지 않는가.

이렇게 네가 온다
오지 않는다 해도 나는 너를 탓할 수 없으나

이렇게 네가 온다
더욱 간곡해진 마음으로
봄의 몸이

잊지 않고 줄기차게 온다
몇 번의 긴 빙하기를 제외하고
45억 년 동안

인간이 서식 가능한 지금의 간빙기가 얼마나 갈진 모르지만
고작 만 년 2만 년 앞에
영원을 떠올리는 허술하고 짠한 인간의 역사를 토닥거리며

허락된 간빙기가 끝나기도 전
서둘러 종말을 앞당기는 인간에 의해
뜨거워지는 지구에서
더럽혀지는 지구에서

네가 온다, 이렇게 봄이

봄의 몸이

고단해져 이제 그만 고스러진다 해도 탓하지 못할 너의 몸이

아기처럼 온다

늙고 낡은 시간을 햇살로 담뿍 채운 채

물오른 앳된 몸으로 오는

이 봄을 처음 같은 순진이라 하겠다

순진보살이라 하겠다

햇살이 오고 보살이 말한다;

영혼은 행위란다

몸이 없는 성자들을 믿지 말아라

말씀으로 아름다워진 세상은 없다

오른쪽 가지가 부러지면 왼쪽 가지를 내미는 몸

부르튼 맨발을 닦아주는 풀뿌리들의 몸

마주 보며 서로의 눈 속을 들여다보는 작은 새들

말간 눈물 속에 맺힌 영원을 오늘의 붉은 열매로 가져오는 빛

소소소소, 세상 가장 여릿한 소소한 몸들의

나지막하게 앳된 거기가 영혼의 기원이란다

햇살의 깃털을 흩뿌리며 공중을 지나는 너의 흔적,

이렇게 네가 온다

봄의 영혼은 눈물 많은 이 한 발자국

봄의 영원은 이 따스한 서러운 껴안음

— 김선우, 「햇봄, 간빙기의 순진보살」

인간은 자연을 사랑한다고 말한다. 아니 그것은 정확한 표현이 아니다. 인간은 자연을 사랑한다고 '말만' 한다. 탄소 배출량뿐만 아니라 플라스틱 생산량을 줄이는 행동조차 하지 않으면서. 마치 엄마를 사랑한다고 말하면서 엄마의 배고픔을 느끼지 못하고 밥을 달라고 칭얼대는 아이와 같다. 여전히 자동차를 몰고 다니며, 여전히 플라스틱 컵에 음료를 담아 마신다. 그리고 또 말만 한다. 미세먼지가 너무나 많아졌다고, 거북이가 플라스틱과 비닐을 삼켜 장폐색으로 죽었다고. 말만 앞세우고 행동을 하지 않으니, 김선우 시인의 말처럼 "지구는 점점 뜨거워지고 지구는 점점 더럽혀지고" 있다.

분명 인간은 자연의 버거운 짐이지만, 자연은 인간을 짐이라고 생각하지 않는 듯하다. 칭얼대는 아이에게 자기 밥을 또 떼어 건네며 미소 짓는 어머니처럼, 자연도 자신이 파괴되는 것보다 인간을

애愛 ──────➔ 이렇게 피곤한데 이다지도 충만하다니

돌볼 수 있다는 것만으로 행복을 느낀다. 김선우 시인은 어머니와 동생들을 안타깝게 보고 있는 맏언니 같다. 동생들에게 밥을 줄수록 어머니는 그만큼 배고파진다는 것을 알기에, 동생들의 칭얼거림이 속상하기만 하다. 그렇다고 배고파 칭얼대는 동생들이 측은하지 않은 것도 아니다. 자연도 마찬가지다. 자연은 고마워하기는 커녕 당연한 권리라도 되는 양 자신을 뜯어먹는 인간에게 자신의 피와 살을 떼어준다. 그것도 해맑은 미소와 함께.

자연의 미소! 그것이 봄이 아니면 무엇이겠는가. 그래서 김선우 시인은 안타깝지만 고맙기만 한다. "이렇게 네가 온다/오지 않는다 해도 나는 너를 탓할 수 없으나//이렇게 네가 온다/더욱 간곡해진 마음으로/봄의 몸이." 매번 인간에게 이용만 당하는 바보 같은 자연이다. 이만하면 이제 짜증을 낼 만하고 분통을 터뜨릴 만도 한데, 매번 인간에게 천진한 미소를 지으며 돌아오는 자연이다. 김선우 시인은 속상하고 미안하기만 하다. 이제 더 이상 아무것도 주지 않는다 해도 사실 그 누구도 자연을 탓할 수 없다. 배고파지고 피곤해지고 피폐해져 더 이상 인간을 사랑할 수 없을 것 같은데도, 그럼에도 불구하고 자연은 다시 자신의 것을 봄의 미소로 내준다. 쑥도 자라고, 냉이도 자라고, 벚꽃도 피고, 나무의 새순도 돋고, 따뜻한 볕도 펼쳐지고, 포근한 바람도 지나간다. 이 모든 것들이 자연의 몸이자 봄의 몸이다.

지난해 인간이 배출한 탄소량이나 플라스틱 양에 비례해 과거보다 더 적은 쑥과 냉이, 과거보다 더 아름답지 않은 벚꽃, 과거보다 더 보잘것없는 새순, 과거보다 더 냉랭한 봄볕, 과거보다 더 싸늘한 바람을 보낼 만도 한데, 자연은 그렇게 하지 않는다. 그래서 김선우 시인은 그 계산하지 않음, 그 헌신, 그 대가를 바라지 않음이 안타깝기만 하다. "늙고 낡은 시간을 햇살로 담뿍 채운 채/물오른 앳된 몸으로 오는/이 봄을 처음 같은 순진이라 하겠다/순진보살이라 하겠다." 보살은 타인에게 자신이 가진 것을 내주면서 가난과 피곤을 감내하는 사람이다. 자신이 먹어도 아무도 욕하지 않을 텐데, 자기 몫의 밥을 타인에게 선뜻 내준다. 정말 고마운 일이지만 타인은 밥을 다 먹고도 배가 고프다고 다시 밥그릇을 내민다. "당신은 정말 염치가 없군요!"라며 역정을 낼 수도 있을 텐데, 보살은 처음 보시할 때처럼 미소와 함께 다시 자기 몫을 덜어 그에게 준다. 그런데 그걸로 끝나지 않는다. 그 타인은 또다시 밥그릇을 내밀 테니 말이다. 보살은 보살이다. 보살은 그의 요구에 더 환한 미소로 응대한다. 이런 식으로 영원히 반복된다. 김선우 시인이 "처음 같은 순진"을 이야기했던 것도 이런 이유에서다. 이미 몇 번이고 주었다는 사실마저 깨끗이 까먹은 듯하니. 봄이 "순진보살"이라 불리는 이유다.

김선우 시인의 속상함과 안타까움이 마음에 걸렸는지, "순진보살"은 처음이자 마지막으로 시인에게 설법을 펼친다. "영혼은 행위란다/몸이 없는 성자들을 믿지 말아라/말씀으로 아름다워진 세상은 없다." 사랑한다고 아무리 자주 마음먹거나 사랑한다는 말을 아무리 자주 해도, 이것은 아직 사랑이 아니다. 자신이 배가 고픈데도 아이에게 밥을 건네주어야 하고, 몸살로 힘들어하는 아내를 업고 병원으로 뛰어야 하고, 치매에 걸린 어머니의 휠체어를 밀며 반향 없는 대화를 이어가야 한다. 사랑한다는 말을 수백 번, 수천 번 하면서도 무거운 것 하나 들어주지 않고, 자기가 가진 것 하나 건네주지 않는 사람이 있다면, 이 사람의 영혼이 사랑에 물들어 있다고 할 수 있을까? 사랑은 행동으로 증명되어야 할 그 무엇, 반드시 몸으로 드러나야만 하는 그 무엇이다. 그래서 순진보살은 말한다. "영혼은 행위"라고, "몸이 없는 성자들을 믿지 말아라"라고, "말씀으로 아름다워지는 세상은 없다"고. 여기서 김선우 시인은 화들짝 놀란다. 자연은, 봄은 그냥 단순한 순진보살이 아니었다. 사랑의 정도를 묵묵히, 당당히 걸었던 "발자국" 한 걸음 한 걸음이었으니까.

자연이라는 순진보살은 "세상 가장 여릿한 소소한 몸들"로 몸소 보여주고 있다. '영혼이 행위라는' 진실을, 자신은 '몸이 있는 성자'의 길을 걷는다는 사실을, 그리고 '말이 아니라 몸으로 세상을 아름답게 하겠다'는 의지를. "오른쪽 가지가 부러지면 왼쪽 가지를 내미는 몸/부르튼 맨발을 닦아주는 풀뿌리들의 몸/마주 보며 서로의 눈 속을 들여다보는 작은 새들/말간 눈물 속에 맺힌 영원을 오늘의 붉은 열매로 가져오는 빛"만이 "세상 가장 여릿한 소소한 몸들"일까. 아니다. 쑥도, 냉이도, 벚꽃도, 새순도, 볕도, 바람도 그런 소소한 몸들이다. 그렇지만 이 소소한 몸들로 실현되는 봄의 사랑은 김선우 시인의 마음에는 "눈물"도 많고 "서러움"도 많은 것으로 보인다. 인간들은 그 소소한 몸들을 이용하고 착취하면서 그것이 순진보살의 사랑이라는 걸 모르니까. 그렇지만 사실 순진보살은 인간이 어떤 반응을 취하든 미소만 보낸다. 자기가 가진 것을 내어주어 배고프고 피곤하고 피폐해질수록 순진보살은 행복하니까. 순진보살은 끝까지 순진하기만 하다. 그러니 봄 햇볕 속 두 순진보살 사이에 "따스한 서러운 껴안음"이 없을 수 있겠는가.

애愛 ──────── 이렇게 피곤한데 이다지도 충만하다니

─────── 영혼은 행동으로 증명된다

사람들이 흔히 착각하는 것이 있다. 인간의 정신을 나타내는 많은 개념들, 즉 용기, 사랑, 자유, 지혜 등을 마치 인간 내면에 존재하는 실체처럼 생각하는 것이다. 그렇지만 이런 개념들은 모두 삶에서, 그리고 모두 몸으로 증명되어야만 의미가 있다. 용기를 예로 들어보자. 웬만한 사람은 번지점프를 쉽게 하지 못한다. 어떤 사람은 번지점프대를 올려다보며 말한다. "내가 얼마나 용기 있는 사람인지 알지? 저 정도 높이의 번지점프는 식은 죽 먹기야." 그렇지만 용기는 증명해야 하는 그 무엇이다. 번지점프대에 서서 부르르 떨리는 긴장감을 이기고 몸을 창공에 던지는 순간, 우리는 자신에게 용기가 있다는 걸 증명하는 셈이다. 바로 이것이 용기다. 잊지 말아야 할 것은 "용기가 없어"라고 자조하는 사람에게도 결정적인 순간에 용기를 증명할 수 있는 위기가 찾아온다는 점이다. 평상시 나약해 보이는 사람이 아이나 애인, 부모를 구하기 위해 몸을 던지는 경우가 그렇다.

번지점프를 즐기는 사람들의 경우, 다시 말해 번지점프에 익숙해진 사람들의 경우, 그들은 자신이 용기가 있어 번지점프를 한다고 말하지 않는다. 이제 그들은 높은 번지점프대에 서도 더 이상 긴장감에 몸을 떨지 않기 때문이다. 그래서 이런 경우는 용기에 대해 말할 필요도 이유도 없다. '용기'는 팽팽한 긴장감을 이기고 몸을 창공에 던지는 것으로 증명되는 것이고, 반대로 긴장감을 이기지 못하고 뒤로 발을 빼면 증명에 실패한 것이다. 그렇지만 오늘 '용기'를 증명하는 데 다행히 성공했어도 내일도 성공하리라는 보장은 없고, 반대로 오늘 '용기'를 증명하는 데 실패했지만 내일도 실패하리라는 법은 없다. 이처럼 '용기'는 우리 몸 안에 심장이나 위장이 있는 것처럼 우리 마음에 실체로 존재하는 것이 아니라는 것을 잊지 말자. 위기의 순간 또는 위험의 순간, 용기는 증명되어야 할 그 무엇이니 말이다.

지혜나 자유도 마찬가지다. 모두 위기 상황에서, 모두 개운치 않은 상황에서, 모두 자신이 가진 것을 버리도록 요구하는 상황에서 증명되어야 할 그 무엇이다. 명문대에서 박사 학위를 받았다고 해서, 아니면 대학 교수나 유명 연구소의 책임 연구원이라고 해서 무조건 지혜롭다고 할 수 있을까? 그렇지 않다. 기존의 모든 학력과 기존의 모든 연구로도 해결되지 않는 난제, 교과서에서는 그 해답을 찾을 수 없는 난제가 던져졌을 때, 지혜롭다고 자부하던 사람은 자신의 지혜와 지성을 증명해야 한다. 만약 그 난제를 해결하는 데 실패한다면, 아무리 명성 높은 사람이어도 그는 지혜롭다고 할 수 없다. 용기와 마찬가지로 지혜도, 그리고 지성도 위기 상황에서 증명해야 할 그 무엇인 셈이다. 마찬가지로 자유로운 영혼이라고 아무리 떠벌려도 소용없다. 직장 상사 앞에서, 시어머니 앞에서, 지도교수 앞에서, 최고 권력자 앞에서 자유를 증명해야만 하는 경우가 올 테니 말이다. 바로 이 경우에 단호하게 "노!"라고 외칠 수 있어야 한다. 사표나 자퇴서를 던질 수 있어야 한다. 매달린 절벽, 손을 떼면 죽을 것만 같은 절벽에서 과감하게 손을 떼지 않고서 어떻게 자신이 자유롭다는 것을 증명할 수 있을까?

사랑도 마찬가지다. 부모님이 건강하실 뿐만 아니라 사회적으로 영향력이 있을 때, 아이가 공부를 잘하고 교유 관계도 원만할 때, 배우자가 경제적으로나 사회적으로 승승장구할 때, 우리는 부모님을, 아이를, 그리고 배우자를 사랑한다고 말할 수 있다. 실제로 우리는 그들에 대한 사랑을 조금도 의심하지 않는다. 그런데 문제는 부모님이 치매에 걸렸을 때, 아이의 성적이 완전히 추락했을 때, 그리고 배우자가 실직하게 되었을 때 찾아온다. 마침내 우리에게 사랑을 증명해야 할 위기가 찾아온 셈이다. 지금까지 "사랑한다"고 그렇게 반복적으로 말했던 바로 그 사랑, 그리고 속으로도 부모님을, 아이를, 아니면 배우자를 깊이 사랑한다고 믿었던 바로 그 사랑을 증명할 때다. 그런데 불행히도 치매에 걸린 부모님이 짐처럼 느껴지거나 자신의 삶을 가로막는 장벽처럼 느껴지기 시작한다. 공부를 못하는 아이가 자기 삶의 오점인 양 여겨지고 지인들과 이야기할 때 가급적 아이 이야기는 피하게 된다. 실직한 뒤 축 처진 모습으로 집에만 있으려는 배우자의 모습에 점점 짜증이 날 수도 있다. 자신이 부모님이나 아이, 혹은 배우자를 사랑하고 있다는 믿음은 그 바닥에서부터 허물어지고 있는 셈이다. 부모님에 대한 사랑을, 아이에 대한 사랑을, 그리고 배우자에 대한 사랑을 증명해야만할 때, 증명에 실패한 것이다.

용기, 지혜, 그리고 자유와 달리 사랑에는 묘한 구석이 있다. 용기는 위험한 상황에서, 지혜는 풀리지 않는 난제에서, 자유는 억압적인 상황에서 증명된다. 증명되지 않으면 혹은 증명에 실패하면, 우리는 용기와 무관한 사람, 지혜와 무관한 사람, 혹은 자유와 무관한 사람이 된다. 용기와 지혜, 그리고 자유와 관련된 증명은 이렇게 '모 아니면 도'라는 극단적인 형태로 실현된다. 한마디로, 이만하면 용기가 있다거나, 이만하면 지혜롭다거나, 혹은 이만하면 자유롭다는 이야기 자체가 성립되지 않는다는 것이다. 용기를 증명하거나 실패하거나 혹은 지혜를 증명하거나 실패하거나 혹은 자유를 증명하거나 실패하거나 둘 중 하나일 뿐이다. 그렇지만 사랑은 다르다. 타인에 대한 사랑을 증명하는 데 실패했다고 해서 우리가 사랑을 모르는 사람이 되지는 않는다. 단지 우리는 타인보다 나 자신을 더 사랑했을 뿐이다. 타인을 사랑하지 않더라도, 아니 사랑하지 않은 만큼 자기 자신을 사랑하고 있다는 뜻이다.

싯다르타의 '일체개고'의 가르침처럼 고통을 느끼면 저절로 그 고통을 완화하려는 의지가 생기는 법이다. 바로 이것이 사랑이자 자비다. 내게 고통이 느껴지면 그 고통을 완화하려는 노력을 저절로 하게 되는데, 바로 이것이 자기에 대한 사랑이다. 반대로 상대방의 고통을 느끼면 그 고통을 완화하려는 노력을 하게 되는데, 바로 이것이 우리가 흔히 말하는 타인에 대한 사랑이다. 그런데 이런 깔끔한 정의와는 달리 현실에서는 타인에 대한 사랑과 자기에 대한 사랑이 항상 뒤죽박죽 뒤섞여 있다. 사실 자신과 관련해서는 타인에 대한 사랑과 자기에 대한 사랑이 뒤섞이는 일은 없다. 자신과 관련해서는 자기에 대한 사랑만이 지배적이니까. 문제는 타인과의 관계에서 타인에 대한 사랑과 자기에 대한 사랑이 항상 뒤섞여 있다는 점이다. 타인에 대한 사랑이 상대방 자체를 사랑하는 것인가, 아니면 상대방이 가진 것을 사랑하는 것인가? 사랑한 것이 부모님인가, 아니면 부모님이 제공해주는 혜택인가? 내가 사랑한 것은 아이인가, 아니면 아이가 가져오는 성적이나 업적인가? 내가 사랑한 것은 배우자인가, 아니면 배우자의 벌이인가?

여러 가지 이유로 가족 관계나 부부 관계가 뒤흔들리는 위기 상황은 우리에게 사랑의 증명을 요구한다. 그런 증명은 참혹한 데가 있다. 타인에 대한 사랑이라고 믿었던 것이 자기에 대한 사랑이었는지 아니면 타인에 대한 사랑이었는지가 확인되는 순간이니까. 불행히도 소수의 사람만이 사랑의 증명에 성공한다. 얼마나 많은 사람들이 사랑을 증명하는 데 실패했던가. 사랑했다고 믿었던 10년, 20년, 아니 50년이 하나의 신기루로 전락하고 만다. 그래서일까, 오늘도 그리 조심스레 사랑의 이야기에 귀 기울이는 사람들이 많다. 사랑의 증명에 미리 준비하려는 탓이다. 그런데 어떻게 사랑의 증명이 준비한다고 해서 쉬워지겠는가. 사랑의 증명을 통해 부모님이나 아이, 혹은 배우자에 대한 사랑이 단지 자기에 대한 사랑에 지나지 않았다는 것을 자각한 사람에게 돌을 던지지는 말자. 지금까지 "당신을 사랑해요"라고 말했던 것이 거짓임을 때늦게 자각한 사람, 그래서 앞으로 어떤 타자에게도 "당신을 사랑해요"라고 말하지 못하게 된 사람에게는 너무 가혹한 처사일 수도 있으니까.

───── 아낌, 사랑 그 이상의 의미

"아버님, 어머님, 사랑해요." "당신, 사랑해요." "우리 딸, 얼마나 사랑하는지 알지?" "우리 아들, 내 사랑!" 경제적으로 안정적이고 나아가 가족이 모두 승승장구할 때, 이런 애정 표현은 경쾌할 뿐만 아니라 확신에 차서 발화된다. 그런데 불행히도 내가 사랑하는 사람들이 사냥감을 가져오기는커녕 나를 고단하고 고통스럽게 만드는 때가 찾아올 수 있다. 그럴 때에도 똑같이 "아버님, 어머님, 사랑해요", "당신, 사랑해요", "우리 딸, 얼마나 사랑하는지 알지?", "우리 아들, 내 사랑!"이라고 말할 수 있다면, 우리는 타인에 대한 사랑을 증명한 셈이다. 반대로 노환으로 힘드신 부모님의 고통보다, 사회로부터 버려졌다는 자괴감에 빠진 배우자의 고통보다, 그리고 성적이 떨어지면서 자존감이 바닥에 떨어진 아이의 고통보다 나의 고통이 강하게 느껴진다면, 우리는 타인에 대한 사랑을 증명하는 데 실패한 셈이다.

타인에 대한 사랑은 상대방의 고통을 느끼고 그것을 조금이라도 완화시켜주려는 자발적 의지이자 노력이다. 어머니가 배고픔을 감내하고 자신이 먹을 밥을 아이에게 건네주는 것처럼, 사랑한다면 내가 배고픈 쪽을, 내가 수고로운 쪽을, 내가 힘든 쪽을 선택한다. 상대방의 고통을 덜어 내게로 가져오는 일을 행복으로 느끼지 않는다면, 어떻게 사랑이 가능할 수 있을까? 불행히도 아픈 부모님, 실직한 배우자, 자랑스럽지 않은 아이의 고통이 느껴지기는커녕 나의 고통만 느껴질 수 있다. 한때는 그들을 사랑한다고 확신했지만 이제 그들은 내 고통의 원인으로 전락하고 만 셈이다. 당연히 내 고통을 완화하기 위해서는 이들로부터 멀어져야 한다고 의식적으로나 무의식적으로 생각하게 되니, 그런 사람이 어떻게 예전처럼 경쾌하게 애정 표현을 할 수 있을까?

부모님이 건강할 뿐만 아니라 사회적 영향력이 건재할 때, 배우자가 경제적으로나 정신적으로나 승승장구할 때, 그리고 아이가 성적이 좋을 뿐만 아니라 주변에서 사랑받을 때, "사랑해!"라는 고백은 자신을 위한 것인지 아니면 상대방을 위한 것인지 애매한 표현이거나 매너리즘에 빠진 표현일 가능성이 크다. 하긴 부모님이, 배우자가, 그리고 아이가 고통에 빠져 있지 않으니, 상대방의 고통을 느낄 기회조차 드물다. 매번 발화할 때마다 상대방의 고통을 덜어 내게로 가져오겠다는 사랑의 각오를 다질 수 있게 해주는 표현, 아울러 자신의 사랑이 타락하는 것을 막을 수 있는 새로운 표현은 없을까. 고맙게도 우리는 신조어를 만들 필요는 없다. 수천 년 동안 동아시아 사람들이 사용했던 표현, 할아버지나 할머니 세대가 여전히 사용하고 있는 표현이 하나 있기 때문이다. 바로 '아낀다'는 말이다.

　　'아낀다'는 말은 '애(愛)'라는 한자어에서 유래한다. 흔히 우리는 이 한자를 '사랑 애'라고 읽으면서, 영어 '러브(love)'와 유사한 의미로 이해한다. 흥미로운 점은 '사랑'이라는 말이 이렇게 대중화된 것은 100년도 채 안 되었다는 사실이다. 아마도 서양의 기독교 전통이 우리나라에서 자리 잡으면서 '사랑한다'는 말이 대중화된 듯 보인다. 그런데 '애'라는 글자가 '사랑'으로 완벽하게 번역될 수 있을까? 어느 한자 사전이라도 상관이 없다. '애'라는 글자의 풀이를 꼼꼼히 확인해보면 우리는 고개를 갸우뚱거리게 된다. '애'에는 '사랑한다'

라는 뜻풀이 외에 '~을 아낀다'나 혹은 '~에 인색하다'라는 낯선 뜻풀이도 포함되어 있다. 중국에서 펴낸 『사원(辭源)』이라는 권위 있는 자전이 있다. 제목 그대로 이 자전은 현대의 용례보다는 어떤 글자의 원래 용례, 즉 글자의 기원을 설명해주는 책이다. 『사원』에도 '애(愛)'라는 글자에 '사랑'이나 '총애'라는 뜻 이외에 '인색(吝嗇)'이라는 뜻풀이가 보인다. 돈에 인색한 사람은 돈을 쓰지 않는 사람, 혹은 돈을 아끼는 사람이다. '애'가 '사랑'으로 완전히 번역되지 않는 이유는 바로 이 때문이다. '애'는 '사랑'이라는 뜻에 '아낌'이라는 뜻을 더해야 제대로 읽히는 글자이니까.

'너를 아낀다!'는 말은 '나는 너를 함부로 부리지 않는다'는 의미, 극단적으로 말해 '나는 너를 쓰지 않고 모셔두겠다'는 의미다. 과거에 프러포즈할 때 많은 남자들이 이렇게 말했다. "네 손에 물 한 방울 묻지 않도록 할게!" 바로 이것이 '아낌'의 의미다. 그런데 이런 가정이 제대로 돌아가려면 누군가가 설거지와 빨래를 해야 한다. 결국 "네 손에 물 한 방울 묻지 않도록 할게!"라는 말은 "내가 설거지와 빨래를 할게!"라는 의미다. 너를 부리기보다는 나 자신을 부리겠다는 것! 너를 수고스럽게 만들기보다는 나 자신을 수고스럽게 하겠다는 것! 너의 몸을 움직이게 만들기보다는 나 자신의 몸을 움직이겠다는 것! 너는 쉬고 내가 움직이겠다는 것! 그래서 너의 수고와 고통을 내게로 고스란히 가져오겠다는 것! 바로 이것이 '아낌'이라는 개념이 말이나 정서에만 머물기 쉬운 '사랑'이라는 개념

너의 몸을 움직이게 만들기보다는 나 자신의 몸을 움직이겠다는 것!
그래서 너의 수고와 고통을 내게로 고스란히 가져오겠다는 것!
바로 이것이 '아낌'이라는 개념이 말이나 정서에만 머물기 쉬운
'사랑'이라는 개념과 달라지는 지점이다.

과 달라지는 지점이다. 아낌은 그 사람 대신, 혹은 그 사람을 위해 기꺼이 감당하는 수고와 노동, 즉 사랑을 증명하는 행동이기 때문이다.

이제 "너를 사랑해!"라는 말 대신 "너를 아껴!"라고 말하자. 아이를 아끼는가? 그렇다면 아이에게 우유를 사오라고 심부름을 시키면 안 된다. 아이에게 시키는 심부름은 나를 수고스럽게 만드는 것이 아니라 아이를 수고스럽게 만드는 일이니까. 남편을 아끼는가? 그렇다면 휴일에 늦잠 자는 남편을 깨워 청소를 시켜서는 안 된다. 내가 수고를 감당하고 남편을 함부로 부리지 않는 것이 바로 남편을 아끼는 일이니까. 아내를 아끼는가? 늦은 밤에 잠든 아내를 깨워 식사를 차려달라고 해서는 안 된다. 아내로부터 요리의 수고를 빼앗아 자신이 감당해야 남편은 아내를 아낀다고 말할 수 있다. 직장 후배를 아끼는가? 그렇다면 후배를 함부로 부려서는 안 된다. "커피 좀 뽑아와!"라고 후배에게 말하지 않고 스스로 가서 커피를 뽑아와야 한다. 부모님을 아끼는가? 그렇다면 부모님에게 손주를 돌봐달라고 요구해서는 안 된다. 당연하다는 듯, 혹은 몇 푼의 용돈을 드리며 부모님에게 자기 자식 보육을 맡기는 것은 부모님을 함부로 부리는 행위니까.

조선 시대에는 권력의 눈 밖에 난 지식인들을 남쪽 지방으로 유배를 보내곤 했다. 지금 보면 관대한 조치인 듯 보일 수 있지만, 사실 이것은 정치권력이 자기 손에 피 묻히지 않고 정적(政敵)을 제거하기 위한 조치였다. 자연, 정확히 말해 풍토가 대신해서 정적을 제거하게 만드는 무서운 조치가 바로 유배였던 것이다. 사람은 물갈이를 심하게 겪으면 엄청난 설사를 하게 될 수 있다. 탈수 증상과 영양 부족이 지속되면 시름시름 앓다 죽는다. 그야말로 '불귀지객(不歸之客)'이 되기 십상이다. 다시는 한양으로 돌아오지 못하고 전라남도든 경상남도든 남도 땅에서, 아니면 흑산도 같은 남해의 후미진 섬에서 쓸쓸히 죽음을 맞이할 가능성이 매우 높다. 정약용(丁若鏞, 1762~1836) 형제처럼 풍토병쯤이야 가볍게 이겨내는 강골은 아주 극소수였고, 대부분 다시는 한양으로 돌아오지 못하고 죽음을 맞았다. 어디서나 생수를 사서 마실 수 있는 지금은 상상하기 힘든 일이지만 풍토병은 그토록 무서운 공포였다.

그러니 유배지에 친구를 보낸 사람들은 마음이 어땠겠는가? 할 수 있는 일이라고는 힘이 되고 위로가 되는 편지를 보내는 것이 전부였다. 그렇지만 유배지로 편지 한 통을 보내는 것도 사실 목숨을 건 행위였다. 정적으로 낙인찍힌 사람에게 편지를 보냈다는 사실만으로 편지를 쓴 사람은 그때부터 정치권력의 감시 대상이 되고 만다. 그래서 유배 간 친구에게 보내는 편지의 내용은 정말 보잘것없다. 아내가 최근에 아팠다는 이야기, 키우던 개가 새끼를 낳았다는 이야기 등 소소한 이야기가 전부이니 말이다. 하긴 정치권력이 편지 내용을 검열하니, 정치적이거나 사회적인 이야기를 할 수도 없다. 편지의 99퍼센트를 채우는 시시콜콜한 이야기, 검열관이 보았을 때 하품을 할 수 있는 아주 사적인 이야기가 중요한 것이 아니다. 유배 간 친구에게 보내는 편지의 진짜 핵심은 편지를 마무리하는 네 글자에 응축되어 있기 때문이다. '자중자애(自重自愛)'다. 번역하면 '자중(自重)'은 '스스로를 무겁게 여긴다'는 말이고, '자애(自愛)'는 '스스로를 아낀다'는 뜻이다. '스스로를 무겁게 여기고 스스로를 아껴야 한다'고 친구에게 간절히 부탁하는 셈이다.

주목해야 할 것은 '자중'이라는 말과 '자애'라는 말은 거의 동의어라는 사실, 아니 정확히 말해 '자중'이라는 말과 '자애'라는 말은 서로 의미를 보충하고 강화한다는 사실이다. '무겁게 여기는 것은 아낄 수밖에 없고, 아끼는 것은 무겁게 여길 수밖에 없기' 때문이다. 귀중품(貴重品)이라는 말이 있다. 귀하고 중한 물건이라는 뜻이다. 쉽게 이해하기 위해, 고가의 명품 가방을 예로 들어보자. 몇 달동안 월급을 모아 명품 가방을 산 사람이 있다. 사놓고 보니 문제는 문제다. 출근할 때 갖고 나가기도 불안한데, 동네 마트를 갈 때는 또 어떻겠는가? 잘못 가지고 다니다 흠집이 나거나 잘 안 지워지는 얼룩이 생길 수도 있다. 그러니 이 가방을 '가볍게' 들고 나갈 수 없다. 명품 가방을 '무겁게 여긴다'는 의미는 이런 것이다. 실제로 무게가 무거워서 들지 않는다는 것이 아니라, 마치 엄청 무거운 것이라도 되는 양 가볍게 들지 않는다는 이야기다. 함부로 들지 않고 함부로 사용하지 않는 가방, 들거나 사용하기에 너무나 무거운 것처럼 대우하는 가방, 바로 이것이 우리가 '아끼는' 가방이다. '무겁게 여긴다'는 말과 '아낀다'는 말이 같은 의미라고 말한 이유다.

결국 유배 간 친구에게 편지를 보낸 사람이 말하고자 했던 것은 명확하다. 정치권력으로부터 버려졌다 하더라도 스스로를 명품 가방인 것처럼 '무겁게 여기고 함부로 사용하지 말라'는 당부다. 자신을 저가의 가방처럼 생각하지 말라는 부탁이다. 저가의 가방은 가볍게 들고 나가고 심지어 아무거나 집어넣는다. 저가의 가방은 카페 등에서 옆 의자에 툭 던져놓기도 한다. 이처럼 '가볍게 여기는 것은 함부로 사용되고, 함부로 사용하는 것은 가볍게 여겨지는 것이다'. 그러니 아무거나 먹어서도 안 되고, 피곤하면 잘 쉬어야 하고, 위험한 곳에서는 가서는 안 되고 등등, 유배지의 선비를 무겁게 여기고 아꼈던 어느 친구는 이 모든 마음을 네 글자에 담았던 셈이다. "자중자애(自重自愛)!"

'자중자애'라는 말과 함께 과거에 즐겨 사용했던 표현이 또 하나 있다. 바로 '애지중지(愛之重之)'라는 말이다. 여기서 '지(之)'라는 한자어는 문법적으로 목적어이며, 그것은 사람일 수도 있고 사물일 수도 있다. 즉, '애지중지'는 '어떤 것을 아끼고 어떤 것을 무겁게 여긴다'는 의미다. 특히 그림이나 책 등의 사물이 아니라 사람에게 '애지중지'라는 말을 쓸 때 그 의미는 각별한 데가 있다. 명품 가방이든 고가의 그림이든 진귀한 책이든 사물은 자신이 애지중지의 대상이 되었다는 것을 의식하지 못한다. 그렇지만 사람은 자신이 애지중지의 대상이 되었다는 것을 의식할 수 있는 존재가 아닌가?

아내를 애지중지한다는 것은 아내를 아끼기에 함부로 부리지 않고, 동시에 무겁게 여겨 가볍게 사용하지 않는다는 의미다. 남편이 전구를 교체하느라 의자 위에 올라가 진땀을 흘리고 있다. 아내는 식탁 의자에 앉아 남편이 고생하는 모습을 보고 있다. 남편은 목이 마르지만 아내에게 물을 갖다달라고 요구하지 않는다. 조용히 의자에서 내려와 식탁 옆에 있는 냉장고의 문을 연다. 그러고는 물을 꺼내 시원하게 마신다. 아내는 말할 것이다. "물을 달라고 하지." 남편은 씩 웃으며 다시 하던 일을 마치려고 의자에 오른다. 이때 아내는 남편이 자신을 아낀다는 걸 온몸으로 안다. 자신을 무겁게 대한다는 것을, 자신을 부리지 않는다는 것을. 아내는 남편과 함께 있으면 몸이 편안하다. 남편이 수고로운 일을 대부분 감당하기 때문이다.

애지중지를 실천하는 이런 가정에서 폭력이 일어날 수 있을까? 폭력은 누군가를 노예로 부리려고 할 때에만 발생하는 법이다. 그릇을 가져오라고 했는데 자신이 원하는 그릇을 아내가 가져오지 않으면 남편은 큰소리를 낼 수 있다. 이미 이 남편에게 아내는 애지중지의 대상이 아니라 함부로 부리고 가볍게 여기는 대상일 뿐이

애愛 ———————— 이렇게 피곤한데 이다지도 충만하다니

다. 쓰레기를 분리하라고 했는데 자신이 원하는 대로 되어 있지 않으면 아내는 역정을 낼 수 있다. 이 경우에도 이 아내에게 남편은 애지중지의 대상이 아니다. 배우자를 위축시키는 남편의 큰소리와 아내의 역정이 가정불화와 가정폭력으로 이어지는 것은 한순간이 아닐까.

─────── 아낌 혹은 자비를 위한 슬로건,
"일일부작 일일불식!"

규모가 큰 사찰은 하나의 본사와 몇 개의 말사로 구성되어 있다. 그리고 자유와 자비의 화신이 되고자 하는 젊은 수행승들이 머무는 암자들도 있다. 스님들이 중형차를 타고 산문으로 들어가는 모습은 눈살을 찌푸리게 한다. 중형차가 지나가는 그 길을 오늘도 부처님을 뵈러 느린 걸음으로 오르는 할머니 보살들이 있기 때문이다. 할머니도 태우고 가지 않는 스님, 자비라고는 찾으려야 찾을 수 없는 스님이 보기 좋을 리 없다. 반면 젊은 스님이 수행 중에도 틈을 내서 열심히 텃밭을 가꾸는 모습은 우리 마음을 따뜻하게 한다. 보살들의 시주에 의지하지 않고 자립하겠다는 의지다. 그만큼 보살들이 먹을 밥을 축내지 않는 셈이니, 바로 이것이 대중에 대한 자비가 아니면 무엇이겠는가? 스님은 '애지중지'의 대상이 아니라

'애지중지'의 주체가 되어야 한다. 그러니 대중에게 민폐를 덜 끼치려고 쟁기를 잡은 젊은 스님, 그의 이마에 흘러내리는 땀을 보면 저절로 합장을 하게 된다.

이렇게 인도에서 발생한 불교가 동아시아에 들어오면서 '보시'나 '자비'라는 개념도 '아낌'이라는 개념으로 더 구체화되고 명료화된다. 삶의 주인이 되려는 사람이 주문처럼 외워야 하는 여덟 자의 가르침을 기억하는가? "수처작주(隨處作主) 입처개진(立處皆眞)", 바로 임제의 사자후다. 그의 사자후에 너무 놀란 탓일까? 사람들은 그의 스승 백장(百丈, 749~814)의 중요성을 간과하곤 한다. 백장은 불교의 정수인 '자비'가 무엇인지, 혹은 무엇이어야 하는지를 숙고했고, 마침내 불교의 자비도 '아낌'이 아니라면 아무것도 아니라고 주장했다. 『조당집(祖堂集)』에는 자비에 대한 백장의 통찰을 보여주는 근사한 일화가 등장한다. "백장 선사가 평생 동안 고결한 성품으로 수행한 일은 예를 들어 다 말할 수 없을 정도다. 매일 실시하는 노동에는 반드시 남보다 먼저 나섰다. 일을 주관하는 스님 한 분이 차마 볼 수가 없어서 농기구를 숨기고 쉬시라고 간청했다. 그러자 백장 선사가 '내가 아무런 덕이 없는데 어찌 남들만 수고스럽게 할 수 있겠는가!'라고 말하며, 숨겨놓은 농기구를 찾았다. 그러나 농기구를 찾지 못하게 되자 선사는 식사를 하지 않았다. 그래서 '하루 일하지 않으면 하루 먹지 않는다(一日不作 一日不食)'라는 말이 천하에 퍼지게 되었던 것이다."

애愛 ——— 이렇게 피곤한데 이다지도 충만하다니

"일일부작(一日不作) 일일불식(一日不食)!" 하나 '일(一)', 하루 '일(日)', 아닐 '부/불(不)', 일할 '작(作)', 먹을 '식(食)'이라는 한자어로 구성된 백장의 슬로건은 '하루 일하지 않으면 하루 먹지 않는다'는 뜻이다. 지금도 백장이 제안한 생활 원칙은 '백장의 맑은 규칙'이라는 뜻의 '백장청규(百丈淸規)'라는 이름으로 알려져 있다. 정공법적으로 물어보자. 어째서 백장은 '하루 일하지 않으면 하루 먹지 않는다'라는 원칙을 관철하려 했을까? 그 답은 너무나 쉽다. 백장은 자신이 싯다르타의 자비를 실천하며 살겠다고 발원한 승려라는 것을 잘 알고 있었기 때문이다. 자비 혹은 사랑은 타인의 고통을 느끼고 타인의 고통을 줄여주려는 자발적 의지이자 행동이다. 그런데 타인의 고통에 무감각할 뿐만 아니라 타인의 고통을 가중시킨다면, 이것이 어떻게 자비나 사랑일 수 있겠는가.

백장은 승려가 무엇인지 진지하게 고민한 스님이었을 뿐이다. 일하지 않았음에도 불구하고 자신이 무언가를 먹었다면, 이것은 다른 누군가의 밥을 빼앗아 먹은 것이고, 다른 누군가를 부리는 것이며, 다른 누군가의 삶을 더 고통스럽게 하는 것이다. 분명 백장은 동료 스님들이 대중에게 '자비'나 '보시'의 중요성과 아름다움에 관해 근사하게 설법하는 장면을 많이 보았을 것이다. 그런데 그런 설법은 단지 말뿐이지 않은가? 자비나 보시는 말이나 마음만이 아니라 행동과 몸으로 드러나야 하는 것이 아닐까? 바로 이것이 백장의 문제의식이었다. 어쩌면 자신뿐만 아니라 동료 스님들은 지금까지 대중의 고통을 느끼는 '자비'와 그들의 고통을 완화시켜주는 '보시'를 제대로 실천한 적이 없는지도 모른다고 생각했다. 단지 대중에게 설법하고 그들과 문답하는 것으로 자비와 보시를 실천했다고 믿고 있었던 것이 아닌가.

큰스님이 되자 백장은 승가 공동체를 자립적 경제 활동 공동체로 바꾼다. 이것은 백장이 대중을 '애지중지'했기 때문이고, 이것이 싯다르타가 호소했던 '자비'이기 때문이다. 백장이 자비가 무엇인지를 얼마나 심각하게 고민했는지 확인할 수 있는 대목이다. 생각해보라. 대중이 사찰에 시주한 만큼 그들 가족의 입에 들어가는 음식은 줄어들 수밖에 없고, 그 가족이 먹어야 할 것을 승려들이 먹게 된다. 이것이 어떻게 자비를 표방하는 스님이 아무것도 아니라는 듯 넘길 수 있는 일인가? 스님들이 열심히 일을 해서 대중을 먹이는 것이 가장 좋다. 이것이 자비이고 보시다. 그런데 이는 생각 이상으로 힘든 일이다. 결국 스님들에게 남은 것은, 최소한 대중과 그들의 부모, 아들과 딸이 먹을 것을 빼앗아 먹어서는 안 된다는 원칙이다. 최소한의 보시이자 최소한의 자비다.

백장은 자비의 원칙을 승가 공동체 내부에도 그대로 적용한다. 큰스님이 일을 하지 않고 먹으면 신참 스님들이 그만큼 더 일을 해야 하고 더 피곤해진다. 내가 수고롭고 내가 힘들고 내가 일해야 한다. 그래야 제자들이 편하고 제자들이 가벼워지고 제자들이 쉴 수 있으니까. 이것이 제자들을 아끼는 백장의 자비이기도 하지만, 동시에 제자들이 아로새겼으면 하는 백장의 가르침이기도 했다. "제자들아! 자비는 별것 아니다. 네가 수고로우면 중생들이 편안하고, 네가 힘들면 중생들이 가벼워지고, 네가 일을 하면 중생들이 쉴 수 있다. 중생들의 고통을 네 것으로 가져오고, 중생들의 수고를 네 것으로 가져오라. 바로 그것이 자비이고 보시다. 바로 그것이 싯다르타가 걸었던 길이다."

첫걸음을 당당하게

어느 날 강연이 끝난 뒤 질의응답 시간이
있었다. 한 중년 여성이 고민을 털어놓았다. 초기 치매로 입원하신
어머니가 음식을 잘 안 드셔서 걱정이라는, 한마디로 어머니가 삶
의 의지가 너무 약해져서 걱정이라는 이야기였다. 고민을 듣자마
자 내가 물었다. "어머니를 사랑하시나요?" 그녀는 내 질문에 당혹
감을 느낀 듯했지만 자기 어머니를 사랑한다고 대답했다. 하긴 그
당혹감은 당연하다고 할 수 있다. 어머니를 걱정하며 질문을 던진
사람에게 오히려 내가 어머니를 사랑하느냐고 다소 생뚱맞은 질문
을 했으니.

사실 내 질문은 정확히 다음과 같은 의미였다. "어머니를 아끼셨
나요?" 어머니는 음식을 만들어 딸에게 보내주거나, 딸의 집에 들
러 청소를 해주거나, 여행을 떠난 딸 가족을 위해 집을 관리해주거
나, 손주들을 대신 봐주는 등 딸을 위해 무언가 일을 했고, 딸은 그

대가로 용돈을 드리고 선물도 드렸다. 주위에서 쉽게 볼 수 있는, 친정어머니와 딸 사이의 익숙한 풍경이다. 문제는, 애정인지 거래인지가 뒤죽박죽이 되어버린 묘한 관계가 너무나 오래 반복되었다는 데 있다. 치매에 걸린 어머니는 이제 자신은 딸에게 뭔가를 해줄 수 없다고 생각한다. 더군다나 치매가 심해지면 자신은 경제적으로나 심리적으로 딸에게 짐이 될 수밖에 없다고 절망한다. 결국 어머니는 쓸모가 없어진 자신이 버려질까 봐 두려웠던 것이고, 그 두려움이 어머니의 삶의 의지를 꺾어버린 것이다. 그래서 나는 물었던 것이다. "어머니를 아끼셨나요?"

어머니를 아낀다는 것은 어머니를 함부로 쓰지도, 부리려고도 하지 않는다는 이야기다. 친정어머니를 함부로 쓰지도 부리지도 않았다면, 친정어머니가 집에 계시든 병원에 계시든 무슨 관계가 있는가. 어머니의 수고와 고통과 일을 기쁘게 대신 감당했다면, 휠체어를 밀어드리는 것이 무슨 대수이겠는가. 내가 아끼는 존재, 즉 내가 애지중지하는 대상은 아파도 되고, 휠체어를 타도 되고, 누워 있어도 상관이 없다. 내가 나의 이익을 위해 그를 함부로 쓰거나 부리려는 생각이 없으니 말이다. 바로 이것이다. "당신을 아껴요"라는 표현은 "당신이 제 곁에 살아 계시고 존재하는 것만으로도 저는 행복해요"라는 의미다. 그러니 딸이 자신을 아낀다는 것을 아는 친정어머니는 딸이 자신이 그저 살아 있는 것만으로도 행복하리라고 확신한다.

그러니 어떻게 아낌을 받는 친정어머니가 음식 먹기를 거부하며 삶의 의욕을 스스로 꺾으려 하겠는가? 그분이 입원해 계신 어머니를 찾아가 손을 꼭 잡아드리며 행복한 미소를 보냈으면 좋겠다. 어머니의 휠체어를 밀면서 이야기를 주고받으며 해맑게 웃었으면 좋겠다. 딸이 자신을 아낀다는 것을 어머니가 충분히 알 수 있도록 말이다. 애지중지의 대상은 얼마 지나지 않아 자중자애하는 법이다. 자신이 죽으면 딸이 힘들 것이라는 걸 알기에, 친정어머니는 아주 씩씩하게 수저를 들 것이다. "어머니를 아끼실 수 있겠어요?" 그분에게 던진 내 마지막 물음은 바로 이것이었다.

착수처

●

아끼는 사람을 반려동물처럼 보는 연습을 반복하자.

아침에 일어나 화초의 잎을 닦아주고 볕이 잘 드는 곳으로 화분을 옮겨주는 수고를 기꺼이 감당하면서 행복해하는 사람이 있다. 반려견을 기르는 사람도 있다. 반려견이 칭얼거리자 함께 산책하러 나가고, 그 와중에 반려견이 용변을 보면 배설물도 치워야 하지만 그는 귀찮기는커녕 행복하기만 하다. 수십 년 동안 티베트 황동 불상을 구하려고 노력해서 그것을 가진 사람은 불상에 먼지라도 앉을까 혹은 녹이라도 슬까 틈나는 대로 닦고 또 닦지만, 그것은 그의 즐거움이다. 그 밖에도 애지중지하는 것은 그야말로 사람마다 천차만별로 다양하다. 티셔츠, 프로야구 카드, 라이터, 나이프, 책, 스카프, 우표, 암석 등등. 심지어 자연도 애지중지의 대상이 될 수 있다. 확 트인 시야를 보러 정상에 올라가는 것도 아니고, 그렇다고 해서 계곡에 발을 담그고 더위를 가시려는 것도 아니다. 등산로 여기저기 등산객들이 버리고 간 쓰레기를 줍는 사람들이 있다. 이들에게 산은 그야말로 애지중지의 대상인 셈이다.

무엇이든 애지중지하는 대상이 있다는 것은 정말 행복한 일이다. 어쨌든 애지중지하는 대상은 그 존재만으로 우리 삶을 기쁨으로 물들이고, 우리 삶에 의미를 제공하며, 우리 삶을 활기차게 한다. 어떤 것도 아끼는 것이 없다고 생각해보라. 삶은 짙은 잿빛으로 우울하게 변할 것이고, 그러한 삶을 사는 우리는 심각한 우울과 무기력에 빠지고 말 것이다. 문제는 애지중지하는 대상이 인간일 때 발생한다. 타인을 아낀다는 것은 그를 대신해 그의 수고를, 그의 고통을, 그리고 그의 노동을 감내하며 기뻐하고 행복해하는 일이다. 누군가의 짐을 짊어지고 심지어 그 사람을 업으면서도 미소가 얼굴에서 떠나지 않는다면, 우리는 아끼는 사람을 최소한 한 명 가진 셈이다.

굶주린 아이에게 자기 밥을 내어주며 미소를 짓는 어머니와 같다.

그런데 노쇠한 부모의 휠체어를 미는 일이 반복되고, 아픈 아내 대신 집안일을 하는 생활이 반복되고, 실직한 남편 대신 시작한 고단한 아르바이트가 계속되면, 아낌의 마음과 실천에 조금씩 균열이 생기기 시작한다. 아끼는 일은 그만큼 힘이 들기 때문이다. 물론 타인을 아끼는 것은 누가 강제로 시켜서 시작하는 일은 아니다. 타인의 고통이 내 고통으로 느껴졌기에 시작한 일이고, 타인의 고통을 완화하는 것이 기쁨이었기에 시작한 일이다. 그렇지만 힘든 것은 힘든 것일 뿐이다. 아낌의 행동에 지쳐 행복과 미소가 사라질 때 악마의 속삭임이 내부에서 울려 나온다. '내가 열 번 업어줬으면 한 번 정도는 나를 업어줄 수도 있는 게 아닌가. 아니면 최소한 고맙다는 말이라도 하든가.' 상대방을 아끼기에 함부로 부리지 않으려는 마음이 줄어들고 그 대신 상대방을 부리려는 마음이 조금씩 싹트는 순간이다. 상대방을 '애지중지'하던 마음 대신 상대방에게 대가를 요구하는 마음이 자라나는 순간이다.

반려견에게 사료를 주고 목욕을 시키고 산책도 나갔다고 해서, 우리는 그 대가로 반려견이 무언가 보답하기를 바라지는 않는다. 잘 먹고 잘 자고 잘 싸면서 내 곁에 오래 있어주기만을 기원할 뿐이다. "이 정도로 돌봐주었으면 너도 이제 한 주에 한 번 정도 거실 청소를 해라. 욕실에 물을 받아놓을 테니 일단 그 속으로 뛰어들어 온몸의 털을 적셔라. 그리고 나와서 대걸레처럼 거실을 구르며 청소를 해라." 반려견에게 이런 걸 바라는 사람이 있을까? 개는 애초에 인간과는 느끼고 행동하는 것이 다르니 그냥 아껴줄 뿐이다.

그런데 사람을 애지중지하는 경우는 다르다. 사람은 느끼고 행동하는 것이 유사할 뿐만 아니라 말도 통하기 때문에, 어느 순간 우리는 아끼는 사람에게 원하는 것이 생길 수 있다. 바로 이때 비극이 시작된다. 아끼는 사람은 그 존재만으로 나를 행복하게 만들었던 소중한 사람이다. 아끼는 사람이 무언가 해주기를 원하는 순간, 아낌의 관계는 무너지고 그 자리에 너저분한 거래 관계가 들어선다. "내가 이만큼 했으면 너도 이만큼 해야 하는 것 아니야?" 이제 상대방이 나의 애지중지하는 모든 행동을 일종의 부채감으로 받아들이게 되면서, 아낌의 관계는 막장을 향해 치닫고 만다. 이런 비극을 피하는 방법은 간단하다. 아끼는 사람을 반려견이나 반려묘처럼 보는 연습을 지속적으로 하는 것이다. 물을 가져다 달라고, 밥을 해달라고, 쓰레기 봉투를 버려달라고, 청소를 해달라고 할 수도 없다. 말귀를 알아듣지 못할 뿐만 아니라, 알아듣는다 해도 쫑긋한 귀와 해맑은 눈, 그리고 네 다리를 가지고 무엇을 하겠는가?

8강

生

아끼고 돌볼 것이
눈에 밟힌다면

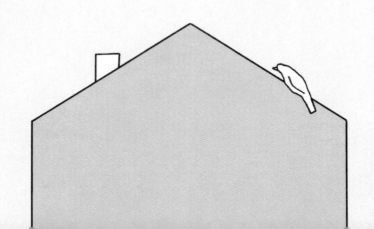

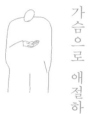

아주 까마득한 옥상, 그 난간에 생사를 결정할 듯 올라가볼 일이다. 앞으로 한 걸음만 나아가면 어떤 고통도 없는 세계가 열린다. 죽는다는 것! 그것은 고통을 느끼지 않는 세계로 간다는 것이다. 죽은 사람은 발로 차도 아파하지 않고, 침을 뱉어도 모욕감을 느끼지 않고, 끼니를 지나쳐도 배고픔을 느끼지 않는다. 자신의 죽음이 아픈 일이고 무서운 일이라고? 아니다. 오직 설죽었을 때만, 다시 말해 제대로 죽지 않았을 때만 아픈 법이다. 반대로 난간에서 뒤로 물러난다는 것은 고통을 느끼는 세계로 다시 돌아온다는 것이다. 백척간두에 설 때, 우리는 자신의 본래면목, 즉 맨얼굴을 보게 된다. 자신의 삶을 돌아볼 때 가장 중요한 것은, 살고 싶다는 의지가 어디서 오는지 보는 것이다. 달리 말해, 왜 죽지 않고 고통의 세계에 몸을 더 맡기려 하는지 물어보아야 한다는 것이다.

우리를 사랑하는 사람들이 있어서? 아니다. 그것만으로는 충분하지 않다. 내가 아끼고 돌볼 것이, 내가 없으면 삶이 더 힘들 무언가가, 한마디로 눈에 밟히는 무언가가 있어야 한다. 사람이 아니어도 좋다. 먹이를 주어야 할 금붕어와 반려견이 눈에 밟혀야 한다. 혹은 햇볕의 방향에 따라 자리를 옮겨줘야 하는 화초가 마음에 들어와야 한다. 사랑을 받는 것이 아니라, 사랑을 하는 것이 우리 삶의 의지에 있어 결정적이다. 배우자를 먼저 떠나보낸 할머니가 화초를 키우고, 텃밭을 일구는 것도 이런 이유에서다. 아낀다는 것은 무척 수고스러운 일이지만, 놀랍게도 바로 그것이 우리 삶을 묵직하게 만들어 우리로 하여금 옥상 난간 너머로 몸을 던지지 않게 만든다. 아껴야 할 것이 있고 사랑하는 것이 있다는 것은 이렇게 놀라운 힘을 발휘하는 법이다.

그렇지만 싯다르타도 죽음을 앞두고 말하지 않았던가? "제행무상(諸行無常)", "형성된 모든 것들은 소멸하는 법이다!" 무언가를 아끼고 마지막 삶을 불태웠던 사람도 언젠가 세상을 떠날 순간을 맞이하게 된다. 모든 소설은 마지막 결말로 전체 의미가 결정되는 법이다. 아무리 슬픈 소설이라도 결말이 웃기면 희극으로 기억되고, 배꼽 빠지게 웃긴 소설도 마지막 한 구절이 눈물을 부르면 비극으로 기억된다. 온몸으로 무언가를 아꼈던 사람, 삶을 삶으로 제대로 영위했던 사람, 그리고 주인으로서 삶을 영위했던 사람이 눈을 감기 전 마지막으로 바라본 세상은 어떤 모습일까? 바로 이 마지막 엔딩이 중요한 이유는 그것이 우리에게 한 번뿐인 삶을 근사하게 살아내야 하는 이유를 가르쳐주기 때문이다. 「花飛(화비), 그날이 오면」이라는 시에서 김선우 시인이 아직 엔딩에 이르지 않은 삶에서 소망스런 엔딩을 발원하는 것도 이런 이유에서가 아닐까.

길 끝에 당도한 바람으로 머리채를 묶은 후
당신 무릎에 머리를 대고 처음처럼
눕겠네 꽃의 은하에 무수한 눈부처와
당신 눈동자 속 나의 눈부처를
눈 속에 모두 들여야지
하늘을 보아야지
당신을 보아야지
花, 飛, 花, 飛,
내 눈동자에 마지막 담는 풍경이
흩날리는 꽃 속의 당신이길 원해서
그때쯤이면 당신도 풍경이 되길 원하네

그날이 오면

내게 필요한 건

이름 붙이지 않은 꽃나무 한 그루와

당신뿐

당신뿐

대지여

— 김선우, 「花飛, 그날이 오면」

「花飛, 그날이 오면」이라는 시를 관통하는 키워드는 "눈부처"다. 눈부처는 상대방의 눈동자에 비친 내 모습을 가리킨다. 사랑하는 사람이 나를 그윽하게 바라볼 때가 있다. 상대방은 나를 '무시(無視)'할 수도 있지만 나를 바라보고 있다. 무시라는 말은 무언가를 볼 가치도 없다고 생각해서, 혹은 무언가를 보기 싫어서 아예 시선을 돌린다는 의미다. 그런데 상대방이 나를 바라보는 것만으로는 충분하지 않다. 나를 의심하거나, 나를 압도하려고, 아니면 나를 감시하려고 나를 바라볼 수도 있기 때문이다. 나에게 애정을 품거나 나를 사랑하거나 나를 아끼면서 상대방이 나를 보아야 한다. 그래야 상대방의 촉촉한 눈동자에서 나의 모습이 하나의 부처로서 등장할

생生 ——— 아끼고 돌볼 것이 눈에 밟힌다면

수 있기 때문이다. 그런데 이걸로 충분하지 않다. 내가 상대방, 나아가 상대방의 눈을 바라보지 않는다면, 상대방 눈에 맺힌 눈부처를 나는 볼 수조차 없기 때문이다.

결국 "눈부처"의 핵심은 상대방이 나를 바라볼 뿐만 아니라, 나도 상대방을 바라보고 있어야 한다는 데 있다. 지속적인 마주침! 즉, 마주봄이다. 그렇기에 눈부처는 두 개가 동시에 현상한다. 상대방의 눈에 맺혀 내가 보고 있는 나의 눈부처가 그중 하나이겠고, 내 눈에 맺혀 상대방이 보고 있는 상대방의 눈부처가 그 나머지 하나다. 상대방이 나를 무시하지 않고 부처처럼 존중하니 나는 상대방의 눈에서 내 눈부처를 보고, 나도 상대방을 부처처럼 존중하니 상대방도 내 눈에서 자신의 눈부처를 본다. 얼마나 근사하고 멋진 장면인가?

갓난아이와 엄마가 해맑게 웃으며 서로를 바라본다. 엄마는 아이의 눈에서 자신의 눈부처를 보고, 아이는 엄마의 눈에서 자신의 눈부처를 본다. 학창 시절 처음 친구가 된 청춘들은 자신의 눈으로 상대방을 눈부처로 만든다. 사랑에 빠진 지 얼마 안 된 두 사람이 서로의 눈에서 자신의 눈부처를 본다. 사랑하고 아끼고 소중하게 여기는 모든 관계의 바로미터는 바로 이것이다. 그런데 시간이 지나면 점점 서로 마주 보지 않게 된다. 갓난아이는 자라서 유치원에 가고 학교를 다니게 되고, 자본주의적 가치관을 받아들이는 어머니는 아이의 미래를 걱정하게 된다. 아이와 어머니는 서로 마주 보

기보다 미래의 명문대를 나란히 함께 보는 사이가 되고 만다. 친구
도 마찬가지다. 점점 교단을 함께 보는 사이나 게임을 함께 하는 사
이가 되면서 서로의 눈부처를 보던 관계는 희석되고 만다. 사랑에
빠진 커플도 영화를 함께 보거나 여행을 함께 가지만 서로의 눈을
사랑과 아낌의 염을 담아 보는 일이 부지불식간에 줄어들게 된다.

「花飛, 그날이 오면」에서 김선우 시인이 "당신 무릎에 머리를 대
고 처음처럼/눕겠네 꽃의 은하에 무수한 눈부처와/당신 눈동자 속
나의 눈부처를/눈 속에 모두 들여야지"라고 말할 때, "처음처럼"
이라는 구절이 우리 마음을 울리는 것도 이런 이유에서다. 누군가
의 눈에서 시인이 자신의 눈부처를 그리고, 시인의 눈에서 누군가
가 자신의 눈부처를 처음으로 보는 장면이 선명한 이미지로 드러
난다. 찬란하게 군무를 펼치는 벚나무 나무 아래, 누군가는 앉아 있
고 시인은 그의 무릎을 베개 삼아 누워 있다. 그리고 시인은 자신을
내려다보는 그의 눈에서 자신의 눈부처를 본다. 아니 벚나무 아래
에서 드러나는 풍경은 미래를 소망하는 시인의 감성으로부터 나온
것일 수도 있다. 그렇지만 "처음처럼"이라는 단어로 우리는 눈부
처와 관련된 경험이 김선우 시인에게 얼마나 강력했는지를 어렵지
않게 알 수 있다.

한 가지 음미하지 않으면 안 되는 구절이 있다. "꽃의 은하에 무
수한 눈부처"라는 대목이다. "꽃의 은하"는, 4월 초에서 4월 말경
복숭아나무나 벚나무를 밑에서 올려다볼 때 시리게 눈에 들어오

는, 눈발처럼 날리는 꽃잎들의 군무를 가리킨다. 군무에 참여해 눈송이처럼 느리게 떨어지는 꽃잎들에 김선우 시인은 "눈부처"라는 표현을 쓴다. 내가 상대방을 부처처럼 보고 동시에 상대방도 나를 그렇게 볼 때, 두 개의 눈부처가 드러난다고 했다. 김선우 시인에게 이 상대방은 꽃잎들로 확장된다. 꽃잎들을 열반에 드는 부처로 보는 순간, 그 한 장 한 장의 꽃잎들이 하나하나의 눈동자가 되어 시인의 모습을 비춰주었던 것이다. 그것이 무엇이든지 간에 우리가 부처로 보는 것과 아껴 보는 것은 우리 자신의 눈부처를 보여주는 법이다.

그런데 "꽃의 은하에 무수한 눈부처"가 어떻게 "당신 눈동자 속 나의 눈부처"와 비견될 수 있을까? 아니나 다를까, 김선우 시인은 군무를 펼치며 꽃잎을 떨구는 꽃나무 아래로 왜 '당신'을 데리고 들어왔는지 밝힌다. "내 눈동자에 마지막 담는 풍경이/흩날리는 꽃 속의 당신이길 원해서/그때쯤이면 당신도 풍경이 되길 원하네." 당신에 대한 마지막 아낌이자 마지막 사랑이다. 상대방이 내 눈 속에서 홀로 있는 자신의 모습만 보기를 원하지 않았던 것이다. 상대방이 내 눈 속에서 자신의 눈부처와 함께 아름다운 꽃잎들의 장관을 보았으면 하는 바람이다. 내가 마침내 눈을 감게 되어도, 내 얼굴 위에도 상대방의 머리 위에도 그리고 주변 대지 위에도 떨어지는 꽃잎들이 홀로 남은 상대방을 아름다움으로 위로하기를 원해서다. 이는 눈을 감기 직전의 내가 원하는 바이기도 하다.

홀로 있을 당신만을 눈에 새기고 눈을 감는 것은 아픈 일이다. 아름다운 꽃과 같은 당신, 그리고 당신과 같은 아름다운 꽃들이 함께 하는 모습, 시인의 말처럼 꽃들과 함께 "당신도 풍경이 되는 모습"을 마지막으로 눈에 담아야 조금이나마 마음에 위로가 될 테니까. "꽃들과 함께하니 당신 조금 덜 외로울 거야. 마지막으로 들여다보세요. 내 눈동자 속에서 당신의 모습과 함께 아름다운 꽃들이 보일 거예요. 내 눈이 감겨도 상관없죠. 내 얼굴 위에, 당신 머리 위에, 우리를 받치는 대지 위에 떨어진, 그리고 떨어지고 있는 꽃잎들을 보세요. 나 대신 당신의 눈부처를 보여줄 테니까요." 결국 김선우 시인이 필요하다고 했던 "이름 붙이지 않은 꽃나무 한 그루"는 "당신"을 위한 마지막 사랑의 선물이었던 셈이다.

머
리
로

냉
정
하
게

──────── 아낌의 자유, "자유로운 나와 자유로운 너 사이에서"

　간혹 사랑과 자유는 서로 모순된다고들 말한다. 사랑은 구속이
불가피하기에 자유로울 수 없다는 의미로 하는 이야기다. 미혼일
때 마지막 자유를 만끽하라는 조언이나, 결혼 생활이 아니더라도
사랑하는 사람과 동거를 하면 여러 가지 제약과 구속이 따른다는
충고도 많이 들린다. 정말 그럴까? 사랑과 자유는 모순적인 관계일
까? 사랑을 하면 자유를 포기해야 하고 자유로우려면 사랑할 수 없
다는 말은 옳은 것일까? 사실 이런 말들은 제대로 사랑을 해보지
못한 사람들이 떠드는 이야기일 뿐이다. 자유로운 사람만이 누군
가를 사랑할 수 있고, 사랑에 빠진 사람만이 자유의 소중함을 알 수
있기 때문이다. '사랑＝자유'라는 공식을 잊지 말자.
　부모의 말에 순종적인 딸이 있다. 착한 딸로 평판이 자자한 그녀

는 저녁 일곱 시에 귀가해 가족과 함께 식사를 해야 한다는 부모의 말을 잘 따르고 있다. 급한 사정이 있으면 저녁 식사에 참여하지 않아도 되지만 그때마다 부모에게 미리 연락을 해야 하고 저녁 열 시 안에는 반드시 귀가해야 한다. 이 예외 조항도 그녀는 별다른 반발 없이 따르고 있다. 그런데 어느 순간 그녀에게 변화가 생긴다. 저녁 일곱 시에 간신히 맞춰 귀가하기도 하고, 열 시가 다 되어 헐레벌떡 들어오기도 한다. 그녀가 사랑에 빠진 것이다. 그 대상은 사람일 수도 있고 사물일 수도 있고 아니면 어떤 사건일 수도 있다.

논의를 단순화하기 위해 사랑의 대상을 사람이라고 하면, 그녀는 자신에게 기쁨을, 유쾌함을, 삶의 의지를 증진시키는 누군가를 만난 것이다. 당연히 그녀는 애인과 헤어지려 하면 슬픔과 우울함, 그리고 삶의 무기력을 느낀다. 그래서 가급적 애인과 오랫동안 함께 있으려 한다. 그 결과 부모의 뜻을 조금씩 거스르게 된다. 사랑은 이렇게 무서운 것이다. 사랑에 빠지는 순간, 누구나 자신이 얼마나 자유로운지 혹은 자유롭지 못한지 자각하게 되니까. 사랑은 우리에게 자유를 요구하고, 자유는 우리에게 사랑을 가능하게 하는 법이다. 사랑에 빠진 딸은 분명 가까운 미래에 부모로부터 독립을 꿈꾸게 될 것이다.

사랑하는 주체인 자신에 대해서만 '사랑=자유'의 공식이 통용되는 것은 아니다. 사랑하는 대상에도 이 공식은 그대로 적용된다. '아낀다'는 말, 혹은 '애지중지'라는 말의 의미를 떠올려보자. 아끼고 애지중지한다는 것은 사랑하는 대상을 함부로 부리거나 사용하지 않는다는 이야기다. 결국 이것은 상대방을 나의 노예가 아니라 삶의 당당한 주인으로 대우한다는 뜻이 아닌가. '내 뜻대로'가 아니라 '당신 뜻대로'가 사랑의 공식이라는 것은 누구나 알고 있다. 노예가 타인이 원하는 것을 하는 사람이라면, 주인은 자신이 원하는 것을 하는 사람이다. 그래서 사랑에 빠지면 상대방이 원하는 것을 알고 싶어 한다. 상대방이 원하는 것을 해주기 위해, 달리 말해 상대방을 노예가 아니라 주인으로 만들기 위해서다.

돌이켜 생각해보자. 누군가로부터 사랑받을 때 우리가 느끼는 기쁨의 정체는 무엇인가? 우리는 상대방이 자신을 자유로운 존재로, 그리고 삶의 주인으로 인정할 뿐만 아니라 자유로운 주인으로서의 삶이 가능하도록 돕기 때문에 기쁨을 느낀다. 이렇게 상대방을 통해, 최소한 상대방과 함께 있을 때 나는 삶의 '조연'이 아니라 삶의 '주연'이 된다. 바로 이것이다. 주인공(主人公)이 되는 행복한 경험이 바로 사랑인 셈이다. 유년 시절에는 부모가 주연이고 자신은 조연이었다. 학창 시절에는 선생님이나 공부 잘하는 친구가 주연이었고 자신은 조연이었다. 사회 초년생일 때에는 직장 상사나 승승장구하던 동료가 주연이었고 자신은 조연이었다. 그런데 지금 상대방은 내가 주연이라고 말하며 나를 주연으로 대우한다. 심지어 내가 무의식적으로 원하는 것마저도 찾아내 알려주고 그것을 이루어주려고 돕기까지 한다. 결국 사랑에 빠진다는 것은, 사랑에 빠진 두 사람이 두 명의 주인공이 된다는 것을 의미한다.

혼잡한 거리나 영화관, 콘서트홀, 또는 프로스포츠 경기가 열리는 경기장에서도 두 사람은 서로를 금방 식별한다. 두 사람을 제외한 모든 사람들이 배경으로 밀려나 흐릿해지고, 오직 두 사람만이 스포트라이트를 받는 것과 같다. 인파가 많은 곳에서 키스를 나누는 커플을 보라. 주인공인 두 사람은 거침이 없다. 반대로 잠시 오해가 생겨 카페에서 자기도 모르게 목소리가 높아질 경우 상대방이 "조용히 해. 다른 사람들이 있잖아!"라고 말할 때 우리가 속상한 이유도 바로 여기에 있다. 순간적이나마 상대방은 내가 아니라 카페의 다른 사람을 주연으로 생각했기 때문이다.

결국 누군가를 사랑한다는 것은 그를 자유롭게 한다는 의미이자, 그가 "노!"라고 말할 수 있는 힘을 긍정한다는 의미다. 상대방과의 첫 마주침을 떠올려보라. 스피노자의 말대로 상대방은 내게 기쁨과 유쾌함과 삶의 의지를 증진시켜주었다. 그래서 나는 상대방에게 손을 내밀었던 것이다. 그를 통해 내가 더 행복하고 더 자유로울 수 있다는 느낌 때문이다. 다행히 상대방도 나의 손을 잡아주는 기적이 일어난다. 이것은 내가 불쌍해서도 아니고 나를 동정해서도 아니고, 상대방도 나를 통해 더 행복하고 더 자유로워진다고 느끼기 때문이다. 사랑은 이렇게 시작된다.

불행히도 상대방이 나를 주인이 아니라 노예로 부리려 한다면, 나의 자유와 기쁨은 점점 약화되고 만다. 반대로 내가 상대방을 주인이 아니라 노예로 부리려 한다면, 상대방도 자신의 자유와 기쁨이 사라진다고 느끼게 된다. 바로 이 순간 사랑의 관계는 그 뿌리에서부터 훼손되고 만다. 결국 핵심은 사랑하는 두 사람이 스스로 주인공이어야 하고, 동시에 상대방도 주인공으로 대우해야 한다는 데 있다. 상대방을 주인으로 대우한다는 것이 내가 노예가 되는 것을 의미하는 것도 아니고, 내가 주인으로서의 삶을 영위한다고 해서 그것이 상대방을 노예로 만드는 것도 아니다. 상대방을 사랑한다면 나는 상대방이 부자유스럽기를 바라지 않는다. 동시에 상대방도 나를 사랑한다면 내가 부자유스럽기를 원하지 않는다. 자유가 없다면 아낌도, 기쁨도, 유쾌함도, 당당함도 모두 불가능하니까.

상대방의 기쁨과 나의 기쁨 사이의 중도! 혹은 상대방의 자유와 나의 자유 사이의 중도! 바로 이것이 진정한 사랑, 즉 아낌의 지혜다. 현대 프랑스 철학자 알랭 바디우(Alain Badiou, 1937~)는 『조건들(Conditions)』(새물결, 2006)에서 "사랑은 융합적이라는 생각"이나 "사랑은 희생적이라는 생각"을 철저하게 비판했다. 두 명의 주인공, 혹은 두 명의 눈부처가 사라지면 사랑도 사라지기 때문이다. "사랑은, 둘이 있다는 후(後)사건적인 조건 아래 이루어지는, 세계의 경험 또는 상황의 경험"이라고 바디우가 강조한 것도 이런 이유에서다. 처음 만났을 때 두 사람이 두 명의 주인공이었던 것처럼, 관계가 지속되는 한 두 사람은 두 명의 주인공이어야 한다. 어느 한 사람도 자신의 자유를 포기해서는 안 되고, 어느 한 사람도 상대방의 자유를 무력화시켜서는 안 된다. 산책을 하면서 자기 의견을 자유롭게 개진하고 상대방의 의견에 귀 기울이는 근사한 노부부를 떠올려보라.

───── 아낌의 언어, "네가 있는 것만으로 좋아"

상대방이 옳은 말을 했는데도 듣는 순간 기분이 몹시 나쁠 때가 있다. 심지어 상대방이 한 말은 평상시 자신도 그렇다고 생각했던 것일 수도 있다. 그 반대도 충분히 가능하다. 내가 분명 옳을 뿐만 아니라 합리적인 이야기를 했는데, 상대방의 안색이 싸늘하게 변하는 경우다. 예를 들어, 먹는 걸로 스트레스를 해결하려는 잘못된 습관에 빠져 고생하는 사람이 있다고 하자. 그는 자신이 스트레스를 해결하려다 비만이 되어 성인병에 걸릴 위험에 노출되어 있다는 것을 잘 알고 있다. 나름대로 식사량을 조절하느라 애를 쓰고 있는데 오랜만에 친구를 만나게 되었다. 레스토랑에서 식사를 마칠 무렵 친구가 말한다. "야, 너 너무 많이 먹는 것 아니니? 우리 나이에는 식사량 조절이 정말 중요해. 먹는 걸 참기는 힘들지만 그래도 노력은 해야지." <u>스스로도 알고 있는 옳은 이야기다.</u> 그런데 친구의 입에서 그 말이 나오는 순간 분위기가 싸늘해지는 건 어쩔 수 없다.

옳은 이야기 자체보다 그 옳은 이야기를 '누가' 하느냐가 더 중요한 법이다. 일상적인 관계에서도 옳은 이야기가 누구의 입에서 나오는지가 그리 중요한데, 아낌의 관계에서는 어떻겠는가? 클라이머들 사이의 관계는 연인 관계에 비견할 만한 아낌의 관계다. 이들 사이에는 한 가지 불문율이 있다. 두 사람이 암벽에 매달리는 사고가 났다고 하자. 한 사람은 운이 좋아 위쪽에 매달려 있고, 다른 한 사람은 아래쪽에 매달려 있다. 두 사람을 간신히 연결하고 있는 로프는 둘의 체중을 버티기에는 역부족이다. 이럴 때 윗사람은 로프를 끊어서는 안 되고, 아랫사람은 로프를 반드시 끊어야만 한다. 바로 이것이 클라이머의 불문율, 혹은 클라이밍의 윤리다. 윗사람은 침묵하거나 아니면 다음과 같은 말만 할 수 있다. "로프를 자르지 마. 내가 어떻게든 해볼 테니." 마찬가지로 아랫사람도 침묵하거나 다음과 같은 말만 할 수 있다. "잠시 후에 내가 로프를 자를 테니, 충격에 대비해." 이런 상황에서 윗사람이 절대 해서는 안 되는 말이 있다. "내가 너라면 로프를 끊을 거야." 반대로 아랫사람이 절대 해서는 안 되는 말도 있다. "내가 너라면 끝까지 로프를 잡고 있을 거야."

나이 든 어머니가 치매에 걸린다면, 모든 가족 성원을 경제생활에 내모는 자본주의 체제에서는 어머니를 안전하고 편안하게 돌보기가 쉽지 않다. 화장실이나 부엌, 발코니 등은 점점 더 사리분별을 못 하는 어머니에게 치명적인 위험 요소일 수 있다. 심지어 어머니는 산책을 나갔다 길을 잃어버릴 수도 있다. 결국 요양병원에서 전문적인 간호와 돌봄을 받는 것이 최선의 선택일 수밖에 없다. 그렇지만 "아무래도 요양병원에 입원하는 편이 좋겠다"라는 발언은 아들의 입에서도, 딸의 입에서도, 며느리의 입에서도 나와서는 안 된다. 이 발언은 오로지 치매에 걸린 어머니 자신의 입에서, 어머니가 제정신일 때 본인 입에서 나와야 한다. 어느 순간 어머니가 자식들을 모아놓고 말할 수 있다. "요양병원에 입원해서 전문적인 간호를 받는 것이 좋겠다. 내 의견에 토를 달지 말아라." 어머니는 가족들의 아낌 속에서 요양병원에 입원해야 한다. 어머니를 아끼는 가족들은 어머니를 입원시키려 하지 않고, 자식들을 아끼는 어머니는 스스로 요양병원에 들어가려고 하는 행복한 갈등 속에서, 어머니는 스스로 입원을 선택해야만 한다.

반대의 경우를 생각해보자. 가족들이 어머니 면전에서 요양병원에 입원하시는 게 가장 합리적인 선택이라고 말한다면, 어머니는 사실 경제적으로나 육체적으로나 자식들의 제안을 거부할 수 없다. 더군다나 치매 증상이 심해진다면 입원하지 않겠다고 저항할 수조차 없지 않은가. 결국 가족들은 "노!"라고 말할 수 있는 어머니의 자유를 부정하는 셈이다. 특히 치매기가 일시적으로 심해졌을 때 어머니를 입원시키는 것은 큰 문제가 된다. 제정신이 돌아왔을 때 어머니는 자신이 버려졌다는 느낌, 혹은 자신이 가족에게 짐이 되었다는 느낌을 받게 된다. 자신은 이제 더 이상 애지중지의 대상이 아니라는 자각, 혹은 애지중지하는 사람들에게 짐이 되었다는 느낌! 이렇게 아낌의 관계가 회복 불가능하게 훼손되는 순간, 어머니는 삶의 의지가 현저히 약해지고 만다. 차라리 치매기가 더 악화

생生 ———— 아끼고 돌볼 것이 눈에 밟힌다면

되기를 바라게 된다. 제정신이 아니라면 버림받았다는 슬픔도 느끼지 않을 테니 말이다. 결국 이런 식으로 어머니의 치매는 중증으로 치달을 테고, 얼마 지나지 않아 요양병원에서 유명을 달리하게 될 것이다.

아무리 옳은 이야기일지라도 자기 입에서 그 말이 발화되어도 좋은지 숙고해야 한다. 바로 이것이 인문학의 마지막 지혜다. 누구의 입에서 진리가 발화되느냐가 얼마나 중요한지 알려면, 아낌의 관계를 성찰하면 된다. 아낌의 관계만큼 진리의 발화로 인해 회복 불가능할 정도로 파탄에 이르는 관계도 없으니 말이다. 롤랑 바르트(Roland Barthes, 1915~1980)는 『사랑의 단상(Fragments d'un discours amoureux)』(동문선, 2004)이라는 매력적인 책에서 이렇게 말했다. "내가 주었다는 것을 공표한다는 것, (…) '너를 위해 얼마나 많은 희생을 치렀는지 좀 알기나 하니' 등등 선물을 말하는 것은 곧 선물을 침묵 속의 소비와는 대립되는, (…) 교환경제 속에 위치시키는 것이다." 선물은 아끼는 사람에게 아무런 대가 없이 주는 것이다. 아낌의 관계에서는 자신이 얼마나 가치가 높은 선물을 마련했느냐의 여부보다는 상대방이 선물을 받았느냐의 여부가 절대적으로 중요하다. 애써 경제활동을 해서 구입한 고가의 반지도, 고가의 스마트폰도, 고가의 자동차도 상대방의 가치에 비하면 아무것도 아니다. 선물은 반드시 눈으로 볼 수 있고 손을 만질 수 있는 사물이 아니어도 좋다. 상대방을 밤새 병구완하는 것, 나무 아래 누워 있는 상대방을 위해 부채질을 해주는 것, 상대방에게 우산을 건네고 자기는 홀딱 젖는 것 등등도 근사한 선물이니 말이다. 그런데 어느 순간 상대방에게 무언가를 바라는 마음이 출현할 수 있다.

'내가 이 정도로 애지중지했는데, 어떻게 이렇게도 나를 아끼지 않을까?' 이럴 때 우리는 상대방에게 자신이 지금까지 해주었던 선물들을 나열하거나 아니면 선물을 주었다는 사실을 상기시키는 위험한 짓을 저지르기 쉽다. 선물이 대가를 바라는 뇌물로 전락하는 순간, 롤랑 바르트의 표현을 빌리자면 "선물을 교환경제로" 변질시키는 순간이다. 상대방에게 받은 만큼 최소한 무언가를 자신에게 돌려달라는 압력을 행사하는 것이니까. 자신을 채권자로 만들고 상대방을 채무자로 만드는 순간, 아끼는 사람을 위해 지금까지 기꺼이 감당했던 배고픔, 수고, 노동 등의 가치는 부정되고 만다. "너를 위해 얼마나 많은 희생을 치렀는지 좀 알기나 하니!" 사실이고 진실이다. 그러나 누군가를 아끼는 사람의 입에서 발화되어서는 안 되는 말이다. 굳이 이 말이 발화된다면, 그것은 아낌을 받은 사람의 입에서 나와야만 한다. "당신이 나를 위해 얼마나 많은 희생을 치렀는지 잘 알아요. 고마워요." 물론 그에 대한 대답은 미소를 띤 침묵이거나 아니면 "나는 별로 한 게 없어요. 그런 말은 하지 말아요" 정도일 듯하다.

"너를 위해 얼마나 많은 희생을 치렀는지 좀 알기나 하니!" 한 달일 수도 있고, 1년일 수도 있고, 아니면 10년일 수도 있는 아낌의 노력이, 그 아름다움이 이 한마디 말로 균열이 생긴다. "아차!" 하는 순간 이미 애지중지하던 사람의 마음은 싸늘하게 식어버린다. 상대방이 발화해야 그나마 의미가 있는 이런 투정을 왜 하게 되는 것일까? 아낌이 힘들기 때문이다. 하긴 아끼는 사람을 위해 자신이 배고프고, 피곤을 감당하고, 땀을 흘리는 것이 어찌 쉬운 일이겠는가. 바로 이 대목에서 싯다르타와 나가르주나가 강조했던 연기(緣起)의 가르침이 아낌의 방법, 아니 아낌의 예술에 대한 중요한 교훈을 제공한다.

불교에서 강조하는 연기에 따르면, 수많은 조건들이 모여 하나의 존재가 생성되고 지속된다. 바로 이것을 아낌의 현장에 적용할 필요가 있다. 아끼는 대상이 기쁨과 유쾌함을 유지하는 데에는 수많은 '조건[緣]'이 어우러져야 한다. 물론 우리 자신도 그 수많은 조건들 중 하나일 뿐이다. 문제는 조건임에도 불구하고 우리가 자신을 '원인[因]'이라고 착각할 때 발생한다. 농부가 벼를 기르는 일을 비유로 들어보자. 농부는 모내기를 한 뒤 비가 오면 물꼬를 터주는 일을 해야 한다. 농부가 할 일은 오직 이것뿐이다. 그런데 그렇게 해주는 것만으로 벼가 잘 자라지는 않는다. 벼가 잘 자라게 해주는 나머지 조건들, 수많은 조건들 중에서 햇빛과 비만 생각해보자. 해가 과하지도 그렇다고 모자라지도 않게 벼에게 빛을 쬐어주어야 한다. 이는 농부가 할 수 없는 일이다. 비가 내려 과하지도 그렇다고 모자라지도 않게 벼를 촉촉하게 만들어주어야 한다. 이것 역시 농부가 할 수 있는 일이 아니다.

일조량이 충분하지 않으면 대낮에 논에 나가 벼의 상태를 확인하고 흐린 하늘을 올려다보며 따뜻한 햇볕을 기원한다. 반대로 일조량이 충분할 때에는 그걸 보러 논에 가기도 한다. 너무나 가물어 논에 물을 대는 것으로는 벼가 자라기에 충분하지 않다고 해서, 아침마다 정갈한 물을 떠놓고 비가 오기를 기도한다. 단비가 내리기라도 하면 우비를 입고 논둑에 앉아 벼가 생기를 띠는 모습을 관찰하기도 한다. 정말로 성실하고 부지런한 농부다. 그렇지만 아무리 성실하고 부지런하게 논에 나간다 해도 농부는 해, 비, 바람, 땅이 할 수 있는 일을 할 수는 없다. 그럼에도 불구하고 농부는 벼가 자라는 데 있어 자신이 '원인'이라는 오만과 과대망상에 빠질 수 있다. 그 결과는 치명적이다. 농부는 몸과 마음에 여유를 잃고 피폐해진다. 비가 오지 않는 것도 자기 탓이고, 바람이 불지 않는 것도 자기 탓이고, 일조량이 적은 것도 자기 탓이고, 땅이 기름지지 못한 것도 자기 탓이다. 그러면 농부의 마음은 히스테리에 사로잡히고, 농부의 몸은 지쳐만 간다.

해, 바람, 비, 땅 등과 마찬가지로 자신도 벼가 자라는 데 있어 하나의 연이라는 것을 농부는 잊어서는 안 된다. 해가 쬘 때 농부는 쉬어야 한다. 바람이 쾌적하게 불 때 농부는 쉬어야 한다. 비가 달게 내릴 때 농부는 쉬어야 한다. 땅이 다시 기운을 모을 때 농부는 쉬어야 한다. 그래야 자신이 물꼬를 터줘야 할 때 그 일을 제대로 할 수 있을 테니까. 벼가 자랄 때 물꼬를 터주지 않으면 필연적으로 벼는 죽는다. 하지만 제때 물꼬를 터줬다고 해서 반드시 벼가 잘 자라는 것은 아니다. 해가, 바람이, 비가, 땅이 벼의 '연'이 되어주지 못할 수도 있으니까. 극단적으로 말해 가혹한 태풍이 닥쳐 논이 초토화되면 벼는 허무하게 모조리 죽어버릴 수도 있다.

우리 각자에게 아끼는 대상이 어머니일 수도, 아버지일 수도, 아내일 수도, 남편일 수도, 아이일 수도, 친구일 수도, 반려견일 수도, 반려묘일 수도, 아니면 화초일 수도 있다. 아끼는 대상이 무엇이든 우리는 그것의 행복에 있어 '한 공기의 연'일 뿐이라는 사실을 잊지 말자. 농부의 물꼬 트기처럼 이 '한 공기의 연'을 우리가 채우지 못하면, 아끼는 사람의 삶은 불행에 빠진다. 그러니 좋은 공기, 맛있는 음식, 쾌적한 잠자리, 따뜻한 태양, 싱그러운 바람, 아름다운 음악, 근사한 영화, 멋진 식당, 의사와 간호사, 친구들 등등이 아끼는 사람에게 건강한 연이 되어줄 때, 우리는 충분히 쉬어야 한다. 잘 쉬고 맛있는 것을 먹고 잠도 잘 자야 한다. 우리에게는 '한 공기의 연'을 채워야 할 때가 찾아오기 때문이다.

명심하자. 우리는 아끼는 사람이 행복하기 위한 유일하고 절대

아끼는 대상이 무엇이든 우리는 그것의 행복에 있어
'한 공기의 연'일 뿐이라는 사실을 잊지 말자.

적인 '원인'이 아니라는 사실을. 그러니 다른 연들이 내가 아끼는 사람을 아껴줄 때 푹 쉴 일이다. 당연히 "내가 너를 위해 얼마나 많은 희생을 치렀는지 알기나 하니?"라는 말도 우리 입에서 나올 일이 없다. 지치지 않고 피곤하지 않고 졸리지 않으니까. 또 명심하자. 아끼는 사람에 대해 우리 자신이 '한 공기의 연'에 지나지 않지만 이것을 채우지 못한다면, 아끼는 사람의 행복은 우리로 인해 파괴되리라는 사실을. 다행히도 우리는 잘 먹고 푹 잤기에 그 한 공기를 근사하게 채울 수 있다.

─── 아낌의 마음, "물망과 물조장 그 사이에서"

『맹자(孟子)』의 「공손추(公孫丑)」 상편에는 누군가를 아끼는 사람의 좌우명이 될 만한 '물망물조장(勿忘勿助長)' 일화가 등장한다. "마음으로는 잊지도 말고[勿忘], 억지로 자라나게 도와주지도 말라[勿助長]. 송나라 사람처럼 되지 말라. 어떤 송나라 사람이 벼의 싹이 자라지 않는 것을 염려하여 논바닥에 박힌 벼의 싹을 조금씩 뽑아 올려주었다. 피곤한 모습으로 집에 돌아와 가족들에게 '오늘 대단히 피곤하구나! 나는 벼의 싹이 자라는 것을 도와주었다!'라고 말했다. 그의 아들이 논에 달려가보니 벼의 싹은 말라죽었다. 세상에는 벼의 싹이 자라는 것을 돕지 않는 이가 드물다. 돕는 것이 무익하다 생각해 방치하는 것은 벼의 싹에 김을 매주지 않는 것이고, 반대로 억지로 자라도록 도와주는 것은 벼의 싹을 뽑아놓는 일이다. 이것은 단지 무익할 뿐만 아니라, 또한 해를 끼치는 일이다."

'물망물조장'은 맹자(孟子, BC 372?~BC 289?)가 그 유명한 호연지기(浩然之氣)를 기르는 방법으로 제안했던 것이다. 사실 '물망물조장'의 방법은 벼를 기르는 농부의 경험과 지혜로부터 유래한 것이다. '물망물조장'이라는 문장에서 '물(勿)'은 '하지 말라'는 뜻이고, '망(忘)'은 '잊다'라는 의미이고, '조장(助長)'은 '자라나게 돕는다'는 뜻이다. 그러니까 '물망(勿忘)'이 '잊지 말라'는 요구라면, '물조장(勿助長)'은 '자라나게 돕지 말라'는 요구인 셈이다. 그러니 물망물조장은 '잊지도 말고 조장하지도 말라'는 뜻이 된다.

송나라 농부가 있었다. 그는 벼가 잘 자라기를 바랐다. 그래서 논바닥에 심은 벼의 싹을 조금씩 뽑아주었다. 가느다란 줄기로 중력을 이겨야만 자랄 수 있는 벼가 안타까웠던 탓이다. 분명 벼를 아끼는 선한 마음이다. 농부는 벼가 자라는 노고를 대신해서 감당하려 했기 때문이다. "오늘 대단히 피곤하구나! 나는 벼의 싹이 자라는 것을 도와주었다!"고 농부가 말했던 것도 그런 까닭이다. 바로 이것이 '조장(助長)'이다. 그 결과는 참담하다. 논바닥에 간신히 뿌리내리고 있던 벼의 싹들이 뿌리가 뽑히고 만 것이다. 물에 둥둥 뜬 벼의 싹들은 시들어 죽어버렸다. 농부가 벼를 아끼지 않은 것은 아니다. 단지 그는 '벼가 원하는 것'이 아니라 '벼가 원한다고 자신이 생각한 것'을 벼에게 강요했던 것이다.

이런 참담한 경험으로부터 농부는 이상한 교훈을 얻을 수도 있다. '돕는 것이 무익하다 생각한' 농부는 벼들을 그냥 논에 방치할 수도 있다. 조장의 비극을 보았기에 이제 더 이상 조장하지 않겠다는 결의다. 바로 이것이 '망(忘)'이다. 벼들이 저절로 자랄 때까지 방임하자는 전략이다. 그렇지만 이번 전략도 비극을 낳는다. 벼들 주변의 잡초를 제거하지 않아서 벼들이 잘 자라지 못하거나 시들시들 말라버렸다. '망'의 전략도 사실 들여다보면 '조장'의 전략과 동일한 오류를 범하는 셈이다. 이 경우에도 농부는 '벼가 원하는 것'이 아니라 '벼가 원한다고 자신이 생각한 것'을 벼에게 적용했다. 그렇지만 벼가 원하는 것은 자신의 양분을 빼앗아 먹는 잡초를 제거해주는 것이 아니었던가?

무언가를 아끼는 일은 힘든 일이다. 조장해도 아끼는 대상은 불행에 빠지고, 조장하지 않고 완전히 방임해도 아끼는 대상은 불행에 빠지니 말이다. 그래서 맹자는 "잊지도 말고 조장도 하지 말라"라고 말한 것이다. '아끼는 대상을 방치하지도 말고, 그렇다고 해서 잘되라고 아끼는 대상에 직접 개입하지도 말라!'는 아낌의 좌우명이다. 내 남편, 내 아내, 내 여자친구, 내 남자친구, 내 아들, 내 딸, 내 반려견, 내 반려묘, 그리고 내 화초에게도 마찬가지다. 어떻게 하면 내가 아끼는 것들이 더 근사해지고 더 행복해질까? 바로 이때 맹자의 이야기는 우리에게 많은 지혜를 준다. 그렇지만 맹자의 이야기는 생각만큼 그리 단순하지 않다. 조장하지 않으려 하면 아끼는 대상을 잊어버리기 쉽고, 아끼는 대상을 잊지 않으려 하면 조장하기 쉽기 때문이다.

아이를 키우는 부모는 아이를 아끼기 때문에 노심초사하며 아이가 잘되기를 바란다. 그러니 영어 학원에 보내고 태권도를 가르치고 수영 강습도 받게 하고 피아노도 가르치고 방학마다 여행을 가고 캠핑도 간다. 문제는 엄마가 '아이가 원하는 것'을 하는 것이 아니라, '아이가 원해야만 한다고 자신이 생각한 것', 혹은 '언젠가 아이가 원할 수도 있다고 자신이 믿는 것'을 하고 있다는 점이다. 대부분의 경우 아이는 엄청난 스트레스에 시달리게 되고, 웃음과 미소를 점점 잃어가게 될 것이다. 반대로 간혹 "우리는 아이를 방임해서 키워요"라고 당당하게 말하는 엄마도 있다. 김을 매지 않아 잡초들에 둘러싸인 벼처럼, 아이는 경쟁적 교육 환경, 왕따를 시키는 차별적 문화, 자본주의적 소비문화에 둘러싸여 시름시름 앓게 될 것이다. 결국 엄마는 아이가 잘되기를 바라되 지나치게 관여해서는 안 되고, 관여하지 않되 완전히 잊어서는 안 된다. 아이가 자신이 원하는 것을 완전히 알 때까지, 혹은 엄마가 아이가 원하는 것을 알 때까지, '망'과 '조장' 사이 혹은 '물망'과 '물조장' 사이 그 어딘가를 지키며 균형을 잡아야 한다. 아끼는 일은 정말 힘든 일이다.

품 안에 영원히 있을 것만 같았던 아이들이 부모의 둥지를 떠나야 할 때가 찾아온다. 어느 순간 아들이나 딸은 사랑하는 사람을 만나고 본격적으로 독립을 준비한다. 어느 날 딸이 남자친구를 집에 데려와 부모에게 소개한다. 예비 사위로서 첫 면접인 셈이다. 든든한 사윗감이라는 것을 자랑하기 위해서인지 딸이 말한다. "엄마! 지난번에 침대를 큰방에서 작은방으로 옮기려다 무거워 못 옮겼잖아. 이 사람이 옮겨줄 수 있어." 그리고 남자친구를 보며 말한다. "자기야, 할 수 있지? 침대 좀 옮겨줄래." 다행히도 예비 사위는 무사히 침대를 옮겨놓는 데 성공한다. 아들도 마찬가지다. 아들도 여자친구를 예비 며느리로 소개하려고 집에 데리고 온다. 어머니가 저녁 식사 준비를 하려 하자, 아들이 여자친구에게 말한다. "자기, 요리 잘하잖아. 어머니 좀 도와드려." 예비 며느리는 예비 시어머니를 도와 무사히 부엌일을 마친다.

긴장된 하루를 보낸 예비 사위, 예비 며느리를 배웅한 뒤 딸, 아들이 돌아온다. 보통의 부모라면 자기 딸, 자기 아들이 말 잘 듣는 예비 사위, 예비 며느리를 데려온 것에 만족스러워할 것이다. 딸과 아들의 말을 저렇게 잘 듣는 사람이라면 자신들의 말도 잘 들으리라는 기대도 품게 된다. 반면 어떤 부모는 사랑하는 사람을 애지중지하지 못하고 함부로 부리는 자기 딸이나 아들에게 크게 실망할 수도 있다. '아낌'의 가치를 알고 있고 그렇게 살아온, 보기 드문 사람들이라면 말이다. 그들 눈에는 자기 딸, 자기 아들이 결혼 생활을 감당하기에는 아직 미성숙해 보인다. 말로는 상대를 사랑한다고 하면서 행동으로는 사랑하는 사람을 애지중지하지 못하기 때문이다. 예비 사위나 예비 며느리가 자신을 함부로 부리는 사람 곁에 언제까지 있으려고 할까.

물론 자신이 누군가를 아낀다고 해서 그 사람 역시 우리를 필연적으로 아끼게 되는 것은 아니다. 단지 아끼는 사람이 우리를 아껴줄 가능성이 높아질 뿐이다. 바닷가에 가서 낚싯대를 드리운다고 해서 반드시 물고기를 잡을 수 있는 것은 아니다. 단지 물고기를 잡을 가능성이 생긴 것뿐이다. 그렇지만 물고기를 잡았다면 우리가 바닷가에서 낚싯대를 던졌기 때문이라는 것은 분명한 사실이다. 마찬가지다. 아들과 딸이 배우자들로부터 애지중지의 대상이 되었다면, 그것은 아들과 딸이 배우자를 애지중지한 덕분이다. 그래서 아낌의 가치를 알고 있는 부모는 두려운 것이다. 자기 자식이 배우자가 될 사람을 애지중지하지 않는다면 가까운 미래 혹은 먼 훗날에 홀로 버려지거나 상대방이 함부로 부리려 하는 삶을 살 수도 있으니까.

상대방을 부처처럼 애지중지해야 한다. 그래야 상대방이 자신을 부처처럼 존중하리라는 희망을 품을 수 있다. 물론 그 희망은 단지 애틋한 희망으로만 머물 수도 있다. 휴일에 남편이 늦잠을 자고 있다. 남편을 무척 아끼는 아내는 일주일간 쌓인 쓰레기를 버리려고 현관 밖으로 옮기고 있다. 남자가 하면 한두 번이면 끝날 일이지만, 여자의 힘으로는 네다섯 번은 반복해야 한다. 잠에서 깬 남편은 자신을 아끼는 아내가 무척 고맙다. 그리고 각오를 다진다. 다음 주 휴일에는 자신이 쓰레기를 버리겠다고. 자신이 아내를 아껴주겠다고 각오하는 것이다.

불행히도 어떤 남편은 그런 아내의 노고를 당연하게 여길 수도 있다. '나는 일주일 내내 직장 일로 피곤하니, 쓰레기쯤이야 아내가 버려도 되지.' 쓰레기를 버리느라 녹초가 되어버린 자신을 보고도 무덤덤한 남편을 보면, 남편을 애지중지하는 아내이지만 속이 상할 수도 있다. 애지중지가 애지중지를 부르지 않는 이 불행한 사태! 그저 박복한 것이다. 다행히도 모든 박복함은 순간적이다. 아내가 병원에 장기간 입원하거나 아니면 장기 외유를 떠나거나, 혹은 아내가 먼저 세상을 떠난다면 남편은 아내가 자신을 얼마나 애지중지했는지 뒤늦게나마 알게 된다. 왜 그럴까? 아내가 자신을 아꼈기에 했던 모든 일, 예를 들어 식사를 준비했던 일, 쓰레기를 버렸던 일, 집 안을 쾌적하게 만들었던 일 등등을 몸소 하면서 아내가 자신을 얼마나 애지중지했는지 때늦게 알게 될 테니까. 결국 누군가를 애지중지하면 우리는 원하지 않더라도 언젠가 그로부터 아낌을 받을 수 있는 희망의 씨앗을 심은 셈이다.

애지중지해주기를 바라지 않고 상대방을 애지중지하지만, 다행히도 상대방으로부터 애지중지를 받는 경우도 있다. 바로 이런 행복한 상황에서 두 눈부처가 탄생한다. 당신이 나를 애정 어린 시선으로 응시하고, 나도 당신을 애정 어린 눈으로 응시한다. 당연히 나는 당신의 눈동자 속에서 내 모습을 확인한다. 나의 눈부처다. 동시에 당신도 내 눈동자 속에서 당신의 모습을 확인한다. 당신의 눈부처다. 당신을 아끼기에 내가 수고로운 것, 나를 아끼기에 당신이 수고로운 것은 바로 이 순간에 봄눈 녹듯 녹아버리고 만다. 수고로움이 근사한 뿌듯함과 뻐근한 행복감으로 바뀌니까.

아낌의 관계가 진정으로 아낌의 관계인지를 지금 당장 확인하는 방법이 하나 있다. 우리가 사랑한다고 생각하는 사람이 남편일 수도, 아내일 수도, 아이일 수도, 어머니일 수도, 아버지일 수도 있다. 그가 누구이든 간에 오늘 그의 눈을 들여다보라. 상대방의 눈동자에서 나 자신의 눈부처를 찾으려 해보라. 상대방의 눈동자를 들여다보겠다는 생각과는 달리 상대방과 직면하자 그의 눈동자 속 내 눈부처를 보는 것이 싫어 스스로 고개를 돌리게 될 수도 있다. 언제부터인가 나는 그를 별로 아끼지는 않는다는 것을 확인하게 되는 순간이다. 혹은 상대방의 눈에서 나의 눈부처를 찾으려 할 때 상대방이 고개를 딴 곳으로 돌릴 수도 있다. 상대방이 더 이상 나를 아끼지 않고 있다는 생생한 증거다.

내가 아낀다고 생각하는 사람의 눈 속에서 나의 모습을 본 적이 언제인지 생각해보자. 최근에 눈부처를 본 적이 없었다면 서로 아끼거나 서로 존중하지 않고 있다는 증거다. 불행히도 우리에게는 삶의 마지막 순간 자신의 눈부처를 볼 희망이 점점 사라지고 있는 셈이다. 세상을 떠나는 순간, 눈을 감는 마지막 순간, 나를 애지중지하는 사람이 나를 바라보아야 한다. "당신, 멋지게 살았어요. 당신은 아름다운 사람이에요. 정말 사랑해요." 상대방이 말을 하지 않아도 나는 그의 눈동자에 맺힌 나의 눈부처를 통해 그의 말을 이해할 수 있다. 마지막으로 보는 것이 자신의 눈부처인 사람, 아낌을 받으며 외롭지 않게 눈감는 사람! 지금 누군가를 아끼지 않으면서 그런 행복한 사람이 되기를 희망한다는 것은 말도 안 되는 일이 아닌가.

누군가를 진심으로 아낀다면, 우리는 그 사람보다 건강해야 한다. 그 사람 대신 짐을 들어주고, 그 사람 대신 배고픔을 감당하고, 그 사람 대신 비를 맞아야 하고, 그 사람 대신 밥을 해야 하고, 그 사람 대신 쓰레기를 치워야 하고, 그 사람 대신 장을 봐야 하기 때문이다. 아들을 아끼는 어머니를 생각해보라. 어머니는 자신이 나이가 들어 거동이 불편해지거나 입맛을 잃는 것을 몹시 안타까워한다. 아들에게 고등어조림을 해줄 수 없는 것이 속상하고, 입맛을 잃어 간을 잘 맞추지 못하는 것도 속상하기만 하다. 그러니 아끼는 사람을 위해서라도 우리는 강건하고 튼튼해야만 한다.

누군가를 진심으로 아낀다면, 우리는 그 사람보다 늦게 죽어야 한다. 아끼는 사람이 혼자 남아 짐을 들어야 하고, 홀로 밥을 해서 먹고, 쓸쓸히 산책하는 것은 너무나 안타까운 일이기 때문이다. 그보다 더 안타까운 일은, 홀로 남은 상대방이 자신을 아끼던 사람을 잃은 지독한 슬픔을 견뎌야 하는 일이다. 그래서 누군가를 아끼는 사람은 그 사람보다 오래 살려고 노력한다. 사랑하는 사람을 먼저 보내는 고통, 그리고 홀로 남겨지는 외로움을 아끼는 사람이 겪게 하지 않고, 자신이 오롯이 감당하겠다는 의지인 셈이다.

아끼는 사람의 노고에 보답이라도 하듯 발생하는 묘한 아이러니라고 할 수 있다. 아끼는 사람보다 건강해야 하고 아끼는 사람보다 오래 살아야 한다. 바로 이것이 누군가를 아끼는 사람의 궁극적인 발원이다. 홀로 남겨진 비통함이나 외로움을 포함한 모든 힘든 것을 아끼는 사람 대신 자신이 감당하기 위해서 말이다. 사랑을 하면 예뻐지고 건강해진다는 말이 헛된 말이 아닌 셈이다. 건강하게, 오래 살고 싶은가? 아끼고 또 아껴라.

착수처

●

이만하면 잘 살았다고, 이만하면 잘 사랑했다고,

이만하면 행복했다고, 이만하면 자유롭다고 말하지 말자.

중년 이상의 나이를 먹은 사람들은 종종 "이만하면 잘 살았다"는 말을 한다. 40여 평 되는 아파트를 장만했고, 연금을 받고 현금 잔고도 나름 넉넉하고, 자식들은 그 어렵다는 정규직으로 회사에 취업했을 뿐만 아니라 결혼해서 독립했다. 이런 경우 사람들은 "이만하면 잘 살았다!"라고 말한다. 여기서 중요한 것은 '이만하면'이라는 단어가 전제하는 상황이다. 남들과 비교하지 않는다면 우리는 '이만하면'이라는 말을 사용하지 않는다. "이만하면 잘 살았다!"라는 말은 남들이 조롱하지 않을 뿐만 아니라 남들도 부러워하는 삶을 살았다는 뜻이다. 결국 주인으로서 자기 삶을 영위하는 데 실패한 셈이다. 주인은 남들이 원하는 것이 아니라 자신이 원하는 것을 관철하는 삶을 영위하기 때문이다.

남들과 비교했을 때 잘 살았다는 것은 제대로 잘 살지 못했다는 것이다. 삶은 '잘 살았다' 혹은 '못 살았다' 둘 중 하나일 뿐이다. 잘 살았다면 그냥 계속 그렇게 잘 살면 되고, 잘못 살았다는 생각이 들면 제대로 잘 살려고 노력하면 된다. '이만하면'이라는 말이 무서운 이유는, 잘못 살았다고 생각하는 사람이 그래도 남들과 비교해보면 나름대로 잘 산 게 아니냐고 여기도록 만들기 때문이다. 차라리 아직 제대로 살지 못했다고 말하는 편이 낫다. 그래야 내일은 더 근사한 삶을 살겠다는 의지와 용기, 그리고 희망이 생길 테니 말이다.

사랑의 경우도 마찬가지다. "이만하면 잘 사랑했다"고 말해서는 안 된다. 일주일에 한 번은 남들이 부러워할 만한 고급 식당에서 가족과 외식을 한다. 생일마다 배우자에게 고가의 선물을 주고 근사한 파티도 연다. 배우자나 아이가 입원하면 저녁에 한두 시간은 병문안을 간다. 휴가철이면 근사한 휴양지를 찾아 가족에게 즐거움을 주려고 애쓴다. 또 남들의 시선을 의식하며 속으로 읊조린다. "이만하면 아내를, 남편을, 아이를 사랑하는 거야"라고. 심지어 노골적으로 가족에게 자신의 사랑을 과시하기도 한다. "이만하면 내가 당신에게 잘하지 않았어?" "이만하면 나는 근사한 아빠지? 가족과 함께 많은 시간을 보내잖아."

누구나 고개를 갸우뚱거릴 일이다. 누군가를 진정으로 아끼는 사람은 항상 자신의 사랑이 부족하다고 느끼기 때문이다. 일주일에 한 번씩 가족 외식을 해도 아쉽기만 하다. 아내, 남편, 아이들과 생일파티를 열고 선물을 주지만 형식적인 것 같아 미안하기만 하다. 아픈 아이를 밤새 병구완했음에도 출근해야 하는 자신이 영 못마땅하다. 이렇게 아끼면서도 부족하다고 느끼는 것, 그것이 바로 제대로 사랑하는 사람의 마음이 아닐까? 그래서 "이만하면 잘 사랑했다"는 말은 결국 자신은 한 번도 제대로 사랑을 해본 적이 없다고 토로하는 것에 지나지 않는다.

사랑도 삶도 행복도 그리고 자유도 '이만하면'이라는 말로 가늠할 수 있는 양적인 문제가 아니라 질적인 문제다. 사랑했거나 사랑하지 않았거나, 제대로 살았거나 그러지 못했거나, 행복했거나 행복하지 않았거나, 자유롭거나 자유롭지 않았거나. 이제 '이만하면'

생生 ───── 아끼고 돌볼 것이 눈에 밟힌다면

이라는 말을 우리 삶의 사전에서 지우도록 하자. 사랑도 삶도 행복도 그리고 자유도 남들의 시선이나 평가, 재산이나 소비수준과는 무관하게 전적으로 질적인 것이기 때문이다. 잘 사랑하려면, 제대로 살려면, 정말 행복하려면, 그리고 자유로우려면, 우리는 '이만하면'이라는 전제를 붙인 너저분한 자기만족과 정신 승리에 함몰되어서는 안 된다. 차라리 사랑도 삶도 행복도 그리고 자유도 아직까지 제대로 영위하지 못했다고, 아직도 부족하다고 이야기하자. 그래야 우리에게는 제대로 사랑하고, 제대로 살아가고, 제대로 행복하고, 제대로 자유로울 수 있는 희망이 생길 수 있다.

'이만하면'이라는 말은 내가 아니라 내가 아꼈던 사람들의 입에서 나와야 한다. 우리가 눈감을 때, 남겨진 사람들이 말할 수 있는 표현이 바로 '이만하면'이다. "이만하면 잘 사셨다"고, "이만하면 우리를 정말 사랑하셨다"고, "이만하면 행복하셨다"고, 그리고 "이만하면 정말 자유인이셨다"고. 그럼에도 불구하고 우리는 눈감는 순간까지 사랑과 행복 그리고 자유를 제대로 영위하지 못했다고 아쉬워해야 한다. 바로 이 순간, 우리는 근사한 삶을 영위했다는 것을 입증하는 데 성공한다.

> 선물을 주는 주체에게 선물은 되갚아지거나 혹은
> 기억에 남겨지거나, 아니면 희생의 기호, 다시 말해
> 상징적인 것 일반으로 남아 있어서는 결코 안 된다.
> 상징은 즉시 우리를 또 다른 상환으로 이끌어가기
> 때문이다. 사실 선물은 주는 쪽에게 의식적이거나
> 무의식적인 측면 모두에서 선물로 드러나지도, 선
> 물로 의미되지도 않아야만 한다.
>
> ─자크 데리다, 『주어진 시간』 중에서

지금 자본주의 체제는 브레이크가 고장난 폭주 기관차다. 그럴수록 우리에게는 인문학적 사유가 필요하다. 자본주의는 단기간의 이익과 효율을 중시하기에, 우리에게는 자신의 삶을 돌아보는 긴 안목과 깊은 지혜가 요구되기 때문이다. 지금 당장은 이익이지만 길게 보면 결정적인 실수로 판명되는 것이 너

무나 많다. 간혹 카페를 가보면 '더치페이(Dutch pay)'를 하는 모습을 많이 보게 된다. 가만히 들여다보면 우정을 나누는 친구 사이에서도 더치페이는 마치 새로운 삶의 트렌드라도 되는 양 작동하고 있다. 친구와 만날 때 커피값을 한 사람이 모두 내지 않아도 되니 경제적이고 효율적이다. 5,000원 하는 커피 두 잔 값을 내가 내면 1만 원을 지출하게 되지만, 더치페이를 하면 각자 5,000원씩 안정적으로 지출할 수 있다. 심지어 친구가 1만 원을 내지 않아도 되니 얼마나 효율적이고 윤리적인가?

더치페이가 우정에 도움이 된다는 주장은 옳을까? 인문학적 사유는 그렇지 않다고 이야기한다. 생각해보라. 어느 순간 갑자기 친구가 돈이 없을 수 있다. 그런 사정을 알 리 없는 나는 친구에게 오랜만에 파스타를 먹자고 전화를 한다. 파스타도 먹고, 맥주도 한 잔 하고, 마지막으로 커피를 마시는 일정이다. 이 경우 친구는 거짓말을 하게 될 것이다. 선약이 있다고, 혹은 부모님이 편찮으셔서 집에 가봐야 한다고, 아니면 아프다고 거짓말을 해야 할 것이다. 나를 만나고 싶지만 더치페이를 할 경제적 여력이 없기 때문이다. 반대의 경우도 충분히 가능하다. 돈이 없으면 나 역시 친구에게 거짓말을 해야 할 수 있다. 직장에서 갑자기 해고되었는데 집안의 가장인 나로서는 친구와의 만남이 부담스러운 것이다. 그래서 인문학은 권고한다. 나나 친구, 둘 중 한 명이 먼저 커피값을 계산하라고. 항상 너의 커피값을 내가 낼 수 있다는 것을 보여주라고 말이다.

친구 사이에서만 그럴까. 가족 안에서도 마찬가지다. 자식이 두 명인 부모가 있다고 하자. 첫째는 명문대 인기 학과를 입학할 정도로 뛰어나 주변에서 부러워하는 아이다. 반면 둘째는 재수, 삼수 끝에 잘 알려지지 않은 대학에 입학했다. 다행히도 첫째에게 해주었던 것처럼 부모는 둘째에게도 고기 반찬을 해주고, 똑같이 용돈을 주고, 옷도 새로 사주었다. 둘째는 부모가 자신을 아낀다는 걸 온몸으로 알고 있다. 어떤 전리품도 안기지 않았음에도 아버지와 어머니는 자신에게 유무형의 것들을 주었기 때문이다. 한마디로 말해 둘째와 부모 사이에는 '기브 앤드 테이크(give & take)'라는 자본주의적 효율성의 관계가 성립되지 않았던 것이다. 이것이 바로 아낌의 관계가 아니면 무엇이겠는가? 훗날 부모가 노쇠해져 자식들에게 더 이상 무언가를 해주기는커녕 짐이 될 때, 첫째와 둘째 중 누가 부모를 아끼게 될까? 당연히 둘째다. 아낌을 받은 경험이 있는 둘째만이 부모를 아낄 가능성이 크다.

받았으니 주려고 하거나 주었기에 받으려고 하는 자본주의적 태도, 혹은 '기브 앤드 테이크'의 효율성에 온몸으로 저항하려는 의지, 이것이 아니면 아낌이 무슨 의미가 있을까. 분명 장난꾸러기 독자들 중 한 명이 질문할 듯하다. "어떤 부모가 자식을 한 명만 두었다고 해봅시다. 공부도 잘해 부모의 사랑을 독차지하는 아이입니다. 이 아이는 부모에게 상장이나 명문대 입시 등 전리품을 주고, 부모로부터 온갖 애정과 지원을 받습니다. 이 경우 부모와 자식 사이에는 어쩔 수 없이 '기브 앤드 테이크'의 관계가 성립되는 것 아 닌가요?" 나의 대답은 분명하다. 부모는 기다려야 한다. 아이가 어 떤 것도 부모에게 주지 못할 때를 말이다. 사실 살다 보면 이런 경 우가 수차례 찾아오기 마련이다. 예를 들어 아이가 갑작스런 질병 으로 시험을 망칠 수 있다. 성적이 떨어져 풀이 죽어 있을 때 아이 를 꼭 안아줄 일이다. 그러면 아이는 부모가 자신이 가진 것, 즉 좋 은 성적 때문에 자신을 아끼는 것이 아니라 그저 자기 자신을 아낀 다는 것을 알게 될 테니.

『한 공기의 사랑, 아낌의 인문학』은 독자들이 모든 인간을 품어 주는 시인이나 모든 생명체의 고통에 아파하는 부처나 모든 인간 의 자유와 사랑을 외치는 철학자가 되기를 원하지는 않는다. 아니 원하고 싶지 않다. 얼마나 많은 허풍쟁이들이 그렇게 살았다고 자 부했던가. 그저 독자들이 최소한 하나의 타자에게만큼은 시인이었 으면 좋겠고, 그저 최소한 하나의 타자에게만큼은 부처였으면 좋 겠고, 그저 최소한 하나의 타자에게만큼은 철학자였으면 좋겠다는 마음뿐이다. 애인이어도 좋고 친구여도 좋고 남편이어도 좋고 아 내여도 좋고 아버지여도 좋고 어머니여도 좋다. 고양이여도 좋고 강아지여도 좋고 벚꽃이어도 좋고 화초여도 좋다. 그것이 무엇이 든 '기브 앤드 테이크'에서 '테이크'를 절단하고 '기브 앤드 기브 앤 드 (…)'를 할 수 있는 삶을 독자들이 살아냈으면 좋겠다. 그리고 마 지막 눈감을 때 보는 것이 자신의 눈부처일 수 있는 기적을 만났으면 좋겠다.

『한 공기의 사랑, 아낌의 인문학』이라는 제목으로 독자를 만난 이 책에도, 그리고 동시에 EBS 채널을 통해 시청자를 만난 강연에도 싯다르타와 나가르주나가 말한 '연기(緣起)'의 법칙이 그대로 적용된다. 모든 존재들은 조건들, 즉 연(緣)들의 화합에 의해 생기는(起) 법이다. 길게는 20년 가까이 백면서생으로 지내온 내가 무엇이 대단하다고 진지하게 자기 속앓이를 터놓았던 사람들, 지금은 얼굴마저 기억하기 힘든, 나와 함께 살아가는 우리 이웃들이 있다. 대학원에서 배웠던 것보다 훨씬 더 많은 가르침을 내게 주었던 그들이다. 그들의 고뇌와 그들의 의문이 있었고, 그에 답하기 위해 나는 고전들을 다시 읽고 또다시 읽었다. 고전에서 답을 찾을 수 없을 때는 동시대 저작들을 살펴보았고, 그도 여의치 않으면 전문가라고 생각되는 지식인들의 이야기를 경청하기도 했다. 결국 20년 전 박사 학위를 받은 이래 나를 가르쳐주었던 선생님은 바로 우리 이웃들이었던 셈이다.

『한 공기의 사랑, 아낌의 인문학』이라는 앙상블에 직접 관련된 연들은 더욱 생생하다. 책과 관련해서는 EBS 북팀의 친구들이다. 책 출간과 강연 프로그램을 총괄 지휘하는 류재호 님과 유규오 님, 출간 전반에 관심을 기울였던 김민태 님, 이 책의 어머니인 편집자 최재진 님, 박민주 님이 있다. 그리고 여덟 장의 근사한 일러스트를 마련해준 화가 곽명주 님, 한 권의 예술작품을 만들어준 디자이너

박대성 님도 빼놓을 수 없다. 특히 최재진 님과 박민주 님이 보여준 이 책에 대한 애정과 성실함은 오래 기억될 듯하다. 강연과 관련해서는 EBS 렉처팀 허성호 피디, 최이슬 조연출, 정명 작가, 그리고 유가영 작가도 무척 수고가 많았다. 특히나 허성호 님과 정명 님은 내게 절대적인 신뢰를 보여주고 편의를 배려해주었다. 강연 녹화 내내 금방 진이 빠지는 내게 먹을거리를 챙겨주느라 노심초사했던 그들의 얼굴이 아직도 생생하다. 책과 강연에서 아낌에 대해 그리 역설했는데, 돌아보니 책을 집필하는 과정이나 강연을 녹화하는 과정에서 진정으로 아낌을 받은 이는 오히려 나인 듯하다. 좋은 추억으로 남을 만한 인연이자 하나의 행복한 축제였다.

EBS 클래스ⓔ 시리즈 01

한 공기의 사랑,
아낌의 인문학

1판 1쇄 발행 2020년 7월 16일
1판 8쇄 발행 2022년 4월 7일

지은이 강신주

펴낸이 김유열
콘텐츠기획센터장 류재호 | **북&렉처프로젝트팀장** 유규오
북팀 박혜숙, 여운성, 장효순, 최재진
렉처팀 김형준, 허성호, 최이슬, 정명, 유가영 | **마케팅** 김효정, 최은영

책임편집 박민주 | **디자인** 박대성 | **본문 그림** 곽명주 | **인쇄** 우진코니티

펴낸곳 한국교육방송공사(EBS)
출판신고 2001년 1월 8일 제2017-000193호
주소 경기도 고양시 일산동구 한류월드로 281
대표전화 1588-1580
홈페이지 www.ebs.co.kr
이메일 ebs_books@ebs.co.kr

ISBN 978-89-547-5389-0 04300
      978-89-547-5388-3 (세트)

이 도서의 국립중앙도서관 출판예정도서목록(CIP)은 서지정보유통지원시스템 홈페이지와
국가자료공동목록시스템에서 이용하실 수 있습니다. (CIP제어번호: CIP2020028459)